北京市教育委员会科技创新基地（平台）
"北京青少年教育与发展研究"
建设项目（2012年度）

# 中国城市化进程中的青年发展

Zhongguo Chengshihua
Jinchengzhong De Qingnian Fazhan

北京青少年研究所 主编

人民出版社

# 目录
## Contents

# 梁绿琦院长在"中国城市化进程中的青年发展"研讨会上的

# 致 辞

## （代 序）

各位来宾：

上午好！第二届北京青少年研究所学术研讨会"中国城市化进程中的青年发展"召开了。在此，我代表北京青年政治学院向出席研讨会的来宾、专家学者表示热烈欢迎，向筹划组织本次研讨会的北京青少所的同志们表示感谢，向各位演讲嘉宾表示敬意。

在举国上下认真学习宣传贯彻党的十八大精神之际，应邀参会的专家学者、同行同仁汇聚一堂，共同围绕"中国城市化进程中的青年发展"主题进行交流和探讨，分享各自的理念与成果，意义非同凡响。随着我国向全面建成小康社会宏伟目标不断迈进，中国城市化进程方兴未艾。以北京奥运会圆满成功为标志，首都发展进入了新的阶段，推动中国特色世界城市建设，已经历史性地摆在了首都人民面前。建设中国特色世界城市，是《北京城市总体规划》的战略部署，是新世纪中央对北京工作的要求，也是首都人民的新期盼。建设中国特色世界城市最重要的就是提升发展质量，完善城市功能，提高群众生活水平，在世界城市体系中，发挥更加重要的作用，更好地服务国家的发展。在新的发展阶段，北京建设中国特色世界城市，要牢牢把握推动首都科学发展的神圣使命。经过多年探索，北京在科学发展的道路上迈出了坚实步伐，有了较好的工作基础。在国家2020年全面建成小康社会的伟大征程中，北京有条件，也必须按照中央的部署，更好地发挥支撑、引领和示范作用，为国家作出更大贡献。要进一步提升创新能力，形成创新驱动发展模式，成为有世界影响力的科技文化创新之城，在建设创新型国家战略中发挥支撑作用。要进一步提升城市运行管理的精细化、信息化、便利化水平，大力改善生态环境，推动城乡一体化，促进区域协调发展，在国家工业化、城市化快速发展的进程中发挥引领作用；要进一步增强文化自觉自信，大力弘扬践行"北京精神"，传承优秀传统文化，创造时代精品，努力提升文化的软实力和国际影响力，把首都建设成践行社会主义核心价值观体系的首善之区、文化大发展大繁荣的标志性城市，在国家实施文化强国战略中发挥首都全国文化中心示范作用。北京必须紧紧抓住世界范围科技革命和产业调整的机遇，抓住国家工业化、信息化、城镇化、市场化、国际化快速发展的机遇，抓住成功举办奥运会、应对国际金融危机、推动科技创新文化创新带来的机遇，努力开创首都科学发展的新局面。

党的十八大报告中指出："中国特色社会主义事业是面向未来的事业，需要一代又一代有志青年接续奋斗。全党都要关注青年、关心青年、关爱青年，倾听青年心声，鼓励青年成长，支持青年创业。广大青年要积极响应党的号召，树立正确的世界观、人生观、价值观，永远热爱我们伟大的祖国，永远热爱我们伟大的人民，永远热爱我们伟大的中华民族，在投身中国特色社会主义伟大事业中，让青春焕发出绚丽的光彩。"

伴随我国城市化进程的加速，城市面临着更为繁重的建设和发展任务，承载着更为重要的经济、政治、文化、社会和生态功能。青年是城市化进程中的生力军，是城市发展和创新的强大动力。青年的素质与青年的发展将影响并决定着城市化进程和城市发展的前景。因此，作为主办方，我们真心地希望本次研讨会在探讨北京世界城市建设或各地城市化建设进程与青年发展的互动关系方面提供新的视角与启示，为提升各地城市文化建设的质量和青年发展的水平提供新的平台。

最后预祝研讨会圆满成功。谢谢大家。

# 中国特色世界城市建设中的首都青少年工作

2012年6月北京市第十一次党代会明确提出"全力推动首都科学发展，为建设中国特色世界城市而努力奋斗"的战略任务。建设中国特色世界城市已成为当前和今后相当长时期内北京城市发展的目标与任务，对首都的政治、经济、文化、社会和生态发展将产生重大的促进作用，对首都青少年工作也提出了新的要求和挑战。如何在建设中国特色世界城市的大背景中，切实改进与加强首都青少年工作，使首都青少年工作更好地适应和服务北京中国特色世界城市建设，业已成为当前首都青少年工作亟须研究与回答的时代课题。

## 一、世界城市的基本特征

以北京奥运会圆满成功为标志，首都发展进入了新的阶段，推动中国特色世界城市建设，已经历史性地摆在了北京人民面前。建设中国特色世界城市，是《北京城市总体规划》的战略部署，是新世纪党中央对北京工作的要求，也是首都人民的新期盼。规划中明确提出，必须以建设中国特色世界城市为努力目标，不断提高北京在世界城市体系中的地位和作用。规划中还提出建设中国特色世界城市的阶段性目标。第一阶段全面推进首都各项工作，构建现代化国际大都市的基本构架；第二阶段到2020年，力争全面实现现代化，确立具有鲜明特色的现代化国际城市的地位；第三阶段，到2050年左右，建设成为经济、社会、文化、生态全面协调可持续发展的城市，进入世界城市的行列。建设中国特色世界城市，最重要的就是提升发展质量，完善城市功能，提高广大群众生活水平，在世界城市体系中发挥更加重要的作用，更好地服务国家的发展。建设世界城市，不是简单地模仿复制已有世界城市的形态和发展路径，而是要按照科学发展观的要求，大力实施"人文北京、科技北京、绿色北京"发展战略，在提高全球影响力的同时彰显中国特色、首都特点。这是一项长期的战略任务。

何为世界城市？在维基百科的词条解释中，世界城市又称全球城市或巨型城市，指在社会、经济、文化及政治等层面直接影响全球事务的城市。

在中国科学院可持续发展战略研究组的定义中：世界城市是在某一个时期的人类发展进程中受到全球集中关注的综合城市体系。世界城市是特定的人口数量、空间规模、创新能力、经济强度、社会成熟度、人居适宜度、环境缓冲能力、生态自净能力、文明推进能力的全方位综合表达。世界城市的本质体现出五大特征：

1. 世界城市是在全球范围里体现领导性国际地位、经济地位、金融地位、贸易地位和文化地位的高级综合体。

2. 世界城市具有创新、促进、引导世界维持城市财富有效递增，以及维系城市均衡性增长、包容性增长和持续性增长的号召能力。

3. 世界城市在全球范围内具备和体现"物质流、能量流、信息流、资金流和人才流"既聚集又扩散的核心作用与枢纽功能。世界城市也是集知识、研发、创造、产业、金融、贸易、物流、服务、旅游和文化为一体的全方位财富创新港湾。

4. 世界城市具有全球公认的五大一流能力，即创新能力、领导能力、示范能力、包容能力和服务能力。

5. 世界城市具有一种集制度优势、社会优势、国际优势、生态优势和文化优势于一体的领袖气质。

世界城市，在北京国际城市发展研究院院长连玉明的解释中为"城市发展的高级阶段，国际城市的高端形态"，"这一阶段可以概括为：一个结点，两大功能，三大基本特征"。一个结点，即"全球经济系统的中枢或世界城市网络体系中的组织结点"；两大功能，即"对全球政治、经济、文化具有的控制力与影响力"；三大基本特征，即"雄厚的经济实力，巨大的国际高端资源流量与交易，全球影响力。影响世界城市建设的因素，包括经济总量、高端人才、信息化水平、城市综合创新体系、国际交往能力、文化软实力、全球化的治理结构等。

由此可见，世界城市是国际大都市的高端形态，是聚集世界高端企业总部和高端人才的城市，是国际活动的聚集地和对全球政治、经济、文化等方面具有重要影响力的城市。世界城市一般具有以下基本共性：

1. 世界性事务的影响策源地：联合国总部所在地、世界银行总部所在地等。

2. 数量巨大的人力资源：千万级的人口数量和来自世界各地的高端人才。

3. 呼风唤雨的经济总部：世界500强总部、跨国公司研发基地、世界金融中心。

4. 进出便捷的交通枢纽：世界级港口、中心国际机场、多元化"物流源汇"枢纽中心。

5. 享誉世界的厚重文化：著名博物馆、图书馆、歌剧院、历史遗迹及引领性文化社区。

6. 蜚声国际的文教机构：世界一流大学、一流科研机构、国际级学术大师。

7. 左右舆论的世界媒体：通讯社、电视台、报纸、网络媒体。

纵观人类历史和城市发展的历程，世界城市的基本特征表现在以下诸方面：

1. 世界城市总是意味着去寻求对于物质、能量和信息的支配能力。人不仅要具有获取物质、能量和信息的能力，还必须对于所获取的资源，进一步提高其摄取能力、支配能力和使用能力。世界城市的演进过程，本质上表现了这些能力的不断提升。有关世界城市的统计资料表明：大城市为现代化、专业化、集约化的生产提供了极有利的产业环境，成为更有效地利用土地资源、人力资源、金融资源、信息资源以及自然资源和公共服务设施的积极选择，促使城市通过对于物质、能量和信息支配能力的提高，完成财富获取水平的不断升级。例如：纽约市的GDP总量可以排在世界各国GDP次序的前十几位，日本大东京区的GDP占日本全国总量的18.6%，大伦敦区的GDP占英国全国总量的17.0%。在世界城市聚集财富的能力，随着能级的提升而提升的事实，是不容置疑的。

2. 世界城市总是意味着去寻求科学技术发展具有革命性提高的创新

能力。

科学技术的革命性进步，其作用体现在城市的演化和发展上，本质上是时空压缩，为物质、能量和信息支配能力的建设提供基本手段和动力。世界城市应当以科技创新能力的持续性进步，作为推动其演进和发展的引擎和动力。蒸汽机的发明，提高了工厂的动力水平，在城市出现了以机械代替手工的伟大跃进；电力的出现，又一次整个地改变了城市的生产方式和生活方式，使得城市对于时空的压缩能力，对于物质、能量和信息的支配能力有了巨大的提高。

3. 世界城市总是意味着去寻求不断提高配置生产力要素的优化能力。无论是传统的工业化时代，还是进入新世纪的信息时代，生产力要素优化配置将是在不同组合、不同水平、不同广度和深度上的结构性优化与功能性提高。世界城市的演进过程，可以合理地归纳为对于这一类生产力要素在层次上和功能上的优化。

4. 世界城市总是意味着去寻求对于社会公正的实现能力。社会公正程度与消除贫富之间的不均衡，消除区域之间的不平衡与消除国家之间的不平等是社会中的人际关系、代际关系和区际关系中的最高准则，是保障社会稳定与有序运行的基础。世界城市的演进过程，伴随着城市的辐射和带动作用的不断增强，必然促使其周边地区和全球的加速发展，并体现出以观念完善、制度完善、法律完善去支持社会公正性的提高。

5. 世界城市总是意味着去寻求不断提高物质文明与精神文明的协调能力。在一个现代化的大同世界中，城市不能只是满足对于物质财富的聚集和扩大，它同时还应满足对于精神追求和道德完善的整体响应。世界城市的演进过程，同时也是物质财富创造能力与精神道德完善程度的和谐统一，是人类文明传承的弘扬与未来理性创造的升华之间的和谐统一。

## 二、首都青少年工作的新要求

北京开启了全力推动首都科学发展，努力建设中国特色世界城市的新航程。首都青年工作面临着新的形势，承载着新的使命。为顺应首都发展的新形势，适应青少年工作发展的新需求，促进首都青少年事业的可持续发展，提升广大青少年在推动首都科学发展和世界城市建设进程中的正能量和贡献力，要准确把握首都工作的特殊重要性对青少年工作的新要求。

一个城市的发展，印刻着青年的足迹；一个国家的未来，寄望于青年的力量，首都北京是一个青少年人口比重大、青年人才聚集多、充满活力的青春城市。来自祖国五湖四海、世界五大洲的青年在这里施展才华、追求梦想，成为北京城市化进程的推动者、引领者和城市特质的生动体现者，为北京世界城市的建设带来了新气象、新力量，他们是这座城市的未来和希望。首都青少年工作要充分认识首都工作的特殊性和城市青春活力、多元包容的新特质，切实做好党的青年群众工作，汇聚广大青少年的力量，为城市发展注入勃勃生机。这就要求首都青少年工作必须深刻把握青年凝聚方式、动员方式和流动方式的新特征，通过创新组织体系，实现对青年的广泛覆盖；必须深刻把握首都青年思想意识、文化需求和信息渠道的新情况，创新引导方式，掌握青年思想教育的主动权；必须深刻把握首都青年利益诉求、成长 、发展愿景的新变化，不断提高服务能力，切实服务青年成长成才；必须深刻把握首都青年对外交往、国际合作和开阔视野的新需要，加强青年国际交流，提升青年的国际化素养。

青年力量体现北京乃至中国力量。面对首都城市新的历史阶段带来的新要求，必须自觉把握首都的城市性质功能和历史方位，着力建设一个与中国特色世界城市相适应的、带有明显城市特征的首都青少年工作。这既是首都青少年工作服务党政工作的大局的客观需求，又是北京青年在共建世界城市中实现人生梦想的共同期待。与中国特色世界城市相适应的首都青少年工作，是党联系青年的牢固桥梁和纽带，担负着巩固党执政的青年群众基础的重要使命；与中国特色世界城市相适应的首都青少年工作，是具有鲜明时代性的城市青年组织的工作，与城市发展要求相一致，与城市发展进程相协调，工作目标、组织格局、动员方式都应当带有深深的城市印记；与中国特色世界城市相适应的首都青少年工作，是具有鲜明社会性的青年群众组织的工作，植根于青年、服务于国家，能够找到城市发展与服务青年的切合点，切实让广大青年成为推动世界城市建设的中坚力量，成为共享幸福美好生活的城市主人，为"人文北京、科技北京、绿色北京"和中国特色世界城市建设，积极奉献青春、智慧和力量。

## 三、当代青年的时代特点

青年是北京世界城市建设的生力军，他们身上所体现的素质和特点决定着北京世界城市建设的未来，他们是最积极、最具活力、最有创新精神的优势群体。做好新形势下首都青少年工作，应准确地了解和把握当代青年的时代特点。

青年是祖国的未来和希望。在整个社会中，青年是最积极、最具活力、最有创造精神的优势群体。当代青年的时代特点是当今社会变革的晴雨表。青年身上的时代特点既是社会价值观变迁的敏感折射，同时也是现代社会变迁的缩影。研究当代青年的时代特点，就是研究未来社会价值观的发展及走势。当代青年成长在世界新科技革命迅猛发展，世界经济政治格局发生重大变化，国内改革开放不断深化和社会主义市场经济进一步发展的环境中，他们身上发生了许多新的变化，呈现出这个时代的特点。

1. 思想活跃开放

当代青年成长在我国改革开放的新时期，他们幸运地赶上了新中国成立以来最稳定的经济发展时期，他们是改革开放成果的最大受益者。他们是与中国的"经济建设时代"共同成长起来的一代，所以他们敏感而可塑的心灵总是能最先触摸时代跳动的脉搏和社会进步的节奏。随着改革开放的不断深入，我国思想界、理论界的"禁区"不断地被打破，当代青年生活在从未有过的思想开放的环境中，他们不拘泥陈规，思想开阔，对外来文化不抱成见，具有较强的消化能力。西方社会思潮、学术理论的大量引进，大众传播媒介的迅速发展，极大地丰富了青年的文化世界和精神生活。现代交通、通讯技术的发展，特别是国际互联网在我国的发展和普及，丰富了青年的精神世界，加快了青年思想交流的频率。

上述这些因素，塑造了当代青年思想活跃的性格，促进了他们思想解放、走向开放。青年不仅是未来的力量，也是现实的力量；不仅是传承的力量，也是变革的力量；不仅是国家和民族的希望，也是执政党的希望。处于社会转型期的当代中国青年，总体上呈现出主流稳定、进取务实、健康向上的态势，他们认同主流价值观，对国家的发展前景充满信心，并能够将自身价值和国家与社会的需要密切结合起来，爱国主义情怀仍然是其价值观念中的主旋律和基本背景。

当代世界经济政治格局的深刻变化，最突出的表现就在于"经济全球化"趋势的出现。20 世纪 90 年代中期以来，经济全球化趋势有了新的发展，世界各国正在尽力利用经济全球化的积极效应，推进本国经济的改革和发展。比如，我国为了争取加入世界贸易组织，几乎付出了整整一代人的努力。经济全球化可能在世界范围内实现资源的更为有效的配置，它要求世界各国之间建立起相互开放、共同合作的新的国家关系。在这种新的关系架构下，国家之间的交往与合作增多，人民之间的交流与往来增加，扩大了青年认识世界的视野，增强了青年的全球意识，拓展了青年获取信息的途径与渠道，使他们的思想更加活跃、更加开放。

思想活跃开放，有利于青年摆脱陈旧落后思想观念的束缚，培养开拓进取的精神和团结协作的作风，大胆地吸收人类文化宝库中的一切有用的知识为我所用。但同时，又应该清醒地看到，面对开放的思想环境、经济全球化的发展趋势，思想活跃开放也会给青年带来一些思想上的困惑和行为选择上的困境。比如，在"全球一体化"的思潮影响下，一些青年国家观念淡薄、民族虚无主义情绪抬头，对当代青年爱国主义精神、民族自尊心的培养带来了不少新的问题。因此，如何帮助青年树立社会主义荣辱观，养成科学的世界观、价值观、人生观，如何引导青年正确地区分是非、分清良莠、辨别善恶美丑，成为当今青年思想道德建设面临的一个十分重要而又紧迫的任务。

2. 社会参与意识浓厚

当前，我国正处在改革的攻坚阶段和发展的关键时期，在全面建设小康社会的历史进程中，我国的经济和社会生活发生了一系列复杂而深刻的变化。随着我国社会主义市场经济体制的建立与完善，社会经济成分、组织形式、就业方式、利益关系和分配方式的日益多样化，为青年的全面发展创造了更加广阔的空间；与社会进步相适应的思想观念、社会意识、价值取向等正在丰富着青年的精神世界，最为突出的表现就是，当代青年的社会参与意识明显增强。比如正是由于青年社会参与意识浓厚，他们对青年志愿服务抱有积极的参与心态、热切的参与动机。我们"北京青年志愿者行动与志愿精神研究"课题组对 800 名北京青年志愿者参与志愿服务动机进行了问卷调查，结果见表 1。

表 1　青年志愿者参与志愿服务活动的动机

| 选项 | % |
|---|---|
| 公民的责任感与义务 | 57.4 |
| 热心公益事业 | 66.5 |
| 希望挖掘潜能，了解自己的长处 | 36.6 |
| 可以获得工作经验和社会阅历 | 57.9 |
| 能够帮助有需要的人让我觉得快乐 | 54.1 |
| 使自己的生活更加充实，更加有意义 | 65.2 |
| 使自己的技能和学识发挥作用 | 34.3 |
| 可以结交很多朋友 | 33.3 |
| 能够从中学到知识，增长才干 | 59.5 |
| 因为政府、单位或学校的组织和号召 | 11.4 |
| 因为亲戚、朋友、同事中有参加的 | 3.7 |
| 消磨空闲时间 | 2.6 |
| 没有什么特殊的考虑 | 3.9 |
| 其他 | 0.5 |

从表 1 可以看到，在给出的 14 个选项中，前 5 位的选项依次为：66.5% 的青年志愿者选择了"热心公益事业"，65.2% 的青年志愿者选择了"使自己的生活更加充实，更加有意义"，59.5% 的青年志愿者选择了"能够从中学到知识，增长才干"，57.9% 的青年志愿者选择了"可以获得工作经验和社会阅历"，57.4% 的青年志愿者选择了"公民的责任感与义务"。这折射出当代青年身上强烈的热心公益、提升自我、社会责任心的社会参与意识。

青年最容易接受新鲜事物，有努力摆脱过去、面向未来的理想性，有敢想敢干、勇于参与的精神，无论是对于国家的宏伟蓝图还是个人的前途，都具有积极的参与热情和心态。社会参与意识、竞争意识，是青年主观能动性的表现，是当代青年对高速变化的社会生活环境的积极回应。尽管和平与发展是当今世界的主题，但和平是社会参与、社会竞争基础上的和平，发展同样也是社会参与、社会竞争中的发展。经济、文化、科技、人才等领域的全面竞争是许多国家面临的严峻挑战，竞争的淘汰者就难以取得自己在世界民族之林的一席之地。而在社会主义市场经济体制下，社会资源主要通过市场机制，以竞争的形式实现合理的配置，同时社会也在生产经营、科学研究、艺术创造以及人才培养、选拔、使用等方面广泛建立起了竞争机制，为青年的社会参与和自身发展创造了客观条件。可以这样说，无论是集体还是个人都已自觉不自觉地被赋予"社会参与者"、"社会竞争者"的地位。在只有通过竞争，才能获得发展机会的今天，当代青年的社会参与意识变得越来越强烈是一种历史的必然结果。

现代一些"另类"青年，他们也是一个鼻子两只眼，饿了吃饭，困了睡觉，没有特别到哪里去。别看他们中的一些人不是光头就是长发披肩，头发不是染红就是染黄，穿着黑亮亮的皮夹克，戴着墨镜和臂上文身，一群群飙起摩托来横冲直撞、惊天动地、烟浪滚滚，活脱脱就是一个"痞子相"。其实，他们的为人处世还是不乏友善，说起话来还多有腼腆甚至天真，恋爱时被普普通通的小女子"蹬"了，同样魂不守舍茫然失措，同样鼻涕眼泪一把流。但是，他们身上的社会责任感和公益参与意识并不比谁差，他们有时候比谁都超凡脱俗，义务到公园里去捡白色垃圾，骑着自行车为保护可可西里的藏羚羊募捐，一高兴就在吧台上喝着可口可乐、发誓要去贫困地区当义工……仿佛是一群纯洁的天使，生下来就是一个胸怀全世界的命，就是关心全人类的命，就是关心他人和藏羚羊的命，大票子掏出来连眼都不眨，简直让我们成年人自感不如。可以这样说，伴随中国青年的心智成熟，他们对改革开放和社会发展进行的思考将更为实际，大多数人将努力使自己的选择、自我价值的实现与社会发展目标和规范要求相一致，逐步走自我实现和服务社会相统一的明智之路。这种价值取向在青年群体的社会参与意识即青年志愿者行动上充分地体现出来。

3. 创新意识强烈

当今青年是在电脑、电视、音响等高科技产品构成的"虚拟空间"中成长起来的。有的学者称之为"甲壳虫"、"胶囊人",意思是说他们从小被科技包裹起来,计算机的荧光屏是他们观察世界的"复眼",通讯天线是他们通向社会的"触角",他们带着科技的"硬壳"来到社会。科技是青年群体社会化的一个成果——创新精神独具特色和力量。美国著名文化人类学者玛格丽特·米德曾提出一个很有价值的观点,传统农业社会重视成人,贬抑青年,所以是"成人楷模文化";工业社会两者并重,是"并存楷模文化";信息社会才凸现青年人的价值,所以是"青年楷模文化"。这关键在于信息社会是科技社会,青年群体文化中的科技含量最高,他们虎虎有生气,向人们展示着新生代创新精神的风貌,以其特有的"敢为人先"的创新精神改造和变革社会。

青年意味着创新,青年意味着挑战。我们关注的重点是,在时代与创新的关系中青年扮演的角色。青年的创业能力和创新精神一经开发就显出巨大的增值能量,一批由他们创业和支撑的高新技术产业异军突起,并在强手如林的国际市场上为我国赢得了一片崭新的产业天地。以 IT 产业来说,它是当今世界最为朝阳的产业,是竞争最为激烈的一个产业。IT 产业,更是青年人的产业。当今北京中关村 IT 产业的"少帅现象"、"知本家"就是一个生动的例证。时下,青年创造的财富在社会总财富中所占的比例逐年上升。我们已经能够感受到现在的社会已经是一个青年占主导地位和主导作用的社会。无论是创造,还是消费,都已成了青年人的世界,我们同样也能感受到青年在引导文化和社会变迁乃至现代化中的重要作用。这给世人一个令人鼓舞的现实,科技含量最高的产业也是员工队伍最年轻的产业,他们在我国经济与社会发展中起着"领头羊"的作用。

伴随着"网络"成长的青年群体,紧追顶新的新科技,拥有较系统的知识技能,成为现代科技进步的代言人,成为当今中国创业的新主体,他们是备受关注的群体。通过对当前越来越多的青年步入创业领域的热门职业的梳理及分析,不难发现,他们所从事的创业领域普遍具有较高的知识科技含量、较复杂的职业技能、较高的收入、较大的风险等特征,他们热衷于创业的领域主要表现在:一是知识创新、科学技术业,包括基础研究、应用技术开发、管理、制度、组织的创新活动等。它为人类社会的知识产业进步提供着动力源。二是人力资本形成业，包括教育、培训等。如今的世界已进入终生学习时代，这将使文化教育与培训成为 21 世纪的最大产业之一。三是知识创造、传媒业，包括图书出版、报纸期刊、广告、文学、艺术、曲艺、影视、戏剧、音乐、广播电视、通讯、信息机械（计算机、现代通讯技术、自动控制系统、信号装置）等。四是专业服务、咨询业，包括金融、法律工程、建筑、物业、医疗保健、会计、审计及档案储存、贸易谈判、专门策划建议等。新兴产业将建立在对高科技价值肯定的基础之上。因此，谁更好地把握高新技术并能使其迅速转化为生产力，谁就会赢得具有更高社会地位的可能性和现实性。但是从目前不同人口群体接受教育的程度来看，恰恰是青年群体具有得天独厚的条件。联合国教科文组织在《对世界青年问题的分析》中指出："青年一向是变革的动力，重大的社会变革都是在他们身上并通过他们实现的。事实上正是在培养性格的年代里，一个人才最容易在新的问题面前形成勇于创新的考虑问题的态度和作风。"由于信息网络的普及和内容丰富的各种媒体的影响，青年群体在获取知识的渠道上要明显地优于其他成人群体。在这些有利条件下，越来越多的青年已成为掌握高新技术的骨干力量，成为社会发展需要的创新人才。可以说，今天的青年群体是代表着先进生产力的群体，明天他们将成为我国社会发展的中坚。

4. 崇尚务实的行为方式

当今人类社会已经进入知识经济时代。知识经济是主要依靠知识创新、知识的创造性应用和知识的广泛传播和发展的经济，它将从许多方面改变人类社会的面貌，包括社会的产业结构和人们的生产形态、思维方式、文化观念、生活方式，并对青年生存与发展提出崭新的素质要求。21世纪，科学技术在经济和社会发展中的作用日益重要和突出，国际经济和科技竞争，越来越围绕人才和知识的竞争展开。谁有实力在知识和科技创新上占优势，谁就在发展上占据主导地位。这种发展格局，对于我们国家和我国青年都提出了前所未有的挑战，对当代青年的价值观念和行为方式产生了巨大的影响。新世纪是信息时代，也首先是青年的时代，比尔·盖茨和乔布斯是当代青年"时代偶像"。青年无论是思索社会发展的宏大问题，还是设计个人未来生活，都更加注重实际，反对形式主义，更加崇尚务实的行为方式。青年已不再成为社会政治的简单动员对象和积极的参与者，他们的生活方式呈现出更加务实和建设性批评的色彩，他们在价值取向上更加务实、多元和宽容。

当代青年是社会主义现代化建设的后备军，当代青年懂得要使我国富强起来，缩小与发达国家的差距，除了执行正确的路线和政策外，还取决于劳动者对现代科技知识的掌握和运用；同时，他们也懂得将来要能为祖国的发展作出较大贡献，今天就必须全面提高自身素质，掌握切实可用的本领。因此，他们崇尚真才实学，追求个人价值。当今青年的社会地位和社会影响，已经不是改革开放初期的满足教育、保障就业、注重引导的相关政策就能够全部包涵与适应他们的发展诉求。从近些年各地电视台兴盛的各种青年"选秀"节目，如"中国好声音"、"舞出我人生"、"中国梦之声"、"谁是大擂主"、"中国梦想秀"，使当代青年感悟到，30年前他们父辈只知道自己的前程和幸福是组织安排的，如今他们知道自己的人生梦想靠打拼是能够圆梦的。"我的青春我作主"、"三分天注定，七分靠打拼"、"世界因我而精彩"，这些励志话语在广大青年中很有市场并不断激励他们。这些为已有经验所难以解释的社会变革，促使当代青年从传统社会中的依附地位跃居于社会转型的前沿并不断寻求着新的生存和发展空间。尊重个体生命价值，丰富自己人生，在处理个人求学、就业、职业生活以及爱情、婚姻等现实问题时，青年也奉行更加实际的原则，这构成当代青年人生价值观的一个明显特点。

## 四、世界城市建设中首都青少年工作的重点领域

与建设中国特色世界城市相适应的首都青少年工作是一项长期的任务。首都青少年工作要以健全完善青少年政策法规体系为基础，以全面服务青少年成长成才需求为根本，以不断创新青少年工作方式为路径，以大力培养青年骨干人才队伍为重点，以有力推动首都青少年事业健康快速发展为目标，努力构建全面统筹、多方协调、合理共促的青少年事业工作格局，使首都青少年工作总体发展水平保持全国领先地位，全力提升首都青少年在"人文北京、科技北京、绿色北京"和中国特色世界城市建设中的

整体贡献力和综合影响力。笔者认为，现阶段首都青少年工作的重点领域主要应集中在：

1. 加强青年人才开发。城以才立，市以才兴。要认真贯彻《首都中长期人才发展规划纲要（2010－2020年）》，建设首都世界青年人才聚集高地。完善大学生英才学校、北京市团校等职业青年的人才培养建设；通过举办首都青年人才论坛等方式，创新不拘一格的优秀青年人才发现、选拔和任用体系；加强青年人才市场网络建设，完善青年人才信息库；加强各类人才队伍建设，重点扶持和培养青年学科带头人、高技能青年人才和青年国际人才等拔尖创新人才；积极参与推荐"千人计划"、"北京海外人才聚集过程"和"中关村国家自主创新示范区高端人才聚集工程"，集聚用好创新创业青年人才，鼓励支持青年人才为实现中国梦奉献智慧和力量。加大对非公有制经济和社会组织青年骨干人才的培养力度。

2. 积极服务青年创业发展，全面推动青年实现就业。要以"扶持青年创业、创业带动就业"为工作主线，建立北京青年创业就业促进中心，推进创业就业办公室、北京青年创业者协会建设，加强统筹协调，打造组织平台；建立促进青年创业就业工作联席会议，形成工作机制，做实政策平台；加强北京青年创业就业基金会建设，推进YBC（中国青年创业国际计划）和"贷动青春"小额贷款工作，打造资金平台，加强北京共青团创业青年夜校与青年创业大讲堂的建设，打造培训平台；深化见习基地和青年创业园区建设，建构覆盖北京的见习和孵化网络，打造青年发展的平台。

加强对各类就业中介机构的指导、管理和监督，规范就业中介服务市场，强化政策咨询、信息提供、岗位推荐、技能培训等青年就业公共服务。改善青年就业结构，拓展就业渠道，帮助青年获取更多的就业机会。加快对青年群体中高级管理人员与技术人员的培养，提高青年在核心行业、新兴行业和高新技术行业中就业的比例。加快培育具有首都特点的城乡统一的劳动力市场，鼓励青年选择到基层发展，在社区和农村服务等领域实现灵活就业。加强就业援助与资助，切实加强对生活困难流动青年的就业帮扶工作。

3. 积极引导青年社会参与。加强对青年社会参与的关注和重视，引导青年依法参与社会活动，推动青年社会组织快速发展。积极搭建青年参与社会的路径与平台，提供志愿服务、社会实践、参政议政等不同途径，创造环境和条件，探索和创新引导青年投身"人文北京、科技北京、绿色北京"和中国特色世界城市建设的渠道和方式，有序地参与国家和社会的公共事务。

4. 大力提升青少年国际化素养。积极适应提升首都国际影响力的新需要，主动推动首都青年外交工作，广泛开展民间友好交流与合作，提升青少年国际交往的能力和包容发展的理念，促进世界对中国、对北京的全面了解，增强北京世界城市建设的影响力和吸引力。引导和组织青少年参与国际交往，依托北京市青少年外事交流基地、北京青少年国际交流协会等组织平台，通过国际青少年体育赛事、国际青少年文化论坛等形式，积极开展青少年国际文化、体育和学术交流活动；深入实施世界城市青年精英人才国际研修、国际青年组织互访等项目，创新青少年国际交流的方式和内涵，发挥青年在外交工作中的优势，培育国际青年人才。

5. 整合社会资源，积极探索统筹青少年事务管理的新模式。加强社会资源整合，发挥各类服务青少年的专业化组织或社会团体、基金会和企业公司等在推动青少年事业发展、促进青少年健康成长中的积极作用。为青少年健康成长多办实事，多给资源，切实解决他们成长发展的实际问题，保障他们获得生活与发展的基本权利。应加大社会建设投入，实施积极的青少年公共政策，对青少年投资就是对未来投资，把"青少年优先"作为北京发展的战略。在各项社会政策中，体现对青少年切身利益的关注和维护，切实为青少年发展提供科学指导和服务。探索构建青少年事业发展的支持服务体系，全方位、多角度服务青少年事业发展。

建议成立由市领导为召集人、相关部门共同参与的北京市政府青少年工作委员会，完善首都青少年工作机制。加强对青少年事业发展的领导、协调、组织和督促，定期研究首都青少年工作反映涉及青少年的重大现实问题。积极发挥共青团"枢纽型"社会组织的作用，为服务首都青少年发展提供全方位的组织保障。

## 参考文献

牛文元、康大臣:《世界城市漫谈》,北京出版社 2010 年版。

连玉明:《世界城市的本质与北京建设世界城市的走向》,北京日报 2010 年 3 月 12 日。

牛文元、康大臣:《世界城市漫谈》,北京出版社 2010 年版。

梁绿琦、余逸群:《志愿中国——中国青年志愿服务研究》,人民出版社,2009:19。

常宇:《把握历史方位,担当历史重任,以一流的工作标准,为建设中国特色世界城市作出青春贡献》,《北京青年工作研究》2012 年第 8 期。

张晓华:《新世纪首都青少年追踪研究》,中国青年出版社,2006 年版。

共青团北京市委员会:《北京市"十二五"时期青少年事业发展规划》,www.baidu.com.

（余逸群　北京青少年研究所所长、研究员）

# 世界城市建设进程中的公民社会发展探索

在 2010 年的北京"两会"上，时任北京市市长郭金龙代表市政府向大会作政府工作报告，提出"着眼建设世界城市，坚持高标准建设、高质量管理、高水平服务，进一步提高现代化、国际化水平，使首都的发展建设与国家和人民的要求相适应"。建设世界城市是在成功举办 2008 年奥运会和残奥会、圆满完成新中国成立 60 周年庆典活动之后，北京市委市政府对城市建设与发展提出的长远战略目标。这是首都经济增长优质化、城乡发展一体化、公共服务均等化、城市发展国际化等特征更为明显及全面建设现代国际大都市的新阶段，北京市委市政府从首都实际出发，以国际视野来高端审视、科学谋划北京新一轮建设和发展的重大战略决策。

## 一、世界城市的内涵与特征

世界城市并不是一个新的概念。早在 1915 年，英国人帕特里克·格迪斯（Patrick Geddes）在其所著的《进化中的城市》一书中首次提出了"世界城市"这个概念，并认为世界城市是世界最重要的商务活动的绝大部分都须在其中进行的那些城市。[1] 到 20 世纪末，这一理念经弗里德曼（John Friedmann）、沃尔夫（Goetz Wolf）、罗斯（Robert Ross）、特拉克特（Kent Trachte）、萨森（Saskia Sassen）、金（Anthony King）等学者的发展，形成了西方关于"世界城市"的主流理论，有关世界城市的研究迅速开展起来。

英国地理学家、城市规划师彼得·霍尔（Peter Hall）对世界城市进行了系统的研究。1966 年霍尔对世界城市这个概念做了经典的解释。世界城市是指那些已对全世界或大多数国家发生全球性经济、政治、文化影响的

---

① 李平华、于波：《经济全球化中的世界城市体系与上海城市发展方向》，《南京财经大学学报》2006 年第 6 期。

国际第一流的大城市，具体包括主要的政治权力中心、国际贸易中心（拥有大的港口、铁路和公路枢纽以及大型国际机场等）、主要金融中心、各类专业高端人才集聚中心、信息聚集与传播中心（有发达的出版业、新闻业及无线电和电视网总部）、大的人口中心（而且集中了相当比例的富裕阶层人口）、娱乐业中心。据此，霍尔确定了 7 个世界城市，分别是伦敦、巴黎、莱茵－鲁尔区、荷兰兰斯塔德、莫斯科及东京。[1]

1986 年，弗里德曼用全球化进程不断深化产生的新国际劳动分工解释世界城市的形成，提出"世界城市假说"理论，认为城市与世界经济融合的形式与程度，以及新的空间劳动分工分配给城市的职能，将决定城市发生的所有空间结构。弗里德曼根据企业总部和大银行的位置划分世界城市，提出了衡量世界城市的七项指标，即主要金融中心、跨国公司总部（包括地区性总部）所在地、国际性组织的集中地、商业服务部门的高速增长、重要的制造中心、主要交通枢纽（尤指港口与国际航空港）和城市人口规模。[2] 1995 年，弗里德曼又将人口迁移目的地这一指标加入进来，并改变了以往区分核心国家和边缘国家的做法，而是按照城市连结的经济区域的大小，重新划分世界城市，提出了 18 个核心和 12 个半外围的世界城市的等级结构和布局。[3]

沙森根据生产者服务业来鉴别世界城市（她更喜欢用"全球城市"这一概念）。通过对全球领先的生产性服务公司的分析来诠释世界城市，把世界城市定义为发达的金融和商业服务中心。沙森强调，世界城市不仅是协调过程的节点，而且还是特殊的生产基地。世界城市所生产的是高度专业化的服务和金融产品。她认为，生产者服务业集中在世界城市，这些城市逐渐成为"全球性服务中心"，形成以生产者服务业为核心的新的产业体系。"从全球层面上看，全球城市在世界经济中发展起来的关键动力在

① Hall, P., 1966, *The World Cities*. London: Heinemann.

② Friedmann, J., 1986, The World city hypothesis. *Development and Change*, Vol. 17 (1), 69 –83.

③ Friedmann, J., 1995, Where we stand: a decade of world city research. In P. L. Knox & P. J. Taylor (eds). *World Cities: in a World – economy*. Cambridge: Cambridge U. Press.

于其集中了优良的基础设施和服务，从而使它们具有了全球控制能力。"[1]全球城市服务功能的发展会因为全球投资和贸易的迅速增长以及由此带来的对金融和特别服务的强大需求而进一步壮大。随着国际交易成为世界经济的主体，政府在世界经济事务中的管理和服务职能也会逐步为世界城市所替代。政府面对日趋复杂的情况产生了对专业化服务市场更多的需求。因此，经济向以服务业为主导的结构转变。沙森的实证研究结果显示，20世纪80年代以来，在美国、英国和日本，生产者服务业的就业增长高于全国就业的平均增长率，而且，纽约、伦敦和东京三个城市生产者服务业的增长率高于全国。[2]

从世界城市的形成与演变过程来看，世界城市产生于世界经济增长的重心区域，在世界城市网络体系中，其联系的强弱程度决定了不同城市的地位，因而不同位置的城市具有不同的职能和国际影响力，整个世界城市网络体系就是一个"金字塔"形状，基层的城市执行地方职能，大中型城市执行区域职能，位于金字塔顶层的世界级大城市执行着引领全球进步的职能。特别是近20年来，全球化得以彰显，跨国经济活动加速了全球金融整合，金融业务触及全球。全球服务型经济比重显著增长，在新的通信和信息技术支撑下，跨国公司与国际生产网络的大规模形成，带动资金、技术、劳务和商品在各国流动，加快了经济全球化的步伐，世界主要经济活动特别是服务业贸易及业务内容逐步向主要的大城市集聚，尤其是像纽约和伦敦这样的城市几乎放弃了制造业，转而构筑全球金融中心，其发展至今确立了当今公认的顶级世界城市地位。

世界城市是对全球经济、政治、文化等方面具有重要的影响力，在城市化及城市发展的基础上逐步演化出来的一种国际大都市的"高端形态"。从上述各位学者的论述可以看出，尽管在概念的演绎和理解上仍存在着一定的差距，但我们仍能对"世界城市"抽象概括出若干重要属性，即世界

---

[1] Sassen, S., 1991, *On Concentration and Centrality in the Global City*. Cambridge：Cambridge University Press.

[2] （美）丝奇雅·沙森著，周振华等译：《全球城市：纽约、伦敦、东京》，上海社会科学院出版社2005年版。

城市应当具有的一些共同的特征：一是拥有与世界主流经济体系相适应的经济体系，具有雄厚的经济实力，经济总量大，人均 GDP 程度高，以现代产业体系为核心的后工业化经济结构明显，国际总部聚集度强；二是具有巨大的国际高端资源流量与交易，高端人才集聚，信息化水平高，拥有金融国际竞争力和现代化、立体化的综合交通体系；三是具备全球影响力，文化、舆论、组织和制度等方面的软实力引领时代潮流，主要表现为城市综合创新体系、国际交往能力、文化传播和全球化的治理结构；四是具有完善的现代公民社会的组织形态和现代公民意识。因此，世界城市是对国际政治、经济和文化具有广泛影响力、控制力的城市，其主要标志和突出特点是具备或部分具备国际金融中心、决策与控制中心、科学文化和信息传播中心、交通运输中心、国际活动聚集中心、高端人才聚集中心、现代公民社会管理中心和现代公民意识建设和传播中心等方面功能，具体体现在经济发展水平、国际集散程度、基础设施水平、社会和自然环境管理和现代民主意识、文化创新和引领时尚潮流等方面都有很高的水平。

## 二、中国公民社会组织发展的困境

北京将未来城市发展目标定位为世界城市是首都新一轮发展的重大战略选择，将促进中国参与国际经济和国际事务，提高中国参与国际规则制定的话语权，带动中国经济、政治、文化进一步融入全球一体化进程，通过扩大对外交流，进一步发挥中国对世界的影响力。然而，世界城市的建设除了硬件建设外，还离不开软件建设，特别是在公民社会的培育方面，中国与世界城市的建设还存在着一定的差距。因此，大力推动公民社会组织的培育发展，着手抓好公民社会的建设，培育具有公民意识的合格公民，对北京世界城市的建设具有重要的现实意义和深远影响。

公民社会（civil society）是指由自由的公民和社会组织机构自愿组成的社会。公民社会是工业文明出现以来的新型共同体，它不同于国家和政府这种强制性的权威共同体。俞可平指出："我们把公民社会当作是国家或政府系统，以及市场或企业系统之外的所有民间组织或民间关系的总和，它是官方政治领域和市场经济领域之外的民间公共领域。公民社会的组成要素是各种非政府和非企业的公民组织，包括公民的维权组织、各种行业协会、民间的公益组织、社区组织、利益团体、同人团体、互助组织、兴趣组织和公民的某种自发组合等等。"① 公民社会、政府、市场被看作是当代社会治理的三个层面，公民社会逐渐被视为与政府、市场相对的第三种力量。公民社会的载体是各种非政府组织、社区组织、利益团体、志愿性团体、社会运动等，即公民社会的主要载体是各种非政府、非营利、志愿性的社会组织（公民社会组织也被称为"第三部门"）。这些组织是相对独立和自治于国家和政府行政领域的社会经济、文化领域以及非政府的参政议政领域，并按照自由、平等的契约关系规则调节内外相互关系而建构起来的社会组织系统。作为介于国家和社会之间的中间领域的公民社会，强调的是公民对社会政治生活的参与和对国家权力制约的积极作用。公民社会的一大特色是注重公民的权利与义务的统一性，同时反映出公民具备的高度社会责任感。公民社会的出现"是现代化革命中的一个环节。如果我们对它的基本精神掌握住的话，也就是掌握了现代性的一个面向"。② 正如美国政治学家亨廷顿所指出的："现代化最显著的特征之一就是在传统社会许多自觉的认同程度和组织程度都很低的社会势力中产生群体意识、内聚性和组织性。"③

公民社会的发育与成长有赖于各种社会组织（民间组织、第三部门）的大力发展和壮大。由于改革开放前的中国社会并不存在真正意义上的成熟的"公民社会"，而改革开放至今也就 30 多年的时间，所以，目前中国的"公民社会"尚处于从生长发育到初步成长壮大时期。根据国家民政部的统计数据，截至 2009 年年底，全国共有社会组织 431069 个，比 2008 年增长 4.2%，其中，社会团体 238747 个，民办非企业单位 190479 个，基金会 1843 个。北京的社会组织是 6856 个，其中，社会团体 3167 个，民办非

① 俞可平：《中国公民社会：概念、分类与制度环境》，《中国社会科学》2006 年第 1 期。
② 石元康：《从中国文化到现代性：典范转移》，生活·读书·新知三联书店 2005 年版，第 214 页。
③ （美）塞缪尔·亨廷顿著，李盛平、杨玉生等译：《变革社会中的政治秩序》，华夏出版社 1988 年版，第 38 页。

企业单位 3569 个，基金会 120 个。① 考虑到登记注册、归口标准等问题，实际存在的社会组织数量会远远多于民政部的统计数据。② 这些社会组织业务范围涉及科技、教育、文化、卫生、劳动、民政、体育、环境保护、法律服务、社会中介服务、工商服务、农村经济等社会生活的各个领域，初步形成了门类齐全，层次不同，覆盖广泛的社会组织体系，一个突破传统集权结构的公民社会正在逐渐生成与发展。这些公民社会组织为公民提供了参与公共事务的机会和方式，提高了他们的参与能力和水平，也提升了社会的组织化程度，成为政府联系人民群众的桥梁和纽带，成为推动经济、社会和谐全面发展不可缺少的重要力量。

尽管如此，与欧美等国家相比，中国的公民社会组织无论是在数量、规模方面，还是在为社会提供服务、促进社会的进步方面，都存在着很大的差距，面临着不少的困境。一是社会组织的数量少、规模小。虽然中国社会组织保持较快的增长速度，如 2007 年、2008 年和 2009 年中国社会组织的数量比上一年的增长率分别为 9.2%、6.9% 和 4.2%，但与世界其他一些国家相比，社会组织的数量还是偏少。2006 年 9 月的统计表明，中国每万人不到 2.5 个社会组织，而美国为 52 个，法国为 110 个，阿根廷为 25 个。③ 2009 年中国社会组织吸纳社会各类人员就业 544.7 万人，而早在 1995 年，英国广义非营利部门（BNS）就雇用了近 150 万个 FTE（full-time equivalent）人员，超过整个经济领域内就业人口的 6%。④ 中国社会组织不仅数量少，而且规模也比较小，以 2009 年的 238747 个社会团体为例，全国性及跨省（自治区、直辖市）社团仅 1800 个，省级及省内跨地（市）域的团体 23364 个，地级社团 63043 个，县级社团 150540 个。⑤ 二是相关的法律制度不健全。中国虽然陆续制定了社团、民办非企业单位和

① 中国社会组织网（http：//www.chinanpo.gov.cn〔 yjzlkindex.html），"2009 年度分地区社会组织统计数据"。
② 俞可平：《中国公民社会研究的若干问题》，《中共中央党校学报》2007 年第 6 期。
③ 陆学艺《关于社会建设的理论与实践》，《国家行政学院学报》2008 年第 2 期。
④ （美）莱斯特·萨拉蒙等著，贾西津、魏玉等译：《全球公民社会——非营利视界》，社会科学文献出版社 2002 年版。
⑤ 中国社会组织网（http：//www.chinanpo.gov.cn〔 yjzlkindex.html），"2009 年度分地区社会组织统计数据"。

基金会登记管理条例，但至今还未从整体上明确地意识到培育中国公民社会的重要性和紧迫性，更没有采取恰当的行政措施和法律、法规给予成长中的中国公民社会以明确整体的承认、界定、规范和管理。现行登记管理条例，对境外非营利机构在我国境内的管理及活动，对境外人员在境内成立社团和举办民办非企业单位，对基层民间组织登记管理，对社会团体内部治理结构等，均缺乏具体的或可操作的规定。现行法规中的许多规定在很大程度上不利于公民社会组织的发展，它们所带有的控制、限制的基调和烦琐的手续规定及其制度性框架，在相当长的时间里都成为制约社会组织发展的因素。同时国家立法工作落后于公民社会组织的发展，至今还没有一部完整的关于公民社会组织的法律，这将导致将来在中国公民社会不断成长壮大后，由于国家和政府没有相应的法律、政策和措施来应付公民社会与国家的潜在冲突，而使中国公民社会存在与发展的合法性不强。公民社会组织的性质、地位、组织形式、管理体制、经费来源、财产关系、内部制度、权利义务以及与政府、企业的关系等，都急需在更高的法律层面上加以明确和规范。三是资源不足。中国的社会组织的资源不足是一个相当普遍和非常严峻的问题，主要体现在经费不足和能力不足。经费是非营利的公民社会组织的生命线，而相当一部分社会组织资金严重不足，无法开展正常的活动，其中有不少组织处于名存实亡的"休眠状态"。一些草根性质的非营利组织为了维持生存发展，在通过各种渠道开展与其自身业务不相干的经营性活动或者违法活动，造成恶劣的影响。中国公民社会组织资源缺乏的另一个表现是能力不足，缺乏高素质的专业人才。公民社会组织的能力包括组织的活动能力、管理能力、创新能力和可持续发展能力等，而中国大多数的社会组织自身能力有限，在人员、资金、信息、经验等各方面很欠缺。很多社会组织还是由政府部门成立的，缺少独立性和管理、运作、发展的动力和能力，动员社会资源的能力不强，加上组织管理不规范、不透明、不民主，又缺乏评估和社会监督，使得它们难以得到社会的广泛认同，难以发挥应有的积极作用。四是缺乏自治。改革开放以来，中国社会自治力量不断增强，公民社会也在不断发育和成长，但政府依然是主导社会发展的主要力量，加上社会主义市场经济体制还没有完全建立起来，社会自治赖以生存发展的公民社会缺乏有效的经济基础，社会的自治能力还很低。相当数量的社会组织的独立意识和自我治理能力与西方国家相比还存在很大的差距，过分依赖政府，带有明显的机关化、行政化倾向。过多的依附性而缺乏自治性，使其无法真正有效地发挥社会组织作为联系公民与政党和政府的纽带与桥梁的作用。事实上，相当一部分的社会组织由政府部门发起，管理体制上，以政府主导为主，还不能完全做到政社分开。社会组织无法独立地实现组织目标，没有能力自主地选择和开辟自己的发展空间。中国有相当一部分非营利的组织是通过获取自上而下的资源建立和发展起来的，这些组织，不仅其主要的资源来源于党政机关，而且在观念上、组织上、职能上、活动方式上、管理体制上等各个方面，都严重依赖于政府，甚至依然作为政府的附属机构发挥作用。即使民间自发建立的社会组织，由于要挂靠在业务主管单位上，也会受到政府各方面的限制和干涉。五是监督机制不完善。目前中国公民社会组织发展还处于较低级的阶段，对于社会组织的监督机制还很不完善。首先，政府对公民社会组织的监管能力有限，民政部门在面对数量庞大的非营利的公民社会组织时往往力不从心，而业务主管部门没有过多的精力或不愿意管理非营利的公民社会组织的日常活动，而且业务主观部门与非营利的公民社会组织有着各种利益关联，难以发挥监督的作用，使得外部监督显得空洞，流于形式。其次，社会对非营利的公民社会组织的监督又处于缺位状态，缺少独立的第三方专门对非营利组织、民间组织进行监督，媒体对非营利组织、民间组织的监督作用也有限，公众又缺乏制度化的渠道来反映非营利组织、民间组织违背非营利准则的问题。在这种情况下，对社会组织的监督主要是通过社会组织的自律来实现，这种单一的监督方式容易造成社会组织的官僚作风、腐败以及滥用公共资源现象的出现，降低公民社会组织的公信力，进而影响非营利组织获取资源的能力。"中国的非营利组织之所以会出现这些问题主要的原因是缺乏社会公信度、缺乏明确的宗旨与使命、缺乏竞争机制、行政干扰较大和缺乏社会力量的监督。"[①]

---

① 文军、王世军：《非营利组织与中国社会发展》，贵州人民出版社2004年版，第347—349页。

## 三、世界城市建设背景下的中国公民社会发展的策略

世界城市是硬实力和软实力的统一体。现代意义上的世界城市建设，不仅仅体现在经济建设方面，还包括多元的综合性建设。某种意义而言，世界城市更多地是一种文化软实力的体现。在制定世界城市发展战略过程中，每位公民的发展权利和自由都是未来城市发展中必须充分强调的理念。事实上，在城市发展规划上强调合作、环境、安全、生活质量和人的发展参与，是与当今世界城市发展的主题相吻合的。同时，世界城市的建设也是城市魅力的营造过程，北京应当突出"三个北京"的发展思路，强调更好地为"人"服务，重视对人的精神要素的关注，充分体现社会和谐、政治稳定、公民合作的精神；注重培育健康有序的公民社会，引导更多的公民和社会机构积极参与城市建设，激发广大公民对城市建设发展的参与，使每位公民都能真正将个人的奋斗目标与整个城市的发展目标紧密地结合起来。

在当代中国，国家与公民社会关系中夹杂着政党与国家、政府的关系，政党、政府与公民社会的关系问题，从而使中国公民社会的建构更显复杂和困难。公民社会的发展是世界城市建设的必然趋势，如果不以雄厚、扎实的规范化的公民社会的不断成长壮大作为城市发展的基础，则北京经济、文化发展本身就缺乏持续发展的充分动力，世界城市建设的目标也难以实现。因此，必须从建设世界城市的目标出发，结合北京市和整个国家经济、政治、文化发展的进程，积极培育、引导中国的公民社会朝着健康的方向发展。

一是要完善社会主义市场机制，促进公民社会组织的发展。市场经济是公民社会发育的基础和主要动力，市场经济的发展打破了国家对经济社会生活的垄断，市场经济的出现使得个人摆脱了过去的人身依附关系，为个人与社会的独立自主发展提供了更为广阔的空间，使得人们获得了广泛的自由。市场经济使得人们形成了平等协商、互利合作的价值理念，使得人们形成了一种基本的行为模式，体现在政治上，就是自由、平等和民主。市场经济把社会、企业与个人紧密地联系在一起，每个人都关心和参

与社会公共事务，形成了人们浓厚的民主意识。民主化是市场化的产物，没有市场化，就没有民主化。市场经济的出现是对国家强权的一种制约，是市场经济的出现才把整个社会纳入到经济决策的过程之中，市场经济促成了政治领域之外的私人领域的形成。市场经济是公民社会形成的前提和基础，市场经济对中国公民社会的发展同样具有决定性的意义。中国要发展公民社会首先必须要建立完善的社会主义市场经济体系。民主力量只有在市场经济条件下才有可能形成。抽象意义的民众只有在具体的公民社会中，才会真正成为对民主政治提出要求的力量。在中国目前的各类社会组织中，有相当一部分的组织是从政府职能部门转变而来的，或者由政府部门直接设置的，无论在观念上、组织上、职能上还是管理方式上，都严重地依赖政府，作为政府的附属机构发生作用。这种态势阻碍了社会力量与市场的对接，既不利于政府职能的转变，又抑制了社会力量的成长、壮大。因此，需要在发展社会主义市场经济过程中，积极培育公民社会组织。政府要正确对待各种民间的、非营利的公民社会组织，主动与各种合法的、健康的社会组织建立信任、合作的关系，积极培育各种与政府合作、有利于促进社会公共利益、基层民主和公民自治的社会组织，充分发挥它们在社会管理、公民参与和建设世界城市目标中的作用。

二是要加强社会主义民主政治建设。公民社会是市场经济和民主政治的必然产物，发展公民社会，就必须推动民主政治的发展。十八大报告指出："政治体制改革是我国全面改革的重要组成部分。必须继续积极稳妥推进政治体制改革，发展更加广泛、更加充分、更加健全的人民民主。必须坚持党的领导、人民当家作主、依法治国有机统一，以保证人民当家作主为根本，以增强党和国家活力、调动人民积极性为目标，扩大社会主义民主，加快建设社会主义法治国家，发展社会主义政治文明。要更加注重改进党的领导方式和执政方式，保证党领导人民有效治理国家；更加注重健全民主制度、丰富民主形式，保证人民依法实行民主选举、民主决策、民主管理、民主监督；更加注重发挥法治在国家治理和社会管理中的重要作用，维护国家法制统一、尊严、权威，保证人民依法享有广泛权利和自由。"加强和发展社会主义民主政治的一个重要内容是要扩大公民政治参与，深入发展基层民主，完善基层民主制度。十八大报告进一步强调："在城乡社区治理、基层公共事务和公益事业中实行群众自我管理、自我服务、自我教育、自我监督，是人民依法直接行使民主权利的重要方式。要健全基层党组织领导的充满活力的基层群众自治机制，以扩大有序参与、推进信息公开、加强议事协商、强化权力监督为重点，拓宽范围和途径，丰富内容和形式，保障人民享有更多更切实的民主权利。全心全意依靠工人阶级，健全以职工代表大会为基本形式的企事业单位民主管理制度，保障职工参与管理和监督的民主权利。发挥基层各类组织协同作用，实现政府管理和基层民主有机结合。"扩大基层民主，是完善和发展中国特色社会主义民主政治的重要基础。为了保证公民的政治参与，要不断探索和拓宽公民参政的渠道，探索和丰富民主形式，扩大公民政治参与有序性，保障人民依法行使民主权利和自由。要健全基层党组织领导的充满活力的基层群众自治机制，扩大基层群众自治范围，完善民主管理制度，把城乡社区建设成为管理有序、服务完善、文明祥和的社会生活共同体，充分发挥社会组织在扩大群众参与、反映群众诉求方面的积极作用，增强社会自治功能。

三是要努力培养公民意识。公民意识是人类自主活动追求和理性自律精神的客观反映，是公民个人对自己在国家中地位的一种自我认识，它是围绕公民的权利与义务关系来反映公民对待个人与国家、个人与社会、个人与他人之间的道德观念、价值取向、行为规范等，它强调的是公民个人在社会生活中的责任意识、公德意识、民主意识等基本道德意识。公民意识主要体现在平等意识、参与意识、自主意识、监督意识、责任意识、法律意识、公共精神等方面。公民意识的实质是强调一个人在社会、国家中所处的地位及个人对自己政治地位和法律地位的自我认识。公民意识能够促进社会主义市场经济体制的完善，促进社会主义民主政治建设，促进社会主义国家的法治建设。一个成熟的公民社会是由合格公民组成的，没有高素质的现代公民，就不可能有高水平的现代公民社会。一个高素质的合格的公民，必须通过长时间的养成逐步确立志愿精神、人本精神、法治精神、契约精神和自治精神，这是公民社会的基本信念和价值追求，也是维系并支撑公民社会健康发展的核心要素。因此，构建一个成熟的公民社会，要大力培养公民意识，改变传统的政治文化，实现人自身的现代化。而要实现人的现代化，首先要将臣民意识变为公民意识。臣民意识是封建社会的产物，臣民只有义务没有权利，它强调的是对专制君主的无条件服从。而公民意识是公民社会发展的精神资源和动力，只有具有公民意识，才能够使得公民社会成员明确认识到自己是摆脱了人身依附关系的社会的主人，已经不再是一个臣民，而是现代国家的一个公民，是社会政治生活和社会公共事务中的主体。公民不仅有义务，更重要的是具有独立的人格，具有独立自主地参与政治活动的权利。所以，权利意识的觉醒，是从臣民意识转变为公民意识的重要标志。公民只有把自己看作现代社会中权利与义务的统一主体，才能形成独立的人格。与权利意识密不可分的另一个重要方面是公民的责任意识。现代社会的每一个公民对社会的健康发展都负有不可推卸的责任。从某种意义上说，只有当公民普遍具有责任意识，才会有负责任的政府与负责任的政治。所有这一切都需要政府采取有力措施，对市民进行法治教育，尤其是对公民进行权利和义务的教育，增强公民意识，提高参与社会的能力。

四是要健全相关的法律法规，完善制度环境。公民社会组织的发展需要良好的制度环境，这不仅需要在国家层面健全有关公民权利和义务的法律体系，使公民成为法律意义的平等独立主体，如进一步完善宪法中有关公民权利和义务的内容，同时，还必须强化对公民权利的保障措施，使法律上的规定真正落到实处，切实保障公民的结社自由，并大力发展独立于政府及其他权力机关的社会中介组织，逐步形成与公共权力的对抗力量。一些专家指出，中国公民社会的立法存在三个明显不足，"一是缺乏一部管理民间组织的'母法'，只有分散的几个专门法规；二是立法指导思想有偏差，重政府管理轻权利保障，重事前审批轻事后监管，重行政手段轻经济制约；三是立法层次偏低，至今关于民间组织的主要法规是国务院的三个《条例》，它们属于行政法规，未上升到国家普通法律。"[①] 这种状况

---

① 陈斯喜：《我国社团立法状况》，《环球法律评论》2002 年夏季号。

与建立社会主义法治国家和建设社会主义政治文明的政治发展目标是完全不相适应的。立法部门应当根据宪法关于保障公民结社自由的宗旨和我国公民社会组织发展的实际情况，加紧研究制订一部管理公民社会组织的统一法律，对公民社会组织的法律地位、主体资格、登记成立、活动原则、经费来源、税收待遇、监督管理、内部自律等作出明确的规定，为制定相关的管理法规和政策提供基本的法律依据。目前的现状是相关部门对公民社会组织实行管理的各种法规、条例存在空白，或者严重重复，各种法规之间统一性的缺乏给政府主管部门带来了管理上的困难，妨碍公民社会的健康成长。"这种情形极易导致三种消极后果：一是对民间组织的成立设置过高的门槛，或是对已经合法存在的民间组织的活动限制过严，妨碍公民社会的健康成长；二是对部分民间组织管理失范，导致一些民间组织的无序发展；三是重复管理降低行政效率，增大行政成本。"① 因此，政府相关职能部门应当对已有的各种管理法规进行一次全面的清理，修订和完善关于公民社会组织的法律、规章和政策，从审批、登记、注册、监管、经费、税收等方面，对公民社会组织既积极支持、热情帮助，又正确引导、合理规范，营造一个有利于公民社会健康成长的制度环境，让公民社会组织在世界城市建设的进程中担负起应有的职责，使公民社会逐渐体现出新型社会共同体的公共性，使公正、自由、民主等基本价值得以落实，同时，要求公民在社会政治生活中自觉地接受法律的约束，并勇于维护作为一个公民应享有的合法权利。

五是要加强公民社会组织自身能力的建设。现实中，凡是活动正常，社会效益明显，在某一领域举足轻重的社会组织，都是内部制度较为完善的组织。公民社会组织依法开展活动，必须完善组织章程和机构，加强自身能力的建设。一是提高社会组织内部管理能力。公民社会组织需不断完善内部治理结构建设，提升决策的科学性，增强项目运作能力。非营利性的社会组织尽管不像营利组织那样进行利益分配，但在其生存与发展过程中，从筹资组建开始，经过多阶段多项目的运作，继而成功实施公益项

---

① 俞可平：《改善我国公民社会制度环境的若干思考》，《当代世界与社会主义》2006 年第 1 期。

目，实现各利益相关方利益，也需要像企业那样"经营"自己的组织、活动、品牌等。因此，需要在现行法律法规框架下不断完善组织内部治理结构，建立民主决策制度，克服行政化倾向，建立内部制衡制度，规范财务制度，提升项目实施水平，增强民主决策的能力。二是建立健全组织的财务治理结构。完善的财务治理结构和机制或许与现实的公益性的社会组织还有一段距离，但应该是所有的公益性的社会组织共同努力的目标。尽管在公民社会组织不同的发展阶段，其财务治理结构的建立可能会有所侧重，但成熟、完善的公益性社会组织的财务治理结构一般由会员代表大会、理事会、经理层与监事会等组成。而财务治理机制一般包括财务决策、监督与评价机制三个方面，从事前、事中、事后三个方面对组织资源的取得和使用情况进行管理，保证决策授权、执行与监督的分离。完善的财务治理结构能有效地整合组织资源，实现组织的高效运行，提高管理者的积极性，进而提高组织的服务效率和服务质量。三是提高社会组织的筹资能力。扩大自创收入并加强管理是各类公民社会组织突破资源不足困境的重要出路与发展方向。公益性的社会组织的资源主要来自政府机构、企业组织、社会上的个人捐款者与赞助者。有效地管理资源、开发资源、整合运用资源是公益性社会组织突破财务困境的有效路径选择，为此，社会组织需要在提升服务品质、开创新的服务或项目、与政府合作并争取政府的委托购买服务等方面进行努力，以获取更多的资源。四是加强人才队伍建设，吸引和留住专业人才。职业化和专业化是国际非营利的公益事业发展的主流。目前中国的公民社会组织的人员待遇、社会保障等问题限制了社会组织的职业化和专业化的发展。应当大力构建非营利的公益性社会组织市场化的人才市场，将社会组织工作人员纳入整个劳动力市场和社会保障体系中来，并逐步放松对公益性社会组织人力运作成本的要求和规定，创新人才引进和使用机制，用市场力量来调节社会组织中的人员工资水平，逐步建立一个能够吸引和留住专业人才的工资待遇或酬薪体系，从而推动中国公民社会组织向职业化和专业化方面迈进。

北京建设世界城市是北京市委市政府今后一段时期的奋斗目标。在建设世界城市的进程中，构建一个健康有序的公民社会已成为中国社会文明发展的客观要求和必然趋势。通过加强公民社会的建设，培育成熟的公民文化和提升现代公民意识，拓宽公民有序参与社会的空间，达到政府与公民的良性互动，既有助于推动世界城市建设目标的实现，又有助于促进中国社会主义和谐社会的建设和实现中华民族的伟大复兴。

（纪秋发　北京青少年研究所研究员）

# 世界城市视野下的
# 北京青年人才①资源开发研究

《北京城市总体规划（2004 年—2020 年）》将北京的发展目标确定为"国家首都、国际城市、文化名城和宜居城市"，2050 年左右进入世界城市行列。世界城市最早是由德国学者 Goethe 在 1889 年用有"世界城市"之义的德语"Welstadt"来描述当时的罗马和巴黎的，旨在从文化的优势上突显这两个城市。1915 年帕特里克·盖德斯（Patrick Geddes）从经济和商业两方面提出"世界城市"（Word City）的概念。随后西方学者展开了对世界城市的探讨，从世界城市的评价标准上看，尽管可以说仁者见仁、智者见智，但其分析脉络体现了当时的社会背景和社会发展要求，从二战前的政治影响到和平时期的经济控制，近代几乎所有学者都认为经济发展规模与实力是评价世界城市的一个关键指标。笔者在梳理相关文献时，发现世界城市表面上是经济的控制、政治的影响、文化的渗透，实际上是资源的较量，从世界城市的建设历程看世界城市之所以能够在全球竞争中脱颖而出，凭借的是其资源优势和资源积聚能力。结合"人才资源是第一资源"的观点，笔者探索青年人才在世界城市建设中的作用，以期能够抛砖引玉，引起学界和政界对青年人才的重视，从而正确引导青年人才成才的同时，为北京建设世界城市作出更大贡献。

## 一、青年人才资源开发在北京建设世界城市中的作用

北京作为中国政治文化中心，面对经济、科技、知识与人才全球化的

---

① 本研究将青年人才界定为年龄在 16 岁至 35 岁之间，具有大学专科以上学历或具有中级职称证书或具有特定的技能，愿意并能够在我国的政治、精神、物质和社会文明建设中进行创造性劳动并做出积极贡献的德才兼备者。

社会发展形势，将全球人才聚集于北京无疑会为北京建设世界城市注入新的活力，而处于人生之关键阶段的青年由于心理、生理等特征决定了其在北京建设世界城市中的重要作用。

**（一）青年人才是北京建设世界城市的核心力量**

首先，青年人才在不同的历史时期都曾起过积极而且重要的作用，中外领导人对青年给予了高度评价。其次，2005—2010 年的统计数据表明，北京市青年人力资源的供给量占人力资源供给总量50%以上，[①] 是可开发人力资源中的最大群体。最后，根据北京市普通高校的建设情况和不断增长的在校大学生人数可以预测，[②] 在北京建设世界城市这个较为长期的过程中，将有大量高素质的大学生投入到劳动力大军中。综合这三点，普遍认可的是"人才资源是第一资源"，而北京市的供给状况表明青年是可开发人力资源中的最大群体，再加之他们处于智力、身体、身心发育走向成熟的阶段，具有充沛的精力、敏捷的思维、勇敢的创新精神和极强的可塑性，可以说北京青年人才担负着创造、使用、保存并转让知识和传承历史的重任，青年人才的培养和汇集将关系到北京建设和发展的接班人问题。因此，如果说人才是第一资源，那么青年人才是形成第一资源的核心资源和潜在资源。

**（二）青年人才是促进北京产业积聚的主体力量**

北京建设世界城市不可回避的是加快经济发展以增强北京硬实力，这势必要求其优势产业在快速发展中实现产业规模效益的递增，而优势产业发展壮大的有效途径是拉长与做粗产业链条，即通过优势产业的资源移植和传递，发展与主导产业配套的产业群与产业链。北京为实现产业链条的延长与扩展必定需要与之相匹配的各类人才。正如 Richard Saller（2008）

---

① 数据来源与说明：根据北京市人力资源和社会保障局网站统计整理得出，http://www.bjld.gov.cnxwzxgqgx/；根据北京市人力资源和社会保障局网站的统计数据，青年人力资源的年龄为16—34 岁，本文的青年人才年龄界定为16—35 岁。

② 2000 年北京市拥有 59 所普通高校，2005 年增长为 79 所，2009 年增长为 88 所，2012 年增长为 91 所；相应年份的在校大学生人数分别为 282585 人、536724 人、577154 人和581844 人。数据来源于北京市教育委员会网站。

所强调的:"城市既是人力资本积累的发动机,也是消耗者。"① 在人才资源和产业集聚过程中,青年人才凭借其心理和生理优势最能适应新环境和接受新的挑战,因此,面对北京建设世界城市的新要求,青年人才的积聚将会成为北京人才积聚的主体。

### (三) 青年人才是推动北京科技进步的中坚力量

科技进步是推动经济增长的根本动力,是反映城市竞争力的重要方面。而科技进步的主要推动者是青年人才。首先,从人生成长的规律来看,青年群体靠其体力和智力方面的独特优势,拥有丰富的想象力,是推动科技进步最有潜力和活力的资源。其次,科技进步的实践也证明了,30岁左右的青年,正是发挥人力资源效用的最佳阶段,他们是社会中最富创新的群体。有人对 1500 年至 1960 年全世界的 1249 名杰出科学家和 228 项重大的科研成果统计后发现,科学发明的最佳年龄都在 25 至 45 岁之间,峰值年龄为 37 岁;对 1901 年至 1960 年全世界 215 位诺贝尔奖得主的年龄统计看,有所成就的最佳年龄是 30 岁至 45 岁,峰值年龄为 39 岁;对 1901年至 1989 年 305 位获得自然科学类诺贝尔奖的获奖者的年龄进行统计,发现获奖者取得成果的年龄在 25—40 岁之间的有 187 人,占总数的61.31%,其中 25—35 岁的有 119 人,占总数的 39.02%。② 也就是说,一个人在 25 岁至 45 岁作出贡献的可能性最大。所以,开发青年人力资源不仅能产生立竿见影的效果,而且会在未来若干年内进一步强化与提升其效用。

### (四) 青年人才是北京提升文化软实力的关键力量

文化往往有"不战而屈人之兵"的作用,而文化的形成不是一朝一夕之事,需要长时间的积淀,青年正处于人生的生机勃发期,具有极强的可塑性,是整个社会中最少保守思想、最具创新精神的群体。因此,在人才

① Richard Saller, Human Capital and the Growth of the Roman Economy. Richard Saller, Princeton/Stanford working Papers in Classics, Version 1.0, June, 2008. 转引自:《外国经济学说与中国研究报告》(2010),中华外国经济学说研究会编,程恩富、丁冰、李翀、林勇主编,社会科学文献出版社 2010 年版,第 314 页。
② 数据资料转引自:罗刚、周道柱、戴玉忠:《青年人才学》,安徽人民出版社 1991 年版,第 6 页。

资源开发中，青年最具活力和潜力，青年时期是生成人才资源的最佳时期，他们的文化价值理念的形成过程也将是该地区文化积淀的过程，他们的文化价值取向将在某种程度上代表该城市的文化发展方向。由此可见，对于可塑性极强、价值观正在形成阶段的青年人在其面对中西文化、积极文化和消极文化等多种文化时，正确教育和引导青年人才取其精华去其糟粕地吸收多元文化的营养，是形成中国特色主流文化的关键，也是北京建设新型世界城市的文化创新之源泉。

## 二、北京地区青年人才资源开发、利用的现状分析

按照本研究对青年人才的界定，本研究在统计分析北京地区青年人才资源供求情况的基础上，调查了青年人才的思想、工作、生活以及成长状况等，其中调查采用定向性随机方式抽取样本，对北京市朝阳区、东城区、海淀区、西城区的国有大型企业集团、高新技术领域、政府党群机关、卫生系统、高校系统、新闻单位、科研院所发放1376份问卷，回收1163份，扣除不合格问卷96份，有效回收问卷1067份，有效回收率为77.54%。对有效回收的1067份调查问卷按照学历统计，其中博士研究生169名、硕士研究生397名、本科生325名、专科生94名、无学历但具有中级技术职称证书者82名；在这些被调查的青年人才中有749名中国共产党党员，318名非党员。

### （一）北京地区近六年的青年人力资源供求情况

从北京市人力资源社会保障局提供的数据（见表1）不难发现，北京地区的青年人力资源结构不合理，导致人力资源供求失衡：（1）这六年，两个年龄段的青年人力资源总供给量在逐年大幅度减少，需求总量也在大幅度减少，但需求量的减少主要表现为对16—24岁之间青年人力资源的需求在减少，对25—34岁之间的青年人力资源的需求量则比较平稳。（2）从供给量上看，这六年北京地区16—24岁的青年人力资源供给量大于25—34岁的青年人力资源供给量，结合16—34岁青年人力资源的需求情况，北京地区青年失业人员主要表现为16—24岁的人员，而25—34岁之间的青年人力资源则处于供不应求状态，且供给缺口数在逐年增加。进一步调查的结果是：一方面，随着大量高校毕业生涌入北京地区就业，使得

北京地区对人力资源的学历要求越来越高;另一方面,北京地区日益高涨的房价和子女就读困难等多方面的压力使得外地来京打工的青年在向其他城市转移。因此未来的调整方向应该是加强对16—24岁青年人力资源进行技能培训,增强其竞争力。

**表1  2005－2010年北京市的青年人力资源供求情况表①**

单位:人

| 年龄 | 2005 年 | | | | |
|---|---|---|---|---|---|
| | 供给人数 | 供给比例(%) | 需求人数 | 需求比例(%) | 缺口数 |
| 16—24 岁 | 158019 | 51.28 | 134473 | 43.85 | －23546 |
| 25—34 岁 | 150135 | 48.72 | 172203 | 56.15 | 22068 |
| 合计 | 308154 | 100.00 | 306676 | 100 | －1478 |
| 年龄 | 2006 年 | | | | |
| | 供给人数 | 供给比例(%) | 需求人数 | 需求比例(%) | 缺口数 |
| 16—24 岁 | 159947 | 53.79 | 159743 | 43.40 | －204 |
| 25—34 岁 | 137417 | 46.21 | 208297 | 56.60 | 70880 |
| 合计 | 297364 | 100 | 368040 | 100 | 70676 |
| 年龄 | 2007 年 | | | | |
| | 供给人数 | 供给比例(%) | 需求人数 | 需求比例(%) | 缺口数 |
| 16—24 岁 | 119694 | 52.55 | 109369 | 38.61 | －10325 |
| 25—34 岁 | 108073 | 47.45 | 173865 | 61.39 | 65792 |
| 合计 | 227767 | 100 | 283234 | 100 | 55467 |
| 年龄 | 2008 年 | | | | |
| | 供给人数 | 供给比例(%) | 需求人数 | 需求比例(%) | 缺口数 |
| 16—24 岁 | 106064 | 51.93 | 31420 | 14.76 | －74644 |
| 25—34 岁 | 98192 | 48.07 | 181425 | 85.24 | 83233 |
| 合计 | 204256 | 100 | 212845 | 100 | 8589 |

① 由于2011年、2012年该网站没有公布年度数据,所以只统计了2005—2010年的数据。

| 年龄 | 2009 年 | | | | |
|---|---|---|---|---|---|
| | 供给人数 | 供给比例（%） | 需求人数 | 需求比例（%） | 缺口数 |
| 16—24 岁 | 80651 | 52.83 | 27194 | 12.11 | -59433 |
| 25—34 岁 | 72015 | 47.17 | 197436 | 87.89 | 88741 |
| 合计 | 152666 | 100 | 224630 | 100 | 29308 |
| 年龄 | 2010 年 | | | | |
| | 供给人数 | 供给比例（%） | 需求人数 | 需求比例（%） | 缺口数 |
| 16—24 岁 | 124261 | 54.17 | 72333 | 23.92 | -51928 |
| 25—34 岁 | 105134 | 45.83 | 230121 | 76.08 | 124987 |
| 合计 | 229395 | 100.00 | 302454 | 100.00 | 73059 |

### （二）北京青年人才的思想状况分析

1. 北京青年人才的目标比较明确，并表现出强列的成就动机

调查中我们发现，1067 名被调查者中有 539 人有很明确的目标，440 人有目标但不明确，33 人无目标，55 人未回答，进一步分析被调查者发现：女性青年人才无目标或目标不明确的要高于男性，学历低的青年人才无目标或目标不明确的高于学历高的，职务低的青年人才无目标或目标不明确的要高于职务高的青年人才。尽管这样的调查尚不能说明目标和性别、学历、职务之间有什么样的关系，但众所周知的是目标对青年成才是至关重要的，这就给本研究一个启示：行政或企事业单位领导应根据战略发展要求，针对不同类型、不同结构的青年人才给以目标激励，加强对青年人才积极、正面的引导，从而帮助青年人才设置中短期发展目标或进行职业生涯规划，这样既有助于青年健康成长，也有利于为北京建设世界城市储备人才。

64.95% 的被调查者表示有强烈和较强烈的成就动机，心理学的研究表明，成就动机高的人，表现出的共同行为特征是：①对适应困难工作具有挑战欲，全力以赴力求成功；②精力充沛，探新求异，具有开拓精神；③面对挫折和困难表现出很大的韧性和毅力；④对自己做出的决定勇于负责；⑤对错误的意见和做法敢于抵制；⑥选择有能力的人作为工作的伙

伴，而不选择亲近的人。由此可见，北京青年人才的这种强烈的成就动机有利于自己适应外界环境的变化，同时也有利于北京建设世界城市。而且本研究的调查发现，75.26% 的被调查者认为成就动机是"实现自我价值"，64.95% 的青年人才认为其成就动机是"事业心和工作责任心"，46.39% 的青年人才选择了"为获得好生活条件"。可见，北京青年人才有强烈的成就动机，而且其动机建立在为社会服务的朴素的情感基础之上，这种高尚而朴实的成就动机是青年人才成长最基本的创造品格，会激发北京青年人才为追求优异成绩而不懈努力，为北京建设世界城市贡献力量。

2. 北京青年人才具有良好的心理素质和心理品格

从心理学上讲，良好的心理素质和心理品格有利于青年成才，尤其是自信心，它是人们相信自己并预料自己能成功的一种心理状态。它是使人们产生创新意识、进取心、意志力和毅力的基础，因此自信心被认为是人们创造成功的必要条件。青年人才要培养自信心，势必要克服其对立面——自卑心理。存在自卑心理的人，处处自叹不如人，妄自菲薄，丧失自信和自尊，从而满足现状，不能自强进取，更谈不上创新。71.13% 的被调查者对迎接北京建设世界城市的挑战有自信心，69.17% 的被调查者认为其创新性不足，749名党员中有 396 位认为入党动机是"共产主义信仰"，占党员总数的52.87%。可见，北京地区的青年人才有着良好的心理素质和高尚的品格，但也有部分青年人才自我意识比较浓厚，98 位选择了"找工作"，79 位选择了"仕途"，68 位选择了"家人希望"，35 位选择了"受人尊敬"。

（三）北京青年人才的成长状况分析

1. 北京青年人才在成长中注重知识学习，轻视社会实践和科技创新能力的培养和锻炼

在对本研究选定的 1067 位被调查者进行调查时发现，47.13% 的人在求学期间没有做过兼职工作，对做过兼职的被调查者进一步调查，他们求学期间的兼职岗位主要是家教、促销员等较低级的岗位，多数与所学专业并不对口，将兼职作为挣取生活费的手段。与此相应的有 52.19% 的被调查者在求学时期没有参加过社会实践，53.71% 的被调查者在求学时期没有参加过科技创新活动，而参加过社会实践和科技创新活动的被调查者基本

上参加的都是由学校组织的社会实践和科技创新活动，比如假期调研、与老师一起做科研、参加大学生挑战杯科技创新活动等，自己参加社会实践和科技创新活动的寥寥无几。从参加的时间看都比较短，最长的是与老师做科研；从被调查者的学历层次上看，本科生参与社会实践和科技创新活动的比例低于硕士研究生、硕士研究生低于博士研究生；从性别上看女性低于男性。出现这种现象的主要原因有：（1）多数高校在培养学生的整体要求上主要以课程考试为主，没有将社会实践和创新能力作为学生考核的要求，而且多数高校组织的社会实践流于形式，实质内容不能体现其目的，甚至有些社会实践根本就没有目标，因而这样的社会实践既不能培养学生的实践兴趣也不能提升学生的实际动手能力，从而不能吸引学生积极参加社会实践；（2）青年人才在高校学习时期，多数目标不明确，不知道自己未来想做什么，现在缺少什么能够实现自己目标的能力，因而部分高校学生处于一种盲目、混沌状态；（3）缺乏创新意识，这与我们国家整体状况较为吻合，主要原因是缺乏创新动力，没有一定的创新激励机制，往往付出和回报不成比例，这可以从全国大学生挑战杯活动中得到启示，各个高校和学生都很重视参与该项活动，其原因是获奖既可以提升高校的竞争力也可以给学生带来声誉，在找工作中显示出其竞争优势。因此，笔者认为高校在培养学生的过程中应该加大对学生参与社会实践、科技创新活动的考核力度，建立健全社会实践和科技创新活动的奖励机制，正确引导学生参与这些活动。

2. 青年人才成长中接受的教育与日后参加的工作不能很好地接轨，造成青年人才人力、时间、精力等的浪费

1067位被调查者中有396位认为职后岗位培训对其成长为青年人才的影响最大，占被调查者总数的37.11%，其次是自学，占被调查者总数的23.71%，这说明北京地区青年人才的自学能力和自学意识比较强，但同时也反映出我国的教育和实际工作还是不能很好对接，这与上面所探讨的重视知识学习、忽视实践能力提高的结论是一致的。

（四）北京青年人才的工作、学习状况

1. 北京青年人才的职业情感比较深，但还不很乐观

65.98%的青年人才表示"热爱"和"比较热爱"自己的工作，有

671 位被调查者要继续为现在的公司（单位）工作，占被调查者总数的
62.89%，7.28%的青年人才不热爱自己的工作，而且不准备进修、跳槽、
离岗，还有 10.31%的青年人才对未来没有明确的想法，这不利于青年人
才的成长和发展。

2. 人才资源集聚过度导致青年人才潜在闲置比较严重

尽管从前面的分析可以看出，北京市青年人力资源的失业情况并不严
重，失业人员主要是 16—24 岁的文化程度较低、专业技术缺乏的青年人，
而 25—34 岁之间的青年人力资源则呈现供不应求状态。但是大学生就业难
和 40.61%的被调查者认为工作和专业不对口的现实，尤其是高能低聘现
象与国际就业形势较为一致，英国《每日电讯报》网站最新数据显示，
33.2%的男性大学生毕业 5 年后仍在从事与其学位不相匹配的工作，即
"委屈就业"，[①] 远高于 1992 年的 21.7%，女性毕业生的比例也差不多，伦
敦的委屈就业比例则更高。出现这种现象的一个重要原因是城市发展中人
才过度集聚造成的显著非经济性效应，最突出的是同质人才的边际效用递
减，使得高层次人才在就业实现方面出现低位效应，即委屈就业，同时也
扭曲了正常的人才评价体系，加剧了中西部地区的人才短缺。

3. 整体素质在提高，但重视职前学习、忽视职后培训

尽管被调查者中有 36.08%的人认为在职培训在提高工作效率和改进
工作方法上的效果很明显或比较明显，仅有 14.43%的人认为不明显或不
很明显，2.06%的人认为说不清楚是否有效，但遗憾的是 42.27%人没有
参加过在职培训，他们普遍认为工学矛盾是不能很好地参加在职培训的主
要原因。在这些调查者中，公务员、事业单位的青年人才对在职培训比较
满意，而企业青年人才基本上是在业余时间参加培训或者根本没有时间参
加培训，而且认为培训费用过高，难以承受。根据人力资本理论，人力资
本的投资会产生加倍收益，当前北京地区青年人才忽视职后培训必然会影
响青年人才的成长与发展，而且青年人才重视职前学习、忽视职后培训将

---

① 转引自张樾樾：《我国人才集聚预警机制研究——以北京为例》，《云南财经大学学报》
2010 年第 1 期，第 152—153 页。

会造成高昂的沉淀成本。①

4. 人才资源流失严重、缺乏国际化人才

根据北京市外事办相关负责人的介绍，北京留学生出国后未回国导致大量优秀人才流失，这在某种程度上也造成北京缺乏国际性人才。此次调查的结论也证明了这一点，本次调查中有 32.85% 的被调查者认为北京缺乏国际化人才。国际化人才主要来源于两个方面：一方面，本国公民通过出国交流、学习等掌握国际经验、惯例以及国际核心业务专长等；另一方面，吸引国外的国际人才。对前者的吸引主要依靠爱国情感的回归、自身环境的改善及相应政策的完善，对于后者更需依靠区域文化的吸引、区域环境的改善和相应政策的完善。

5. 北京青年人才更加注重对小环境的了解，而对大环境的政策和建设情况关心不够

根据本研究对 1067 名被调查者的统计结果看，62.09% 的青年人才对北京市的青年人才政策不了解，71.13% 的青年人才对其所在区域的青年人才政策不了解，38.14% 的青年人才对本单位的青年人才政策不了解。进一步对被调查者的工作性质、学历和性别进行归类分析发现，在行政单位工作的人员对政策的了解程度优于事业单位的工作人员，事业单位的工作人员优于企业单位的工作人员；学历高的青年人才对青年人才的相关政策和北京建设情况的了解程度优于学历低的；男性的了解程度明显优于女性。北京青年人才对政策的了解主要依赖网络和报纸，根据笔者对调查对象的深度访谈，发现他们更多的是从网易、搜狐等常用网址上查看新闻，很少青年人才上一些专业机构网查找相关信息。这说明，一方面，北京青年人才利用政策的能力还比较弱，对诸如北京市人力资源和社会保障局、北京市人事局、北京市团市委、中组部等机构的网站很少关注；另一方面，北京青年人才对政策的主动了解意识不强。

---

① 沉淀成本是指投资承诺之后不能完全得到补偿的那些成本损失，往往与要素市场不完全直接有关，包括沉淀的生产成本和沉淀的交易成本。参见汤吉军、郭砚莉《经济体制转型的动态演化分析：一个沉淀成本方法》，南大商学评论，（第14辑），2007年第9期，第130页。

6. 激励措施与人才自身需求之间的矛盾

为加深对北京青年人才的了解，笔者对部分调查对象所在单位的相关高层管理者也进行了访谈，结果是：这些企事业单位都认为激励在组织效益上应该起作用，但实际情况却并不乐观。48.93%的被访谈高层管理者认为他们采取的激励措施与预期目标相差较大，而进一步访谈相关的被激励对象发现，57.26%的人认为所在单位的激励措施不明显或者存在明显的分配不公现象，32.66%的访谈对象认为其所在单位的激励措施难以满足其自身发展的需要。

# 三、北京地区青年人才资源开发的路径分析

青年人才资源的开发不仅仅是个人或者企业、政府的事，而是多方面综合作用的结果，从路径上看分为三个层次。

## （一）宏观路径——政府及市场路径

从前面的调查数据可见，北京地区的青年人才资源既存在人才过剩现象，也存在人才供不应求现象。对此，政府和市场应发挥其资源配置职能，政府在青年人才资源开发、配置中的基本职能就是通过制定青年人才资源开发、配置的相关制度和政策，为人才营造良好的工作、学习、生活环境以及公平的竞争环境；市场在人才资源配置中主要是通过人才市场的供求来调节完成的。笔者认为政府重在对青年人才资源的开发，而市场的重点工作是配置青年人才资源，使他们人尽其才。

### 1. 政策路径

北京市政府已经意识到人才对北京地区发展的重要作用，正在想方设法积极引进人才，因此出台了许多相关政策。但从青年人才对政策了解程度和满意度上看，并不乐观，主要表现在北京地区的人才政策有明显的倾向性，而且门槛比较高，难以惠及多数青年。因此，建议人力资源管理部门梳理现有的青年人才政策，加强对国家层面青年人才政策和北京地区青年人才政策的整合与衔接，进一步整合资源，促进科研与教育结合，个体与群体结合，国内资源与国外资源结合。同时，结合北京建设世界城市的要求，建立健全人才教育、培养、选拔、使用、评价、激励等一系列制度。

在青年人才管理方面，倡导"能本管理"的思想和理念。在青年人才的培养和使用方面：（1）承认青年人才的价值，弘扬人才的创新精神和创新价值，为青年人才营造一个"尊重人才、尊重创造"的成长环境和保护人才的社会环境；（2）保障企业的用人自主权，形成确保公平竞争和优胜劣汰的市场环境；（3）出台有关人才引进、培养、选拔的政策，塑造重视人才、重用人才的政策环境。同时，积极建立关于青年问题的协商和沟通机制，成立专门的领导机构、研究机构和专家咨询机构，定期就青年的学习、就业、教育培训等具体问题和发展规划进行研究磋商。

在青年人才资源开发激励机制构建中，一方面要积极探索能够体现青年劳动和需求特点的薪酬激励、产权激励、培训激励等方式，注重物质激励与精神激励的有机结合，满足青年人才实现自我价值和社会价值的需要；另一方面，要通过建立完善考核评价制度、培养选拔制度和奖惩分配制度，来保证人才激励的有效实施，真正达到通过激励实现人尽其才的目的。同时，要充分利用影视和报刊等新闻媒介，加强对青年人才优秀事迹的报道，积极宣传青年人才在社会主义改革和建设中的巨大贡献。通过舆论导向，为青年成才树立青年榜样，展示青年人才突出的作用。

在青年人才资源的流动机制方面，要适应社会主义市场经济的要求，在吸取国外成功经验的基础上，积极推动建立人才结构市场调节机制，充分发挥市场在人才流动配置中的基础性和导向性作用，促进青年人才资源在不同地区、产业、职业间的合理流动和高效重组。

2. 市场路径

完善人才市场，减少择业中的信息不对称。一方面，建议有关部门加强公共就业服务机构建设，提供优质就业服务，比如及时公布市场对人才的需求信息，加大政策的宣传力度和拓宽宣传渠道，让更多的青年人才了解和利用相关政策和制度，尽可能减少由于信息不畅对政策执行的不利影响；另一方面，建议高校与人才市场尽快联网，建立健全大学生就业服务信息网络，提供职业介绍、职业指导和职业培训等服务。

（二）中观路径——组织路径

在青年人才开发中发挥作用的组织包含：企事业单位、高校以及共青团组织。

1. 企事业单位青年人才资源的开发路径

在企事业单位中，管理者有效开发青年人才资源的途径有：（1）通过座谈、走访等了解青年人才的需求，针对不同需求寻找适宜的激励措施；（2）尽可能为青年人才创造良好的工作及竞争环境，以岗选人，将合适的青年人才尽可能地配置到最能发挥他们个人能力的工作岗位上，以求青年人才自我价值实现的同时实现组织目标，做到"人尽其才、才尽其用"；（3）根据目标设定理论，管理者应尽可能为青年人才提供参与制定和实现目标的各种机会，进而让青年人才了解单位的组织目标和个人的具体目标，鼓励并引导青年人才树立崇高而又现实的目标，这样可以减少青年人才的挫折感；（4）根据目标管理的要求，制定一套合适的方法控制目标的实施过程，并将目标实施的进程经常不断地反馈给青年人才，对于目标任务完成的效果应与奖惩明确联系起来，让青年人才在奖惩中扬长避短。

2. 高校对青年人才资源开发的路径

高校应推进教育教学改革，使我国高等教育体制与市场接轨，能够根据市场需求及时调整专业，加快将人才市场的需求与教育教学对接，在人才培养上注重人才的后续教育，比如成人教育要转变以往的低层次培养模式，尽可能从提高技能上培养人才，使其能够短时间内提高技能，减少沉淀成本的发生。具体做好以下几点：（1）教育要立足于市场，对市场人才的需求状况进行充分调研，作出科学预测或判断，做好人才培养规划，从而适当调整高校的专业设置；（2）加强青年人才培养中的能力建设，改变当前重知识不重能力、重学术不重经验的传统教育模式，在教育教学中加强高校大学生的社会实践锻炼，不妨寻求"校企合作"、"顶岗实习"机会，以增强学生的团队意识、人际交往能力、开拓创新能力，从而提高学生的综合素质，为北京建设世界城市提供高素质的青年人才。

3. 充分发挥共青团组织在青年人才资源建设中的积极作用

共青团是中国共产党领导先进青年的群众组织，是中国共产党的助手和后备军，对新中国的建立和建设都曾起过积极作用。面对北京建设世界城市的新目标，共青团组织既要继承传统，更要勇于创新，继续承担起新的历史责任，把握青年的心理特点，了解青年人才资源的优劣势，充分发挥共青团组织在凝聚、引导、教育青年中的作用，帮助青年人才树立正确的世界观、人生观、价值观和利益观，坚定正确的政治方向和理想信念。充分发挥共青团组织作用的途径有：一方面，通过思想政治教育，引导与激励青年奋发向上；另一方面，通过帮助青年营造锻炼和成才的机会来有效开发青年人力资源的优势，并建设一支高素质的青年人才队伍，实现青年人力资源开发工作的可持续发展。

**（三）微观路径——个人及家庭路径（基于 SWOT 分析法的开发路径）**

SWOT 分析法即态势分析法，是竞争情报分析常用的方法之一。具体来说，它是将与研究对象密切相关的各种主要内部优势因素（Strengths）、劣势因素（Weaknesses）、机会因素（Opportunities）和威胁因素（Threats），通过调查罗列出来，并依照一般的次序按矩阵形式排列起来，然后运用系统分析的思想，把各种因素相互匹配起来加以分析，从中得出一系列相应的结论。为方便研究，笔者将个人和家庭组合起来作为一个整体，即青年人才资源开发个体路径中的个体，简称个体。具体步骤为：（1）分析环境因素。通过各种方法搜集相关信息，分析出青年人才个体所面临的外部环境因素和内部能力因素。外部环境因素包括机会因素和威胁因素，它们是外部环境对青年人才个体发展直接有影响的有利和不利因素，属于客观因素，一般归属为经济的、政治的、社会的、人口的、产品和服务的、技术的、市场的、竞争的等不同范畴；内部因素包括优势因素和劣势因素，它们是青年人才个体在其发展中自身存在的积极和消极因素，属主动因素，一般归类为知识、性格、心理素质、遗传、家庭等不同范畴。（2）将分析得出的各种因素根据影响程度等排序方式，构造 SWOT 矩阵。（3）在完成因素分析和 SWOT 矩阵的构造后，便可制定出相应的青年人才资源个体开发的计划。制定计划的基本思路是：发挥优势因素，克服劣势因素，利用机会因素，化解威胁因素；考虑过去，立足当前，着眼未来。运用系统分析的综合分析方法，将排列与考虑的各种因素相互匹配起来加以组合，得出一系列青年人才资源个体未来发展的可选择对策。这些对策包括：

（1）最小与最小对策（WT 对策），即考虑劣势因素和威胁因素，目的是努力使这些因素都趋于最小。

（2）最小与最大对策（WO 对策），着重考虑劣势因素和机会因素，目的是努力使劣势趋于最小，使机会趋于最大。

（3）最大与最小对策（ST 对策），即着重考虑优势因素和威胁因素，目的是努力使优势因素趋于最大，使威胁因素趋于最小。

（4）最大与最大对策（SO 对策），即着重考虑优势因素和机会因素，目的在于努力使这两种因素都趋于最大。

由于青年人才面对的环境复杂多变、自身条件也会不断变化，从而使得每种具体情况所包含的各种因素及其分析结果所形成的对策都与时间范畴有着直接的关系。因此，在进行 SWOT 分析时，可以先划分一定的时间段分别进行 SWOT 分析，最后对各个阶段的分析结果进行综合汇总，并进行整个时间段的 SWOT 矩阵分析。这样，有助于分析的结果更加有意义。此外，青年人才在选择自我开发路径的同时，既要注重自己能力的培养和综合素质的提高，也应密切关注北京经济政策的变化，特别是关注北京宏观经济政策的调整方向，从而调整自己的择业方向和职业生涯规划，以利于自己顺利发展。

## 参考文献

Geddes, Patrick. Cities in Evolution. London：Williams and Norgate，1949.

LIN KJ，Wang M L. The Classification of Human Capital according to the Strategic Goals of Firms：An Analysis ［J］. International Journal of Management，2005，22（1）：62—70.

SOOD J，DUBOIS F. The use of Patent Statistics to Measure and Predict International Competitiveness ［J］. The International Trade Journal，1995，9（3）：363—379.

韩伟：《"大开发观"：开掘人才涌动的源头活水》，《中国青年研究》2005 年第 1 期，第 20—23 页。

黎陆昕:《关于青年人力资源开发的思考》,《中国青年政治学院学报》2003 年第 1 期,第 42—43 页。

潘晨光:《中国人才前沿》,社会科学文献出版社 2006 年版,第 90—99 页。

单晓娅:《少数民族地区青年人才资源开发的经济学内涵研究》,《经济研究导刊》2009 年第 27 期,第 112 页。

汪斌:《区域青年人才开发研究》2007:2。

徐景双:《上海市闸北区青年人才成长和开发研究》,2003:11—30。

（韩文琰　北京青年政治学院副教授）

# 共青团组织凝聚青年的策略

## ——以北京共青团社区青年汇建设为例

　　共青团是党领导的先进青年的群众组织，是党的助手和后备军，是国家的重要社会支柱，是党联系青年群众的桥梁和纽带；共青团要履行好党赋予的组织青年、引导青年、服务青年、维护青少年合法权益的职能要求。在我国全面建成小康社会的历史发展过程中，北京共青团在围绕党政中心工作，组织凝聚青年方面探索创新、找准定位、积极作为，社区青年汇建设是近年来北京共青团服务社会建设、推进新形势下青年工作的重要创举，是实现"两个全体青年"和"四项基本职能"目标的有效途径，已经显现出凝聚青年、服务青年的明显成效。

## 一、共青团在社会转型中组织凝聚青年面临的主要问题

　　当前，我国正处在改革开放的关键时期，特别是伴随着市场化、信息化、工业化、城镇化、国际化的深入推进，传统社会向现代社会转型，计划经济向市场经济转轨，即在"五化两转"的历史发展过程中，青年群体社会流动性加速，青年群体的分布更为复杂，跨区域、跨行业的流动更加踊跃，新兴领域从业青年不断增加。青年群体的流动及从业变革不仅是快速的、深层次的，而且是全局性和长期的。传统的共青团组织难以适应当代青年群体的特点和青年工作的时代要求，具体表现在以下几个方面：

　　1. 科层制组织体制滞后于社会发展

　　在计划经济体制下，传统从团中央到基层团支部是在系统或行业内垂直而纵向展开的，其是按照行政化管理的科层制组织体制设置的，具体工作运行模式由上而下地开展，往往由上一级的团组织向下发布指令或布置工作任务，基层团组织据此开展工作，接受上级团组织的指导和检查。这

种科层制组织体制是与计划经济行政化管理社会相适应的，在这样的社会中，青年的社会流动性很小，通过这种体制基本上能够覆盖与影响绝大部分青年，团员不仅是政治身份的象征，还是稀缺的政治资源，对青年有着巨大的吸引力与号召力。但是，随着社会主义市场经济的建立和完善，共青团的影响力和凝聚力在弱化。这主要体现在：非公有制经济组织、混合所有制经济组织的涌现，成为青年就业的新的增长点，使青年在"体制外"大量聚集；伴随行政体制改革和政府职能转变，以功能互补为基础，肩负崭新经济社会功能的社会组织如咨询机构、中介机构、各种行业管理机构的出现，加速了青年的分流；民间社团和青年自组织的广泛兴盛，在满足青年主体性、个性化需求方面发挥着独特的作用，致使传统的团组织体制受到挑战。对于共青团来讲，在新兴的社会领域和组织类型中，基层团组织出现了边缘化问题，从而使共青团组织团结和凝聚青年的职能开始降低，团结和凝聚青年的范围出现萎缩。如果这种现象长期存在，必将影响党的领导和执政的青年群众基础。

近年来，北京团市委高度重视区域化团建和社区团建工作。区域化团建是在突破传统的以社区（街道）团工委为核心的团建格局的基础上，以区域化党建为依据，以非公有制企业和新社会组织、居民区、村委会为基础，以街镇团组织为重点，以区县团委为核心，以共同发展为目标，打破地域、行业、级别、所有制界限，青少年积极参与，青年组织共同推进的开发、融合、共赢的团组织形态。北京市委组织部和团市委联合出台了《关于印发〈关于进一步加强党建带团建工作的意见〉的通知》，北京团市委还下发了《关于加强区域化团建，开展"创造新优势，服务促发展——团建百强街乡（镇）创建工程"实施意见》、《北京市新经济组织和新社会组织团建工作方案》、《关于开展分类引导青年工作的实施意见》。这些文件的出台，为更好发挥共青团在区域化党建带团建工作中的积极作用，密切团青关系，强化共青团组织凝聚力建设，提供了理论基础和实践指导，对推进区域化团建作出了具体要求和部署。北京市各级党团组织按照文件要求全面推进工作，首都团青工作整体环境进一步优化。昌平团区委结合该区共青团工作实际，制定了该区"两新"组织团建工作方案，工作重点是非公有制经济组织和青年社团、公益组织、民办学校、行业组织等新社会组织。通过整合区内各职能部门资源，全区团组织共同努力，在全区规模以上非公企业中新建团 300 家，在新社会组织中新建团 25 家，实现团建全覆盖。丰台团区委针对该区非公企业中市场较多的现状，通过深入走访调研，形成了《丰台团区委关于市场团建工作的调查与思考》调研报告，对该区推进市场团建工作以及共青团如何更好地服务市场发展进行了有益探讨。目前，新发地农产品批发市场、大红门服装批发市场、集美家具市场等全区成交额上亿的市场大部分都组建了市场团支部，开展争创青年文明经营户、青年文明号等活动，使市场团员由"零"归"整"，凝聚了更多的企业青年。

2. 社会动员能力缺乏现代性

社会动员能力是指组织的社会影响力，组织对组织以外的部门人员施加影响，使之认识到组织的作用，支持组织的发展，甚至成为该组织的组成成员。青年是现代社会发展的生力军，作为青年的引领者，共青团应该是一个最具社会动员能力的群众性组织。共青团的社会动员能力主要体现在向党和政府争取政治资源，向企业和市场争取经济资源，向青年和社会争取人力资源。但目前共青团组织社会动员能力与现实需求相比明显滞后，难以满足青年发展的多样性需求，逐渐失去了原有在青年中间那种强大的影响力和号召性。一是在争取党政支持方面，习惯于行政化和封闭式的方法开展工作，限于"请示汇报搞活动"，突击性、活动性、灵活多变是其工作的特点，主观随意、急功近利的短期行为较多，缺少清晰的职能定位，忽视自身内在发展机制的建设，在政策、法律框架下的策划完善工作甚少。长期以来，共青团的建设发展，基本上是在党章和团章指导下进行的，而不是像工会组织那样有自己的《工会法》，可以依法行使职责和维权。但市场经济是法制经济，明确的政策、法规具有导向性、稳定性、制约性和保障性的综合效应。我国已进入新的历史时期，市场经济的建立和依法治国战略的确立，使任何组织、党派的社会资源都要通过市场进行配置，政党已无法对资源配置进行垄断，这就要求党团组织必须在社会层面通过有效的社会整合和社会服务，赢得社会成员的好感并对其产生认同。所以，共青团要得到长足的发展，必须遵循现代社会和现代国家的内在规律来运作，使其合法性、满意度不是建立在简单的权利运行基础上，而是建立在对服务、维权有效性的基础上。二是在动员青年方面，忽视青年群体的差异性，很少采用不同的方法动员不同的青年群体，动员方式也很机关化和行政化，政治宣传教育、"集体发动、集体参加"、发文件、开大会仍是主要的动员手段。组织活动中常以组织目标为导向，依据上级指令或形势要求来开展，较多强调组织对青年的约束力，而很少考虑青年对象的特点与需求，往往活动表面热热闹闹，形式轰轰烈烈，实际内容空空洞洞，活动收效甚微。这些都在一定程度上削弱了共青团组织的影响力和号召力。

北京共青团积极建立骨干青少年社团网络覆盖，吸引活跃的社会青年。巩固共青团凝聚青少年社团的核心地位，培育了30类、100家与团组织联系紧密的骨干社团及社团联盟，发挥青少年社团对青年联系广泛的作用，探索新形势下团组织提供青少年社团进行社会动员的机制方法，以活动促号召，以情感促凝聚，巩固共青团与青少年社团的联系桥梁，充分发挥青少年社团作为团组织主导、动员和服务的分类性青年组织的职能作用。此外，北京团市委还进一步加强青联、学联、青企协、青商会等优秀青年组织建设，注重把不同领域、不同层次的优秀青年动员和组织起来，发挥高端引领、示范带动与服务社会的作用。

3. 吸引力凝聚力不适应青年发展的需求

共青团组织吸引凝聚广大青年是其组织的属性与其履行根本职责的要求所决定的。要想吸引凝聚青年，团组织必须贴近青年、贴近实际，代表和维护青年利益，回应青年合理的利益诉求。这样团组织在青年中才会有吸引力和影响力，青年才会自愿自觉地跟党走。目前，政府一些职能部门转变和拓展自身职能，探索服务青年的领域及方式，新兴的经济社会组织以市场为导向，用个性化、职业化的服务来吸引和满足青年多样化的需求，这些都对团组织在青年中的凝聚力造成了巨大的冲击。此外，随着经济社会的发展，青年自身的社会成长背景、文化教育环境、就业条件、兴趣爱好等均发生了巨大变化，他们的利益诉求、价值取向、社会心态等也随之发生变化而展现出多样性，在学习培训、就业创业、社会参与、闲暇生活等方面对服务的需求内容日益增多。因此，团组织以往那种依照普遍性的标准来开展活动提供服务的方式，难以照顾到不同青年群体的不同利益需求，而只能满足一小部分人群。而大部分青年因为其多样化的需求无法满足，就会渐渐远离团组织，他们的很多需求就会到各类青年自组织中去寻求。

对此，北京共青团充分发挥组织优势，确保创建社区青年汇工作与满足青年需求紧密结合，以关怀促凝聚，以服务促发展。西城团区委为更好地服务区域流动青年，满足他们不同的发展需求，长期以来，开展了思想交流、解困帮扶等一系列城市融合活动，服务以马连道茶城、天意市场、官园市场从业人员等为代表的传统型流动青年群体；开展青年讲座、文化沙龙等人才培养活动，服务以德胜门科技园区等行政、技术人员为代表的高素质型流动青年群体；开展学术交流、联谊互动等文化活动，服务以金融街等高端人才为代表的国际化流动青年群体。朝阳团区委积极探索建立社区青年汇，坚持阵地促发展，要求建立社区青年汇方面做到"三化"，坚持"三性"。"三化"：设计特色化，选址、类别有自己独特的特色和含义，能满足当地青年的活动兴趣和发展要求；目标时尚化，运营的实体具有现代感，参与人员要体现年轻活力和时尚感；运作机制社会化，符合并适应市场的需要。"三性"：公益性，免费交流、学习、活动的平台；开放性，一般不设门槛，欢迎各界青年参与；时效性，在一定的时间要达到一定的效果。努力整合各类资源，为社区青年提供更加丰富、实惠的活动资源，进一步促进青年汇成为团组织联系、凝聚、服务青年的终端阵地和有效载体。

## 二、共青团组织凝聚青年的优势解读

建团90年来，共青团组织始终发扬"党有号召，团有行动"的优良传统，自觉围绕党在各个历史时期的中心任务，服务大局、服务青年，发挥自身优势，团结引领青年，推动中国青年运动始终沿着与民族共命运、与祖国共奋进，与时代齐发展的方向奋斗。共青团在组织凝聚青年方面具有这样的优势：

1. 共青团发挥党的助手和后备军作用，就可以实现对青年的有效领导，为中国共产党长期与持续领导和执政夯实青年根基，确保党团事业的接续发展

共青团是中国共产党缔造并直接领导的青年组织，是党的忠实助手和可靠的后备军，在中国当前政治体制中具有十分独特的优势地位，不可能被一般的社会青年组织所取代。从团是党的助手和后备军的角度来看，共青团具有鲜明的政治性和思想性。就全球政党的结构关系而言，团本质上是一个政党的青年组织，国外不少政党都有自己的青年组织。当政党把组织引导青年的任务赋予它的青年组织时，该组织的政治性和思想性就集中体现出来了。团的先进性，核心是团跟党走的问题。团为什么要永远跟党走、始终坚持党的领导，这是由党团组织关系来确定的，也是共青团政治性和思想性的集中体现。共青团履行政治责任的能力，直接关系到党的事业是否后继有人，薪火相传。

共青团应充分利用体制和身份的优势，在社会转型的大背景下发挥"先行军"的作用，大胆探索创新，找出一些适应时代要求和符合当代青年发展所需的组织引导、团结凝聚青年的模式和方法。特别要履行育人的核心职能，通过共青团岗位的培育，为党培养一批又一批忠诚党的事业、热爱团的工作、善于同青年打交道、竭诚服务青年的青年后备干部，构建为党的事业"推优荐才"的后备人才培养体系，为党的干部队伍源源不断输送新生力量。这些干部被输送到党和政府的相关部门后，发展相对较快，在目前我国各级领导干部中占有相当数量的比例。

2. 共青团发挥国家政权的重要社会支柱作用，就可以积极推动青年工作的科学发展，协助执政党加强对社会领域青年组织的凝聚引领

由于我国政府机构中还没有专门的青年工作和事务的管理部门，共青团是兼有政府青年事务职能的"准政府"组织。在实际工作中，共青团接受党和政府的委托担负了相当数量的青年事务的管理职能。共青团利用自身的政治优势、组织优势和社会优势，协助党政管理青年社会公共事务，使团组织成为政府公共管理的重要依靠力量，提升团组织的社会存在价值和社会话语权，代表青年群体发挥了重要作用。

　　共青团是先进青年的群众组织，因而团组织也就具有社会性、群众性。共青团必须根植于广大青年之中，才会有生机和活力，这是由群众组织的性质决定的。目前我们面临的挑战不是团和党的关系，而是团和青年的关系。应对挑战，首先，要发挥好团组织社会性和群众性的优势，扩大公共性，由单一的青年政治型组织向青年社会型组织转变，从有限覆盖向全面覆盖努力，推进共青团工作模式的社会化。在这方面，共青团有良好的传统和品牌，如"希望工程"、"青年志愿者行动"、"青年就业创业见习基地"、"青年文明号"、"青年岗位能手"、"青少年事务社工"等，都是在实践中推出的有创新意义的公共服务项目，满足发展中的社会需求，填补了某类特殊群体帮扶的空白点，需不断加强服务品牌的创意塑造与项目化坚持。北京团市委作为北京市社会建设工作领导小组首批认定的 10 家"枢纽型"社会组织之一，负责青少年类社会组织的联系、服务和管理，经市政府授权承担业务主管职能。按照"坚持公益性、支持社会性"工作原则，北京团市委提出建立北京共青团 10 大支撑服务平台的做法，主要以团市委 10 家直属企事业单位为平台依托，构建支撑和服务北京共青团工作的统一体系，旨在使直属单位的各项业务覆盖共青团工作的各个方面，具体指以北京青年报为核心的新闻宣传平台、以北京市青年宫为核心的文化交流平台、以北京青年政治学院为核心的人才培养平台、以北京市志愿服务指导中心为核心的社会动员平台、以希望工程北京捐助中心为核心的公益服务平台、以北京青少年网络文化发展中心为核心的网络引导平台、以北京青少年服务中心为核心的权益维护平台、以北京青年创业就业促进中心（筹）为核心的创业就业平台、以北京青少年科技文化交流中心为核心的科技创新平台、以北京青年实业集团为核心的市场化人才实践锻炼平台。这 10 大服务平台的建设，扩大了北京共青团工作的社会参与面，激活了基层组织的社会化水平，将参与社会建设的工作成效转化为加强团组织建设的长效机制，以北京共青团在社会领域工作局面的整体提升带动团的基层建设的全面活跃。

　　再者，强化团组织国家政权重要社会支柱作用，建立以市场为坐标的运行机制，依托各类中介机构、各种枢纽组织整合各类青年社会组织，发挥自身对各类青年社会组织的调控与协调能力，帮助他们发展，形成一种合作互补、联合共赢的新局面。共青团要把"青字号"品牌工作与团的建设结合起来抓。简而言之，就是输出品牌抓团建，扩大团建促品牌。向非公有制经济组织和青年社会组织输出"青年文明号"、"青年岗位能手"、"青年就业创业见习基地"的品牌价值，通过品牌工作的开展带动相关单位建立团的组织。这些"青字号"品牌的壮大，又会促进团的事业，加强团的建设。在这方面，北京团市委开展了颇具特色的"伙伴计划"活动。按照社会领域工作特点和社会运行规律推出的青少年社团"伙伴计划"，旨在深入共青团"枢纽型"社会组织建设，广泛联系各类相关的社会组织和青少年社团，形成"自愿、自惠、合作、共赢"的新型合作"伙伴关系"，与30类、近1000家社团建立密切的"伙伴关系"，辐射带动青少年社会组织8000余家，推出100个社团示范项目，探索建立了"党政主导、全团联动、社团协同、青年参与"的共青团社会工作的新格局，努力创新青少年组织方式、动员方式和服务方式，把青年中的各种积极力量纳入团组织的网络中，实现组织纽带的多样化和组织联系的有效性，从而把青年更广泛、更紧密地团结和凝聚在党团组织的周围。

3. 共青团发挥党联系青年群众的桥梁纽带作用，就可以成为凝聚最广大青年群众的核心

纵观建团90余年的历史，无论共青团的根本职能怎么变，实现这一根本职责的路径只有一个："凝聚"，就是要把最广泛的青年群众凝聚在党的周围，高举团旗跟党走。这是对党而言共青团的价值所在，更是共青团的立身之本。过去共青团吸引凝聚青年在很大程度上靠政治性和思想性，但现在只靠这一条是不够的。《共青团工作五年纲要（2009—2013年）》中明确指出吸引凝聚青年的五条途径，一靠先进思想，二靠对青年合理利益诉求的尊重和服务，三靠对青年特有兴趣的满足，四靠对青年未来职业生涯发展所需要的社会化技能的培养，五靠团干部的人格魅力和对青年的感情。这五条路径实质上体现了共青团政治性、思想性与群众性、社会性的有机统一。

服务青年是共青团吸引凝聚青年最有成效的方式。所以在新形势下，

各级团组织必须在深入研究政府、市场和社会组织服务青年的总体供给机制的基础上，找准共青团服务青年的切入点，拓展服务内容，健全服务体制，重点解决青年的教育就业等民生问题，形成有针对性的青年服务体系和社会服务平台，为青年提供看得见、摸得着的利益，在服务中体现引导凝聚，广大青年才会由衷地拥护共青团，乐意跟团走。为了稳步推进青年创业就业工作，北京团市委以"促进青年创业，创业带动就业"为主线，打造"组织、政策、资金、培训、发展"五个平台。组织平台：通过建立青年创业者协会、青年商会和青年企业家协会，为萌芽、启动、成长和发展期的各阶段创业青年搭建组织平台；政策平台：协调政府相关部门，力促政策集成，在政府和创业青年之间搭建桥梁；资金平台：加强创业就业基金会建设，推出"贷动青春"小额贷款，扶持和发展"青年创业投资基金"扶持的链条，搭建融资绿色通道，通过市场化手段帮助青年解决融资困难；培训平台：创建青檬夜校，指导有志青年创业，帮助青年拓展创业视野，掌握创业技能，弥补创业经验；发展平台：建立青年创业园，为首都青年初创企业提供孵化服务的场地和服务。

## 三、"青年身边，组织终端"：北京共青团创新建设社区青年汇

社区青年汇由北京共青团建立在青年生活和工作聚集的基层社区、商务楼宇，是联系服务青年的地域性终端活动平台和团组织主导的区域性基层青年组织，具有"青年身边，组织终端"的特点。自 2010 年 5 月北京第一家社区青年汇挂牌以来，按照"党政支持，团组织牵头，社会参与，立足基层社区，凝聚服务青年"的工作原则，目前北京已经建立社区青年汇 500 家，覆盖各个区县。通过对辖区青年的组织和服务，青年增加了对组织的归属感，有效地满足了辖区青年文化、娱乐、参与、成才等需求。

1. 探索创新，明确社区青年汇建设思路

凝聚青年要以有效的载体作为依托，一个强有力的基层阵地能够吸引和服务一大批青年。面对首都经济社会的快速发展，为了适应城市社区青年生活方式、动员方式、聚集方式和发展需求的多样化，必须加强共青团

终端组织和终端载体的建设，力求拓展基层组织网络的覆盖面，更加紧密
有效地联系服务社区青年。为找准组织凝聚青年的路径，北京团市委于
2010年4月在前期深入调研和解放思想的基础上，提出了"建立社区青年
汇，探索社区共青团终端载体"的工作思路，积极探索推进非层级化的团
组织终端载体建设，运用多种符合市场活动、社会机理和当代青年特点的
新方式作为社区青年汇建设的依托，把建设社区青年汇作为北京共青团立
足基层、增强活力、凝聚青年、扩大覆盖的重要工作创新。

北京团市委先后多次组织召开了社区青年汇试点工作研讨会、试点工
作培训会，研究制定了《北京市社区青年汇试点工作方案》、《社区青年汇
章程（试行）》，明确了社区青年汇建设所涉及的"一个指导思想"、"两
个服务"、"三类依托"、"四有标准"、"五项活动内容"、"六大功能"。具
体而言，"一个指导思想"：深入贯彻落实科学发展观，适应城市社区青年
的特点，发挥体制优势、组织优势，运用社会化、市场化手段，统领整合
社会资源，探索建立社区青年组织建设和活动的新阵地新方式，密切联系
青年，有效服务青年，充分履行团组织的"四项基本职能"，努力实现
"两个全体青年"的政治目标。"两个服务"：服务社区青少年发展，服务
社区建设和社会建设。"三类依托"：依托社区现有活动阵地，依托住区企
事业单位，依托青年社团自组织。"四有标准"：有固定的活动场所，有稳
定的青少年群体，有分类引导的活动，有明确的协调联络员。"五项活动
内容"：公益服务，体育健身，休闲娱乐，文化学习，社团建设。"六大功
能"：汇集青少年群体，汇集青少年活动，汇集青少年服务，汇集青少年
信息，汇集青少年社团，汇集青少年力量。还对社区青年汇开发、运行、
保障等都作出了具体规定。如在开发方面：社区青年汇由街道社区、社区
单位或组织提供场地建设开发；街道社区、社区单位或组织按照社区青年
汇的基本条件，申请建设社区青年汇，由团区县委报团市委审批，团市委
考察研究后，予以确认；社区青年汇统一标识、统一命名，名称为单位名
＋社区名。在运行方面：社区青年汇接受所在团委的指导，街道、社区、
团组织负责日常联系；社区青年汇根据青年社团组织和青少年需求，独立
开展工作和活动；社区青年汇设干事多名，其中总干事一名，青年汇干事

由社区青年汇所在单位或组织的工作人员、青年社团组织骨干、社区工作者担任，主要负责社区青年汇的日常组织和协调工作；社区青年汇为青年社团组织和青少年群体开展活动提供支持、优惠和便利；社区青年汇根据需要，不断丰富活动和服务内容，联系、凝聚更多的青年社团组织和青少年群体。在保障方面：社区青年汇所在的街道社区、单位或组织为青年汇提供基础场所、设施，社区青年汇环境布置应体现青少年特色；团市委、团区县委为社区青年汇开展活动提供支持。对社区青年汇申报、管理、评估等提出了明确的要求。

2. 整合资源，建立多种形态的社区青年汇

北京各级共青团组织开动脑筋，精心策划，多措并举，发挥体制优势，争取党政支持，探索利用社会资源的新路子，奠定工作基础。按照取之于社会、用之于社会的原则，把社会资源、人才信息、技术设施等资源充分整合为社区青年汇所用，提高组织凝聚青年的能力和社会效果。

在实践探索中初步形成了北京社区青年汇的三种模式：一是依托社区阵地建立社区青年汇。基层团组织积极争取街道社区的支持，运用社区活动中心、体育馆、图书馆等阵地和资源，建立了一批社区青年汇，诸如朝阳区朝外社会管理中心·社区青年汇、东城区花市文化中心·社区青年汇、西城区什刹海街道社区服务中心·社区青年汇、丰台区大红门群众文化中心·社区青年汇。二是依托热心企业建立社区青年汇。基层团组织与热心公益的企业协调沟通，积极发挥企业凝聚青年、服务社会的优势，建立了一批社区青年汇，诸如石景山区博雄·社区青年汇、昌平区方舟书苑·社区青年汇、西城区悦群社会工作事务所·社区青年汇、海淀区迪欧咖啡厅·社区青年汇。三是依托与社会组织合作建立社区青年汇。基层团组织加强与社会组织、社团组织的合作，面向不同的青少年群体，建立了一批社区青年汇，诸如东城区协作者新市民之家·社区青年汇、朝阳区三里屯 village 原创界·社区青年汇、昌平区回龙观社团活动中心·社区青年汇、石景山区北京青年创业园石景山园创业交流室·社区青年汇。

在社区青年汇建设过程中，北京各级团组织从工作指导、物质保障、活动开展、宣传展示等多个方面予以支持，把更多的资源投放到社区青年

汇，扎实推进社区青年汇建设工作。各区县团委还充分发挥社区青年汇的载体功能，把社区工作资源、社区青少年活动、青年社团组织引入社区青年汇，依托其开展区域性青少年文化体育活动、公益志愿服务活动、联谊交友活动。如东城团区委与方家46号院内多家单位签订合作协议书，制作发放社区青年汇会员卡。海淀团区委针对流动人口青年中普遍存在的生活工作不稳定、社会融入度低的现象，认真调研流动青年在身心健康、社交娱乐、职业发展方面的需求，以"关心流动青年，增强归属感"为主旨，开创了社区青年汇工作站模式。首先在上地街道东馨园社区、四季青镇普安店村建立了两个试点青年汇，试点经验已逐步推广，目前全区已建立了30个流动人口社区青年汇。海淀团区委还结合区域特点，依靠社区青年汇建立团支部，进行流动团员登记，建立工作档案，扩大团组织覆盖范围；支持健身、英语、戏曲、驴友兴趣小组等社团和自组织的发展，吸引凝聚青年；同时利用互联网，做好宣传引导和舆情收集等工作。

3. 活动丰富多彩，满足社区青年成长成才需求

社区青年汇是社区青年学习、娱乐、成长的家园。社区青年汇倡导立足社区服务青年，坚持以青年需求为导向，设计和创新活动内容，体现社区青年汇活动的便利性、参与性、日常性、多样性的特征。通过开展健康性、娱乐性、安全性、互动性、公益性等适应青年、贴近青年的活动，服务社区青年的学习、娱乐、健康、交友，引领社区青年社团、青少年开展公益活动，服务社区建设，受到首都各界的一致好评。

为帮助在京发展青年搭建沟通交流平台，解决青年婚恋交友难题，2012年11月8日至11日"光棍节"期间，北京团市委组织全市16区县50家社区青年汇开展了以"汇聚青春活力—让我们一起牵手"为主题的交友联谊活动，两千多名青年一起快乐地度过"光棍节"。50家社区青年汇的交友联谊活动设计充分体现"我的地盘我做主"的风格，各青年汇结合本区域活动需求，开展了各具特色、异彩纷呈的活动，得到青年朋友的广泛认可。朝阳区、海淀区等组织辖区内青年汇联合举办了分别以"有缘遇见你"、"约'汇'在海淀"为主题的青年交友联谊活动，通过才艺展示、趣味活动等方式，促进了不同职业和不同区域青年的广泛交流。活动中，

青年朋友们由拘谨到放松、由沉默到活跃、由简单介绍到全面展示，认真参与，真情投入，迅速由陌生到熟悉。北京社区青年汇根据青年的需求已陆续组织开展了新青年城市体验营、周末影院、法律心理服务、志愿社区等一系列服务青年的新举措，发挥社区青年汇组织凝聚、服务青年的积极作用。

4. 坚持有效领导，促进青年社团组织、自组织的发展

社区青年汇作为共青团组织在基层的终端阵地，充分发挥便利性、灵活性、多样性的优势，积极联系、服务青年社团和自组织，加强对青年社团、自组织的引导和扶持，鼓励青年社团根据各自的特点，经常性地开展活动，通过兴趣和需求纽带有效地联系和服务青年。

方家46号·社区青年汇位于东城区安定门街道，地处雍和宫科技园区内，汇集了热力猫音乐俱乐部、艺朗森即兴话剧社、猜火车独立影像论坛、十四号兵工厂等多家文化创意企业和俱乐部，该青年汇通过"品牌化运作，项目化管理"共建同享的方法，整合这些单位资源，面向社区青少年搭建了一个娱乐、休闲、学习、交友的综合平台，推出了多项活动和服务项目。昌平区回龙观社团活动中心·社区青年汇作为地区足球协会、志愿者协会等社团聚集的场所，密切与社区各社团组织、自组织的联系，吸引凝聚青年参与区域文体活动和志愿服务活动，丰富了区域青少年的文化精神生活，推动了区域青年活动的活跃与发展。

**参考文献**

俞进：《社会转型与共青团的改革创新》，《中国青年研究》2008年第1期，第40页。

江洪：《中国共青团90年：从革命党助手向执政党助手整体转型发展的十个趋势》，《中国青年研究》2012年第5期，第21页。

郑长忠、袁罡：《社会转型期共青团职能定位与实现途径研究》，《中国青年研究》2008年第3期，第36页。

曹彦鹏：《团的工作青年化》，《中国青年研究》2012年第5期，第

28 页。

北京团市委：《北京市社区青年汇试点工作方案》，2010 年。

北京团市委：《社区青年汇章程》，2010 年。

常宇：《把握历史方位，担当历史重任，以一流的工作标准，为建设中国特色世界城市作出青春贡献》，《北京青年工作研究》2012 年第 8 期。

《中国共产主义青年团北京市第十三次代表大会报告名词解释》，《北京青年工作研究》2012 年第 8 期。

本文为团中央 2012—2013 年度青少年和青少年工作研究重点课题《共青团与青年关系的本质以及履行群团职能路径研究》阶段成果，课题编号 2013ZD006。

（余逸群　北京青少年研究所所长、研究员）

# 以人为本提高青年核心价值观的引导能力

党的十八大在"扎实推进社会主义文化强国建设"的发展蓝图中，提出的第一项任务是"加强社会主义核心价值体系建设"。胡锦涛在党的十八大报告中指出："社会主义核心价值观体系，是兴国之魂，决定着中国特色社会主义建设的方向。要深入开展社会主义核心价值体系学习教育，用社会主义核心价值观体系引领社会思潮、凝聚社会共识。"并提出了"坚持正确导向，提高引导能力，壮大主流思想舆论"的要求。

关于社会主义核心价值观体系的内涵，党的十八大报告用"三个倡导"作了科学、完整的阐述，即"倡导富强、民主、文明、和谐，倡导自由、平等、公正、法治，倡导爱国、敬业、诚信、友善"。我在学习和思考中，深感这项任务在青年中的贯彻和落实，主要不在其内涵的讨论和诠释，而在引向内化和践行。因此，提高"培育和践行社会主义核心价值观"的引导能力就显得更为重要。面对青年，核心价值观的引导能力何以提升？学习贯彻党的十八大精神，就是要在科学发展观的指导下，在"以人为本"上着力，立足于"人"，在知人知心、信任尊重、潜移默化、网络互动中求实效。

## 一、善于知人知心

2012 年诺贝尔文学奖花落中国，获奖作家莫言接受媒体采访，谈及自己的文学成就时说："我一直是站在人的角度，立足于写人。"莫言文学作品的动人之处是写人。《红高粱家族》中以"我奶奶"、"我爷爷"为代表的高密东北乡子民、《天堂蒜薹之歌》中方四叔、金菊、高马等的悲惨，《丰乳肥臀》中母亲的含辛茹苦、精神坚毅，写的都是人的情感，人的命运。莫言文学的成功，是"面对着人的命运、人的情感，然后作出判断的成功"。

由此联想，当今时代青年社会主义核心价值观的引导，做的正是人的工作。做人的工作同做物的工作的最大不同，是人有内心活动。人有七情六欲，七情，即儒家说的喜、怒、哀、惧、爱、恶、欲七种感情和心理（见《礼记、礼运》）；六欲，高诱注《吕氏春秋·贵生》称为生、死、耳、目、口、鼻之欲，佛家以色欲、形貌欲、威仪姿态欲、言语音声欲、细滑欲、人想欲为六欲。人有多层次需求，马斯洛在《人类激励理论》中提出的"需要层次说"，把人的需要自低向高分为生理的需求、安全的需求、情感和归属的需求、尊重的需求和自我实现的需求六个层次。这些，都是做人的工作尤其是做青年人的思想工作不能不察，不能不依的。以往思想工作中的隔靴搔痒，误在对人的需求缺乏了解。以往思想工作中的简单粗暴，误在对人的尊严缺乏尊重。以往思想工作中的假大空，误在对人的思想实际缺乏了解。故而，当今核心价值观引导，最需要改进和加强的是体察人心，善解人意，顺乎人情。尤其是面对"80后"、"90后"新生代，亟须提升立足于"人"的引导能力。

2012年9月，我到四川讲学，又一次诵读了成都市武侯祠门上的一副名联："能攻心，则反侧自消，自古知兵非好战；不审势，则宽严皆误，后人治蜀要深思。"攻心，乃用兵之道，但对价值观引导工作并非毫无意义。攻战都要重视了解对方的内心活动，据以制胜（楚汉之争中"四面楚歌"这个成语，说的就是攻心的作用），何况人的价值观引导。如果说用兵和价值观引导工作二者应当有所区别，那么后者是否可以将"攻心"改为"知心"？我在联想中积多年的体验模拟了一副新联："能知人，则引领有方，自古治世遵此道；不知心，则宽严皆误，当今育人宜深思。"

知心，就是要深入体察当今青年的思想特征，不能以成人之心度青年之腹，不能满足于以往对青年的了解，不能用传统的眼光来看待当今的青年。出身于独生、成长于市场、生活于网络的"80后"、"90后"，具有许多不同于成年、不同于以往青年的新特质。从思想的角度思考，至少需要察知以下几个心：

一是思维独立，张扬个性之心。成长于新媒体时代的新生代，信息来源广，接受的信息丰富多样，故而视野比较开阔，思考问题比较新，思维的独立性更强。张扬个性，追异求眩，思想开放，不再对师长唯言是听，惟命是从，"精神的断乳"前移。这有利于现代公民素质的养成，又应防止承前启后中的文化断裂和代际断裂。

二是追求发展又深怀生存忧虑之心。改革开放，为新生代提供了发展个性特长的众多机会和舞台，故而他们具有勇于奉献和乐于担当的思想和行为，但又有升学难、求职难、创业难、生活独立难，深怀生存与发展的忧虑和解除困难的强烈愿望。

三是强祖国、促民主的参与之心。社会主义祖国的崛起，进一步增强了新生代的民族自豪感，故而他们维护国家主权、推进改革发展、加强民主建设、反对贪污腐化的参与意识和行为相当强烈。参与的激情同参与的理智时而容易发生冲突。

四是自由结社的趋群之心。新媒体时代社会交往方式的改变，在青年人群中最为鲜明。当今青年的交往与集聚，更乐于运用网络、手机、微博、微信、QQ群、MSN等新科技新方式，更趋向于志趣相近，情意相投。以各类兴趣爱好为纽带的各种类型的青年自组织蓬勃发展，归属感多向。

五是对以互联网为代表的新媒体的依恋之心。信息科技的迅猛发展，新媒体快速的更新换代，使当今的新生代自小就有了同互联网结伴的条件，享受着使用网络的便捷与快乐，也同时滋生有对网络的沉迷和依赖。"网络无处无青年，青年无时不网络。"互联网正在造就一个"网络世代"。

六是讲时尚追新潮的求美之心。当今时代物质产品和精神产品的日益丰富，催生着新生代的爱美之心。文化、娱乐、服饰、饮食，乃至谈情说爱，讲究时尚元素，追赶一波又一波的新潮，时而出现有爱美之心却缺乏审美之力。

青年核心价值观的有效引领，就有必要从体察青年心、善解青年意上入手，从顺乎青年需求、解除青年忧虑上发力。

## 二、尊重主体地位

面对青年的核心价值观引导，理所当然青年是主体。然而，在以往的实践中，青年的主体地位常常被淡化甚至遗忘。引导工作中的居高临下、颐指气使，引导工作中的动辄指责、单向苛求，引导工作中的拔苗助长、越俎代庖，无不出自对青年主体地位缺乏尊重。尊重青年主体地位，当今最为现实的，一为尊重青年个人的合法权利，一为尊重青年的人格尊严。

培育和践行社会主义核心价值观，并非排斥个人的合法权利，而是要在维护个人合法权利的基础上，引导青年将个体的自我利益与整体的人民利益相结合，将个人的前途命运与国家和民族的前途命运紧密相连，弘扬的是融自我价值于社会价值之中，最生动的信条是"人人为我，我为人人"。离开对个人合法权利的尊重，离开对青年成长发展过程中切身利益的关心和维护，不作分析地宣扬无我、忘我甚至亡我，结果只能增添青年对引导工作的疏远、反感和厌恶。正如马克思所说："人们奋斗所争取的一切，都同他们的利益有关。"（《第六届莱茵省议会的辩论》（1842 年），《马克思恩格斯全集》第 1 卷第 82 页）"思想一旦离开利益，就一定会使自己出丑。"（《神圣家族》（1844 年），《马克思恩格斯全集》第 2 卷第103 页）

培育和践行社会主义核心价值观，一定要建立在尊重青年人格之上。青年人正处于自我意识不断强化时期，有很强的自尊心和自信心，最怕别人低看自己，最不高兴被别人说不行。这种自尊的心理，在当今崇尚自我、张扬个性的新生代中更加明显，他们对伤害人格尊严的人和事更为敏感，特别反感。因此引导工作要十分注意信任和尊重：要用心发现他们身上健康向上的积极因素，充分肯定，强固放大，多加勉励、激励、鼓励，助其扬长避短，强长抑短。即使是必要的批评和警示，也要使其感受到温情的关心和信任，促其自我修正，切忌冷漠寡情的指责和"攻其一点，不计其余"的苛求。要采取循循善诱的方式，启发他们通过自己的思考，把外在的规范和要求内化为自己的思想和信念，切忌人为的拔高和命令式的强制。

近日在网上看到一个警示语不同运用的事例。许多超市都为某些顾客手脚不净导致商品常有丢失而烦恼，因此在店内安装监控探头并贴出警示广告。有一超市的警示语是："请注意，从此入口处开始，你已在我们严密的监督之下，若有不轨行为，本店将严惩不贷。"另一超市的警示语是："请微笑，您正在屏幕上。"下面一行小字："本装置是为了防止意外损失，维持本店低廉的价格，保护您的利益。"两相比较，前者不加区别地把少数不轨者和广大顾客混为一体，显示了对广大顾客人格的不尊重，用语亦欠文明；后者则温馨、含蓄，用语文明，充分显示对顾客的尊重。两者的区别，就在人格的尊重上。显然，后者更易为顾客理解，获顾客的赞同与支持，警示的效果更佳。这里蕴含了宣传工作的艺术，青年价值观引导工作可以从中得到启示。

## 三、巧于潜移默化

唐代大诗人杜甫诗《春夜喜雨》云："好雨知时节，当春乃发生，随风潜入夜。润物细无声。"自然界万物生长喜"细无声"的春雨滋润，青年核心价值观的引导何尝不是如此。价值观引导，最需要的是"细无声"般的潜移默化。潜移默化，亦可称之为潜移暗化。颜之推的《颜氏家训·慕贤》云："潜移暗化，自然使之。"其义讲的是人的思想受环境或他人的感染，在暗中逐渐发生变化。点点滴滴，轻细入微的感染式引导，对于独立思维强的当今青年尤为重要。"狠斗"、"横扫"、"大批判"那样一些狂风暴雨式的粗暴打压，"解决思想问题不过夜"的急于求成，不但无引导之功，且更易助长逆反心理，造成对引导工作的反感和厌恶。价值观的引导，要深刻领悟思维发展的这一规律，巧于发挥潜移默化所具有的渗透力和感染力。

潜移默化的引导以文化见长，多寓于青年人喜爱的文化、艺术、体育、娱乐等活动之中，共青团的术语叫"寓教于文"、"寓教于乐"。有一门新学科叫文化潜移学，该学说认为，文化具有价值观念、技术、制度的形成和改变的潜在力量。然而，发挥这种潜在力量有两个前提：一为目标明确，二为青年喜爱。目标不明即不知为何而引导，青年不喜即难于入耳入心，只有二者兼具才能做到有理有情，有刚有柔，使青年在自己所喜爱的活动中受到思想的熏陶。面对当今自我意识觉醒、个性张扬的青年，潜移默化的引导要贯穿于青年喜爱的文化、艺术、体育、娱乐等活动之中，巧于将大道理转化为青年乐于接受、易于内化的"小故事"、"短信息"，将核心价值体系进行生活化、大众化的解读。

新时期的文化艺术活动多姿多彩，设文化节、艺术节，开办论坛，指导阅读、创作、参观和浏览，举行科技、文艺、体育活动，举办"青春诗会"、"原创爱国短信评选"、"青年歌手大赛"、"青年书法大赛",打造"潮文化",等等。这些文化活动,既可丰富青年的精神生活,又有利于弘扬社会主义精神文明与核心价值体系。校园文化更是青年文化活动中一道亮丽的风景,校园中的学术讲座和学术沙龙,内容多样的文化周和文化节,校园歌曲、民谣的创作和演出,书法、绘画、篆刻、摄影等各种兴趣组织,可以共同营造良好的育人氛围。著名话剧演员李默然说:"文化化人,艺术养人。"这些文化艺术活动,融思想性、知识性和趣味性于一体,都具有育人于自然,导人于无形的潜移默化功效。

## 四、深入网络世界

以互联网为代表的新媒体,以其符号化、虚拟化、交互性的传播,对传统社会的信息传播方式、话语模式和舆论格局带来革命性变革,正以巨大的威力,构建一种全新的社会生态,推动经济社会的发展与变革,同时也在影响着青年思想观念的形成和变化,造就出一个"网络世代"。

青年人轻松地敲击键盘、手机,就可以使自己的观点和主张插上互联网的翅膀飞向世界;就可以经由网络开阔视野,广为接收种种信息;就可以利用网络平台表达自己的意向,提高社会参与的深度和力度;就可以借助网络抒发情感,宣泄情绪。青年的思想观念、价值取向,越来越多、越来越深地听命于网络,受网络的左右。互联网已经成为当代青年的一种生活方式。价值观的引导,非常需要把优秀传统和核心价值取向汇入网络,培育健康向上的网络文化,张扬网络文明新风尚。

互联网中微博的出现,更使互联网与青年的互动达到一个新的境界。微博作为一种新型的网络应用,自 2009 年开始流行,2010 年被称为中国微博元年至今,不过三年,而发展的势头令人炫目。据科学文献出版社近日发布的《新媒体蓝皮书·中国新媒体发展报告(2012)》显示,2011 年12 月底我国的微博用户达 2.498 亿,网民使用率达 48.7%。加上互联网技术与手机终端的深入接触,极大地增强了微薄的传播威力。中国青年报社2012 年对 3282 人(其中 91.6% 为 40 岁以下)的一项抽样调查显示,92.4% 的人上过微博,94.3% 的人表示微博在改变自己的生活。微博上不超过 140 字的微言以及图片、评论、转载、互相关注等功能,使微博的传播已经不只是信息分享和社交工具，而且具有了改变事件走向，扭转个人命运，推动社会问题的解决，甚至再造社会管理方式的力量。青年网民对微博的高使用率，更使我们认识到青年价值取向的引导已不可能游离于微博之外，不能不思考研究面对微博影响力的新对策。

我担任中青院专家教学督导，近日在审阅中青院 2012 年本科毕业论文中，读青少年工作系毕业生陈哲的论文《试论当前共青团组织微博影响力》，眼前一亮。该文对微博特有的影响力，对共青团借助微博的必要，对提高通过微博引导青年的力度以及当前共青团微博影响力的不足，认真地调查统计，各有翔实的数据。该文对新浪微博中全国 32 个省级共青团组织微博的开通日期、日平均微博数、粉丝数、关注数，作了仔细的调查统计，并对广东、河北、内蒙古三省、自治区的微博影响力作了典型的比较分析。在此基础上概括出共青团组织运用微博影响力的六个特征、三个不足以及进一步提高影响力的三项对策，有较深的理性分析，观点新颖，论据充分有力，现实意义和应用价值很强，读来启人思考。现在非常需要这样紧跟时代、贴近青年的有力度的调查研究，用新媒体唱响团字号"好声音"。我们要在价值观引领的实践中，充分发挥微博的影响力，关注微博的活跃度、微博的传播力和微博评论回复率。我们要深入研究，通过微博的沟通交流拉近担负引领职责者同青年的距离，扩大覆盖面；通过微博的沟通交流及时了解青年的动向，用青年喜爱的方式作引领，在满足青年的新需求中加深青年对核心价值观的认同和践行。

共青团在深入网络世界，把握价值观引导的主动，赢得青年话语权，提高互联网尤其是微博的引导能力中，正在探索并已经推出一些有效的经验，如"微咖啡馆"的建立，"微创业平台"的搭建，"微主题活动"的开展以及"微话题"、"微电影"、"微博墙"、"微博征集大赛"，等等。通过这些活动，引导青年在社会参与和热点问题干预中，不只在网上灌水、拍砖，网络互动更要引向传递正能量。手中每一次鼠标的点击，网上的围观、思考、讨论、评论，力求热情也理智，激昂也从容，犀利也宽容。目前共青团微博需要改进和提高之处是：语言的表达缺少创新；微博的内容比较单调，乏味，不具有多样性；微博的活跃度还不高，及时回复率过低。可以相信，只要我们有深入网络世界的自觉，有不断在实践中开拓创新的努力，一定可以在提高微博对青年价值取向的引领力中，创造出更多体现立足于"人"、"以青年为本"的新方法、新途径。

（黄志坚　中国青少年研究中心教授）

# 城市化进程中职场青年社会心态研究
## ——以山东省职场青年调研为例

## 一、调查背景

2011年伊始，历来为自己的福利制度感到自豪的欧洲多国，遭遇了大规模的青年骚动的巨大震撼。参与街头示威的青年人数之多、行动之暴烈，为20世纪60年代"红色风暴"之后所未见。"愤怒的一代"集结和表达愤怒的方式不仅让所在国政府感到震惊和意外，也给正在急剧变革、面临许多深层社会矛盾的中国敲响了警钟。"十一五"期间，山东朝着制造业大省、文化大省的方向迈出了坚实的步伐，二、三产业均取得了骄人的成绩，其中职场青年的作用不可低估。"十二五"期间，建设制造业强省、文化强省的宏伟目标要求青年继续发挥生力军、突击队的作用。已经全面介入社会生活的青年，对既有社会结构、秩序的适应状况，以及在此基础上形成的社会心态，在某种意义上可以被看作社会和谐水平的"晴雨表"。他们的社会心态是否积极健康，不仅直接影响其自身的发展，而且会对即将进入职场的青年产生"示范效应"。职场青年的社会心态作为社会意识形态的重要组成部分，必将对社会稳定产生或建设性或破坏性的影响。因此，研究职场青年社会心态及其优化的策略，对于正在进行的城市化进程具有重要的现实意义。

## 二、调查实施

### （一）研究对象的界定

鉴于山东作为制造业大省和第三产业拥有巨大发展空间的现实状况和青年职业分布，以及既往调查中对农村青年、新生代农民工已有大量研究，本次调查涉及的职场青年主要包含第二、第三产业的"体制内"（正式签订劳动合同）从业青年和机关事业单位从业青年。按照职场青年调查惯例，本次调查年龄段为18—35岁。

**（二）主要研究内容**

本调查的主要研究内容包括两个方面：一是尽可能客观地描述职场青年的生存状态、社会心态和未来预期；二是探索优化职场青年社会心态的策略，为推动政府进一步调整完善开发青年人力资源相关政策，为职场青年更合理地分享改革开放和社会发展成果，推动职场青年与社会良性互动提供可行性建议。

**（三）调查方法**

本调查沿用了山东青少年发展社会监测系统的抽样框架。该框架涵盖山东的东、中、西部地区，是根据各地 GDP 指标、总人口、青少年人口加权平均后按照综合指标排序，等距抽样选中的。考虑到样本分布的均衡性，本次调查启用了济南、青岛、淄博、德州的 8 个抽样区县 32 个抽样点（每区县 4 个，制造业企业、第三产业、党政机关、事业单位各 1 个），采取现场集中发放和回收方式，发出调查问卷 1280 份，实际收回 1280 份，剔除废卷后有效问卷为 1208 份。有效回收率达到 94.36%。

调查数据由团队专业人员进行数据录入，使用 SPSS17.0 统计分析软件进行数据处理与分析。

**（四）主要研究指标**

表1　本调查主要涉及 3 个一级指标、10 个二级指标

| 一级指标 | 二级指标 |
| --- | --- |
| 职场青年生存状态（客观指标） | 个人基本资料 |
|  | 职场发展状况 |
|  | 收入水平及生活质量 |
| 职场青年社会心态（主观指标） | 社会认知与感受 |
|  | 社会情绪与态度 |
|  | 价值观与信仰 |
|  | 行为意向 |

| 一级指标 | 二级指标 |
|---|---|
| | 收入水平 |
| 未来预期（主观指标） | 职业发展空间 |
| | 社会参与 |

### （五）样本分布

在有效样本中，城市构成为：济南 26.6%，淄博 23.6%，德州 25.2%，青岛 24.6%；年龄构成为：25 岁以下 37.9%，26—30 岁 37.8%，31—35 岁 24.4%；性别构成为：男 45.4%，女 54.6%；政治面貌构成为：党员 25.3%，团员 39.2%，民主党派 0.4%，群众 35.1%；文化程度构成为：初中 11.7%，高中 9.6%，中专技校 20.1%，高职 1.9%，大专 24%，本科 28.8%，硕士研究生 3%，博士研究生 0.8%；婚姻状况为：未婚 41.8%，已婚 57.1%，离异后单身 1.1%；职业构成为：国家机关 7.7%，事业单位 11.8%，企业管理人员 13.9%，专业技术人员 8.9%，工人 36.8%，商业服务人员 17.3%，其他 3.7%。

由于调查对象仅包含城镇"体制内"从业青年，样本构成比高于通常意义上的青年调查，符合调查设计的初衷。

## 三、主要调查结论

### （一）职场青年收入水平低、生活压力大，但多数人可以接受目前的生存状态

#### 1. 青年整体收入处于社会中下水平，行业差别明显

接受本次调查的青年，工作年限构成为：工龄 3 年以内 32.7%，4—6 年 21.9%，7—9 年 15.8%，10 年以上 29.6%。月收入调查结果显示：1000 元以下 11.6%，1001—2000 元 58%，2001—3000 元 23.6%，3001—5000 元 6%，5001—7000 元 0.6%，7001—10000 元 0.1%，10001 元以上 0.2%。青年收入整体处于社会中下水平，原本在调查预料之中。但交叉分析结果却表明，占调查对象 11.4% 的月收入 1000 元以

下的 133 名青年中, 工龄 3 年以下的占 63.2%, 工龄 4—6 年的占
7.5%, 工龄 7—9 年的占 11.3%, 工龄 10 年以上的仍然占 18%; 加上
月收入 1001—2000 元的 671 人, 调查对象中月收入 2000 元以下的青年
高达 68.9% (见表 2)。

表2　不同工作年限的青年月收入状况（%）

| 工龄 | 月收入（元） | | | | | | | 合计 |
|---|---|---|---|---|---|---|---|---|
| | 1000 及以下 | 1001—2000 | 2001—3000 | 3001—5000 | 5001—7000 | 7001—10000 | 10001 以上 | |
| 3 年及以下 | 22.1 | 60.3 | 13.2 | 4.2 | 0 | 0.3 | 0 | 100 |
| 4—6 年 | 3.9 | 53.9 | 34.8 | 6.6 | 0.8 | 0 | 0 | 100 |
| 7—9 年 | 8.1 | 57.8 | 25.9 | 7.6 | 0.5 | 0 | 0 | 100 |
| 10 年以上 | 6.9 | 56.9 | 27.2 | 7.2 | 1.2 | 0 | 0.6 | 100 |
| 合计 | 11.4 | 57.5 | 24.1 | 6.2 | 0.6 | 0.1 | 0.2 | 100 |

职业和月收入的交叉列表分析提供的数据显示, 占调查对象 24.1% 的
月收入 2001—3000 元的 282 名青年, 65.3% 是国家机关工作人员、企事业
单位管理人员、专业技术人员, 二、三产业一线员工合计不足 1/3; 在月
收入 3001—5000 元的 72 名调查对象中, 则有 77.8% 的青年是国家机关工
作人员、企事业单位管理人员、专业技术人员, 二、三产业一线员工合计
为 20.8% (见表 3)

表3　不同职业青年月收入状况（人,%）

| 月收入（元） | 职业 | | | | | | | | | 频次 |
|---|---|---|---|---|---|---|---|---|---|---|
| | 机关人员 | 事业单位 | 企业管理 | 专业技术 | 工人 | 商业服务 | 私企个体 | 自由职业 | 其他 | |
| 1000 及以下 | 2.2 | 5.0 | 8.6 | 12.2 | 36.7 | 28.8 | 0 | 4.3 | 2.2 | n = 139 |
| 1001—2000 | 3.0 | 9.2 | 14.7 | 5.6 | 45.1 | 18.9 | 1.0 | 1.9 | 0.6 | n = 692 |
| 2001—3000 | 16.0 | 20.9 | 14.2 | 14.2 | 24.5 | 7.8 | 0.7 | 1.1 | 0.7 | n = 282 |
| 3001—5000 | 31.9 | 15.3 | 16.7 | 13.9 | 6.9 | 13.9 | 0 | 1.4 | 0 | n = 72 |

| 月收入（元） | 职业 | | | | | | | | | 频次 |
|---|---|---|---|---|---|---|---|---|---|---|
| | 机关人员 | 事业单位 | 企业管理 | 专业技术 | 工人 | 商业服务 | 私企个体 | 自由职业 | 其他 | |
| 5001—7000 | 0 | 0 | 0 | 14.3 | 14.3 | 57.1 | 0 | 0 | 14.3 | n=7 |
| 7001以上 | 0 | 0 | 33.3 | 0 | 33.3 | 0 | 0 | 33.3 | 0 | n=3 |
| 合计 | 7.7 | 11.8 | 14.0 | 9.0 | 36.7 | 17.3 | 0.8 | 1.9 | 0.8 | n=1185 |

在城市生活成本不断上扬的背景下，除了少数已经进入社会精英层的青年之外，绝大多数职场青年均承受着较大的经济压力。调查中，41.4%的青年认为自己去年的收入水平处于社会下层，41.1%的青年认为自己处于社会中下层，16.3%的青年认为自己处于中层，只有1.3%的青年认为自己已经处于中上层。

2. 绝大多数青年不满意自己的收入水平，生活压力较大

调查数据显示，对目前的收入状况感到"非常满意"的青年只占2.3%，"比较满意"的占21.8%，"不太满意"的超过半数，达到51.4%，"很不满意"的24.5%，接近调查对象的1/4。感到不满意的合计达到75.9%。

日常生活中，高达83.4%的调查对象感到"有压力"，有46%的青年坦承自己活得很累。青年们排在前六位、选择超过半数的压力来源分别是：①物价房价上涨，影响生活改善88.7%；②工作压力大67.8%；③人情支出大，负担重67.3%；④担心个人前途65.1%；⑤家庭收入低，日常生活有困难55.6%；⑥孩子教育费用高，超过承受能力51.1%。用5分法表示，调查对象的压力均值水平如下（见表4）。

表4 职场青年的压力状况（n=986）

| 选项 | 完全符合 | 完全不符合 | 均值 | 标准差 |
|---|---|---|---|---|
| 家庭收入低，日常生活有困难 | 1 | 5 | 2.62 | 1.291 |
| 物价房价，影响生活改善 | 1 | 5 | 1.66 | 0.916 |

续表

| 选项 | 完全符合 | 完全不符合 | 均值 | 标准差 |
|---|---|---|---|---|
| 人情支出大，负担重 | 1 | 5 | 2.27 | 1.123 |
| 孩子教育费用高，超过承受能力 | 1 | 5 | 2.76 | 1.451 |
| 赡养老人负担重 | 1 | 5 | 2.89 | 1.447 |
| 自己和家庭成员缺少社会保障 | 1 | 5 | 2.80 | 1.363 |
| 人际关系不好，心理压力大 | 1 | 5 | 3.77 | 1.216 |
| 工作压力大 | 1 | 5 | 2.27 | 1.185 |
| 担心个人前途 | 1 | 5 | 2.28 | 1.187 |
| 家庭管理不和谐，心情不舒畅 | 1 | 5 | 4.13 | 1.173 |
| 爱情不顺利 | 1 | 5 | 4.01 | 1.248 |
| 缺少朋友，经常感到孤独 | 1 | 5 | 4.03 | 1.151 |
| 担心不良风气影响孩子 | 1 | 5 | 2.82 | 1.499 |

在青年经常遭遇的 13 项压力事件中，平均值在 3 分以内的 9 个子项均属于青年日常生活的"刚性制约因素"。平均值在 2.5 分以内的 4 个子项，则表明了青年最主要的压力来源。

鉴于调查对象中已婚青年占 57.1%的比重，可以肯定，感到"家庭生活有困难"和"子女教育费用超过承受能力"的已婚青年比重更高。由于调查对象中 75.7%年龄在 30 岁以下，父母尚未失去劳动或工作能力，感到"赡养老人负担重"的青年没有超过半数，但不能说明青年没有潜在的养老压力。

3. 认为自己收入"不合理"的青年明显低于对收入不满意的青年，多数青年可以接受目前的生活状态

虽然高达 75.9%的青年不满意自己目前的收入水平，但是，与自己的劳动付出相比，肯定自己收入不合理的青年却直落 28.7 个百分点，为 46.3%。显然，超过半数的青年虽然不满意、但可以接受自己目前的收入水平——想挣多少和能挣多少毕竟不是一回事儿。

就基本生活状态而言，37.7%的调查对象已经拥有产权房（其中无贷款 19.6%，有贷款 18.1%），36.8%的青年居住父母的房子。两者合计，

74.5%的青年住房问题已有着落。加上75.7%的青年感觉"周围的人对自己很友好",74%的青年"觉得自己生活的比较幸福"。综合以上因素,可以推论多数调查对象可以接受自己目前的生活状态。

**(二) 多数青年肯定社会进步,超过3成青年有仇官仇富心理,并赞同以非常规方式表达利益诉求**

1. 多数青年有强烈的国家归属感,对社会发展和政府能力持肯定态度

本次调查中,86%的青年"为自己是一名中国人而自豪",64%的青年赞成"目前我国政治经济状态良好",并认为"政府有能力让我们的生活越来越好",62.4%的青年认为"我国的社会制度符合现阶段中国国情",61%的青年赞成"我国面临的问题可以在发展中解决",71%的青年赞成"只要个人肯努力,就会获得成功",87.5%的青年赞成"科技进步对经济发展产生了推动作用",68%的青年认为"我周围的社会治安状况良好"。显然,多数青年有强烈的国家归属感,对我国的社会制度、政府行政能力、政治经济发展和社会治安水平持认可态度,并相信"问题可以通过发展获得解决"。其中,除了国家认同和科技进步的作用评价超过80%以外,其他子项的认可度均在60—70%之间,持不赞成或模糊态度的青年在3—4成之间,其中包含的不确定因素值得关注。

2. 青年对贫富差距、公共服务、官员腐败和社会风气强烈不满

调查显示,青年的负面社会感受有以下三个方面:

一是青年对贫富差距扩大强烈不满。赞同"我国人与人之间的贫富差距很大"的比例高达89.8%(见图1)。

二是对社会公共服务满意度不高。对涉及百姓日常生活的9项公共服务事业,除了接受教育的机会有54.5%的调查对象表示满意或比较满意外,其他8项满意率分别为:医疗卫生服务44%,食品药品安全22.1%,环境保护与治理34%,参与社会管理的机会27.6%,政府依法办事水平31.5%,官员廉洁自律20.1%,个人隐私保护42%,社会保障水平42%。用5分法计算不满意率的均值水平普遍超过3(见表5),其中对食品药品安全不满意率高达3.7,对官员廉洁自律不满意率达到3.54。

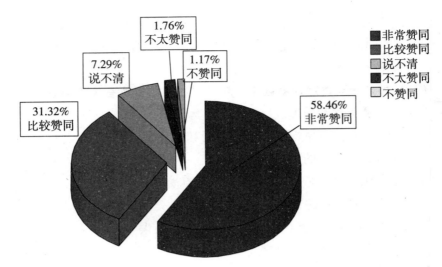

图1 对"贫富差距很大"说法的认同度

表5 青年对公共服务不满意程度的均值水平（n＝1193）

| 选项 | 满意 | 不满意 | 均值 | 标准差 |
|---|---|---|---|---|
| 医疗卫生服务 | 1 | 5 | 3.07 | 1.25 |
| 食品药品安全 | 1 | 5 | 3.70 | 1.20 |
| 接受教育的机会 | 1 | 5 | 2.77 | 1.18 |
| 环境保护与治理 | 1 | 5 | 3.30 | 1.22 |
| 参与社会管理的机会 | 1 | 5 | 3.25 | 1.13 |
| 政府依法办事水平 | 1 | 5 | 3.25 | 1.21 |
| 官员廉洁自律 | 1 | 5 | 3.54 | 1.53 |
| 个人隐私保护 | 1 | 5 | 2.95 | 1.16 |
| 社会保障水平 | 1 | 5 | 3.12 | 1.19 |

三是对官员腐败问题表示强烈愤慨。与表5内容相对应，本次调查中，认为"政府官员腐败现象很普遍"的达到73.7%，显得格外引人注目。

3. 大多数青年对社会不良现象感到愤怒，对社会风气明显不满

调查显示，87.6%的青年对社会上一些不良现象"很愤怒"。6—8成

青年对社会风气明显不满。其中，76.6%的调查对象认为，"目前社会上拜金主义严重"；66.7%的青年认为，"在现实生活中，关系比能力和努力更重要"；65.6%的青年认为，"很多人努力工作没有得到相应回报"；64.2%的青年认为，"现在的社会风气不如以前好"；45.5%的青年认为，"社会为自己提供的改变命运的机会不公平"。

为了验证关系资源对青年职业生活的影响程度，对父母职业与子女职业进行了交叉列表分析，结果发现父代与子代之间存在较高的职业一致性（见表6、表7）。

表6　父亲职业与子女职业的交叉列表分析（人,%）

| 父亲职业 | 子女职业 | | | | | | | | | 频次 |
|---|---|---|---|---|---|---|---|---|---|---|
| | 机关人员 | 事业单位 | 企业管理 | 专业技术 | 工人 | 商业服务 | 私企个体 | 自由职业 | 其他 | |
| 机关人员 | 32.4 | 29.6 | 14.1 | 8.5 | 7.0 | 7.0 | 0 | 1.4 | 0 | n = 71 |
| 事业单位 | 11.4 | 29.1 | 16.5 | 7.6 | 17.7 | 15.2 | 0 | 1.3 | 1.3 | n = 79 |
| 企业管理 | 7.7 | 23.1 | 26.9 | 11.5 | 9.0 | 17.9 | 0 | 1.3 | 2.6 | n = 78 |
| 专业技术 | 15.7 | 13.7 | 13.7 | 23.5 | 11.8 | 19.6 | 0 | 2.0 | 0 | n = 51 |
| 工人 | 4.6 | 7.4 | 16.2 | 6.3 | 44.7 | 19.0 | 0.4 | 1.4 | 0 | n = 284 |
| 农民 | 5.2 | 7.9 | 9.9 | 8.6 | 49.9 | 14.2 | 1.1 | 2.3 | 0.9 | n = 443 |
| 商业服务 | 10.5 | 10.5 | 10.5 | 5.3 | 5.3 | 57.9 | 0 | 0 | 0 | n = 19 |
| 私企个体 | 6.3 | 9.5 | 14.3 | 11.1 | 33.3 | 25.4 | 0 | 0 | 0 | n = 63 |
| 自由职业 | 3.9 | 5.3 | 13.2 | 6.6 | 36.8 | 26.3 | 2.6 | 5.3 | 0 | n = 76 |
| 其他 | 3.3 | 10.0 | 16.7 | 16.7 | 33.3 | 6.7 | 3.3 | 0 | 10.0 | n = 30 |
| 合计 | 7.7 | 11.7 | 14.0 | 9.0 | 36.9 | 17.3 | 0.8 | 1.8 | 0.8 | n = 1194 |
| 机关人员 | 36.4 | 22.7 | 4.5 | 0 | 4.5 | 27.3 | 0 | 4.5 | 0 | n = 22 |
| 事业单位 | 18.7 | 28.0 | 24.0 | 4.0 | 10.7 | 14.7 | 0 | 0 | 0 | n = 75 |

表7　母亲职业与子女职业的交叉列表分析（人,%）

| 母亲职业 | 子女职业 | | | | | | | | | 频次 |
|---|---|---|---|---|---|---|---|---|---|---|
| | 机关人员 | 事业单位 | 企业管理 | 专业技术 | 工人 | 商业服务 | 私企个体 | 自由职业 | 其他 | |
| 企业管理 | 15.9 | 18.2 | 22.7 | 13.6 | 11.4 | 15.9 | 0 | 2.3 | 0 | n = 44 |
| 专业技术 | 16.2 | 16.2 | 16.2 | 21.6 | 8.1 | 18.9 | 0 | 0 | 2.7 | n = 37 |
| 工人 | 5.8 | 13.1 | 13.9 | 8.5 | 35.1 | 21.2 | 0 | 2.3 | 0 | n = 259 |
| 农民 | 5.2 | 8.3 | 11.7 | 7.7 | 49.0 | 13.7 | 1.2 | 2.3 | 1.0 | n = 520 |
| 商业服务 | 14.8 | 11.1 | 7.4 | 0 | 25.9 | 40.7 | 0 | 0 | 0 | n = 27 |
| 私企个体 | 6.3 | 10.4 | 8.3 | 18.8 | 35.4 | 18.8 | 0 | 0 | 2.1 | n = 48 |
| 自由职业 | 3.8 | 7.7 | 15.4 | 9.6 | 34.6 | 23.1 | 1.9 | 2.9 | 1.0 | n = 104 |
| 其他 | 8.0 | 10.0 | 22.0 | 16.0 | 26.0 | 12.0 | 2.0 | 0 | 4.0 | n = 50 |
| 合计 | 7.8 | 11.6 | 13.9 | 8.9 | 36.8 | 17.5 | 0.8 | 1.9 | 0.8 | n = 1186 |

虽然，高等教育普及和劳动人事制度深刻变革给许多工农子弟提供了上行性社会流动的空间，但现实生活中，父母职业对于子女进入较高的社会阶层仍然存在巨大的潜在影响。比如，在71名父亲身份为国家机关工作人员的调查对象中，23人进入国家机关，21人进入事业单位，合计为62%的青年进入与父亲同等的职业层次；284名父亲身份为工人的调查对象，进入同样职业层次的比例为18.9%；443名父亲职业为农民的调查对象，进入同样职业层次的比例为13.1%；75名母亲为事业单位管理人员的调查对象，进入同等职业层次的比例为46.7%；母亲职业为农民的520名调查对象，进入同样职业层次的为13.5%，差别相当明显。

4. 近3成青年不同程度地"仇富、仇官"，并赞同用非常规手段表达利益诉求

对于现实生活中官员落马、富人落魄事件，表示"高兴"的青年占调查对象的29%，而且文化程度越高的青年越是"幸灾乐祸"（见表8）。

表8　不同文化程度青年对"官员落马、富人落魄"的态度（人,%）

| 文化程度 | 非常符合 | 比较符合 | 说不清 | 不太符合 | 不符合 | 频次 |
|---|---|---|---|---|---|---|
| 初中及以下 | 12.0 | 10.5 | 37.6 | 17.3 | 22.6 | n = 133 |
| 高中 | 17.1 | 18.9 | 30.6 | 16.2 | 17.1 | n = 111 |
| 中专或技校 | 16.9 | 16.5 | 29.5 | 18.1 | 19.0 | n = 237 |
| 高职 | 8.7 | 8.7 | 30.4 | 30.4 | 21.7 | n = 23 |
| 大专 | 12.1 | 16.1 | 31.8 | 25.7 | 14.3 | n = 280 |
| 大学本科 | 13.9 | 14.2 | 32.8 | 24.6 | 14.5 | n = 338 |
| 硕士研究生 | 11.1 | 13.9 | 30.6 | 30.6 | 13.9 | n = 36 |
| 博士研究生 | 0 | 0 | 62.5 | 37.5 | 0 | n = 8 |
| 合计 | 13.9 | 14.9 | 32.3 | 22.3 | 16.6 | n = 1166 |

在幸灾乐祸的青年中，初中文化程度者占17.9%，高中为23.8%，中专中技47.1%，大专46.9%，本科56.6%，随文化程度上升的趋势非常明显。

与这种仇官、仇富心态有关，调查中32.7%的青年赞同"通过罢工静坐和集体上访，普通公民的利益才能受到重视"。这意味着当其个人利益受到损害时，采取非常规手段表达利益诉求会成为部分青年的行为选择——包含主动或被动卷入。

**（三）多数青年认可主流价值，社会情绪平稳，但信仰虚无、追求个人功利，社会支持不足，网络已经成为主要参与方式**

**1. 青年社会情绪整体比较平稳，认可主流价值判断，但信仰虚无、价值取向功利化和道德相对主义倾向比较突出**

由于大多数青年能够感到周围人的友好，主观幸福感较高（74%），青年社会情绪整体上处于比较平稳的状态。对于社会主流价值标准，多数青年持肯定态度。调查中，高达92.3%的青年认为"到什么时候人都得讲良心"，83.8%的青年认为"人应该有信仰"，82.4%的青年认为"参与自愿服务是公民责任感的表现"，80.1%的青年"相信善有善报"，75.6%的青年认为"我为人人、人人为我是比较理想的社会状态"，73.8%的青年同意"守规矩、讲诚信可能发不了大财，但不会遇到大麻烦"，71.6%的青年赞同"人生的价值在于为社会作贡献",对社会主流价值判断给予了很高的社会认同。

虽然,多数青年认可基本的主流价值标准,但在实际生活中,许多深层的信仰迷茫仍然带给青年许多困扰。比如,62.4%的调查对象肯定"我国的社会制度符合现阶段中国国情",但认为"中国多数人信仰中国特色社会主义"的比例50.8%,刚刚过半。52.7%的调查对象认为"现实生活中多数人没有信仰",50.3%的青年赞同"很多事情无所谓对错,成者王侯败者寇",52.6%的青年赞同"人活着就是为了享受生活",43.1%的青年认为"成功的标志就是出人头地",38.6%的青年认为"有权就有一切",37.2%的青年赞同"信仰宗教要比没有信仰好",27.1%的青年认为"当许多人不守规矩占了便宜时,我会觉得自己挺吃亏",25.6%的青年赞同"如果被欺负,应当以眼还眼、以牙还牙"等。信仰虚无、价值取向功利化和道德相对主义倾向均值得关注。

2. 青年的社会支持主要来自于亲友群体,社会支持薄弱,党群组织对青年的有效覆盖不足

强大的社会支持系统是抵抗风险的重要屏障。调查显示,职场青年的社会支持系统大多集中在家庭亲友之间,社会支持明显不足(见表9),党群组织对青年的影响整体大于其他社会组织,但有效覆盖有待加强。

表9 职场青年的社会支持情况(%)

| 选项 | 配偶 | 父母 | 朋友 | 单位 | 政府 | 工青妇 | 传媒 | 其他 |
|---|---|---|---|---|---|---|---|---|
| 感情困惑首先向谁倾诉 | 23.2 | 18.9 | 51.6 | 0.1 | 0.2 | | 0.3 | 5.7 |
| 经济困难首先向谁求助 | 13.5 | 52.4 | 28.2 | 1.3 | 0.7 | 0.2 | 0.1 | 3.6 |
| 工作困难首先向谁求助 | 11.1 | 14.2 | 28.3 | 41.3 | 0.6 | 0.2 | | 4.3 |
| 人生重大决定先和谁商量 | 33.4 | 58.1 | 4.8 | 0.3 | 0.3 | 0.4 | 0.1 | 2.5 |
| 发生矛盾纠纷先向谁求助 | 22.7 | 12.9 | 47.9 | 2.6 | 6.5 | 0.5 | 0.6 | 6.4 |
| 找工作困难首先向谁求助 | 10.6 | 23.4 | 35.4 | 8.9 | 5.7 | 1.1 | 2.9 | 11.9 |
| 权益受损首先向谁求助 | 8.2 | 10.7 | 12.1 | 10.6 | 39.8 | 2.1 | 6.4 | 10.2 |
| 对领导不满意先向谁求助 | 22.9 | 12.5 | 28.4 | 20.7 | 3.1 | 0.6 | 0.9 | 10.9 |

除了工作遇到困难时会把工作单位作为求助首选、权益受损时把政府

机构作为求助首选之外，其他所有问题青年排在前三位的选择都是朋友、父母和配偶。

日常生活中，青年联系比较多的前四位组织分别是团组织45.4%，党组织44.8%，兴趣团体41%，工会39.5%。但是其中保持经常联系的青年均不超过20%，加上"有时联系"的青年，也没有超过半数。党群组织对职场青年的有效覆盖明显比例不高。

关于哪些组织对自己帮助比较大，调查对象依次选择了党组织45%、团组织40.3%、工会37.5%、兴趣团体34.6%。认为基层党组织对自己没有什么帮助的青年占调查对象的55%，认为工会、共青团、妇联对自己没有什么帮助的青年分别为62.5%、59.7%、72.6%。显然，基层党群组织距离广泛联系、有效覆盖、竭诚服务青年的工作目标还有较大距离。

**3. 青年社会参与愿望强烈、参与渠道不足，62.9%的青年会选择网络表达诉求**

调查中，表示"如果有机会，我愿意参选人大代表和竞争领导岗位"的青年高达72.7%，但是对参与社会管理的机会表示满意的只有27.6%。对良莠杂陈的网络信息，青年明显持保留态度。只有36.9%的青年表示信任网络信息，55.9%的青年表示不信任，但是，仍然有62.9%的青年经常或偶尔通过网络发表自己对某些公共事件的看法。显然，当正常的表达渠道不能让青年畅所欲言时，大多数青年会选择网络参与。

**（四）大多数青年对未来审慎乐观，愿意为改善生活、抵御风险而努力，渴望在体制内拓展发展空间**

**1. 多数青年对未来生活持乐观或审慎乐观态度，近1成青年感到迷茫，绝望者占极少数**

对于自己未来改善生活的机会有多大，青年们表现出审慎的乐观态度。17.7%的青年认为"希望很大"，38.8%的青年认为"希望较大"，30.3%的青年认为"有点希望"，9.1%的青年"说不清"，只有4.1%的青年感到"完全没有希望"。虽然绝望者是极少数，但构成了社会生活中最不稳定、也是必须随时密切关注的群体。

2. 规避风险意识增强，多数青年打算未雨绸缪

为了应对可能遭遇的风险，青年依次选择了"加强人身和财产安全防护"60.2%，"避免交通违法等可能发生的危险社会行为"54.7%，"随时关注食品药品安全信息"50.2%，"为孩子做教育储蓄"49.7%，"避免不良嗜好和危险游戏"46.4%，"提前购买可以提供终身保障的商业保险"和"在家庭理财中尽可能规避风险投资"同为40.1%，青年的多元选择体现了较强的风险意识。

3. 在体制内拓展改善和发展空间是多数青年的主要选择

为了改善未来的生活，青年们愿意付出多方面的努力。其中，61.7%的青年选择"做好本职工作，争取晋升机会"；55.2%的青年选择了"更多关注亲情，增进家庭和谐"；52%的青年选择了继续学习深造，提升竞争能力；31.8%的青年选择了"多交接有用的人，借助别人的力量"；30.5%的青年打算"寻找兼职，增加收入"；18.7%的青年打算投资基金、股市、楼市；17.5%的青年选择了"实施健身计划"，增强身体素质，应对未来的挑战。可见，在现有体制框架内寻求改善是多数青年的选择。

## 四、思考与建议

针对职场青年社会心态呈现出的主要特点，就有效扩大青年就业、改善青年生活质量、优化青年社会心态、维护社会长治久安提出以下建议。

### （一）构建政府主导、高校和用人单位参与、全省连网的青年就业大市场，降低青年求职成本，实现竞争机会平等

就业乃民生之本，顺利就业是青年融入社会、成为负责任的社会成员的第一前提。山东作为我国劳动力资源丰富、青年就业压力比较大的省份之一，保证大中专毕业生顺利就业，促进农村新增劳动力顺利实现转移就业是维护社会稳定的治本之策。针对青年在择业和流动中寻找发展机遇的需求和全省各制造业基地对人才和劳动力的现实需求，通过政府网站及时发布各地用工、人才招聘信息，有助于求职青年实现低成本就业。同时，加强对公开招聘录用工作的监察，督促招录单位把招聘的全过程置于舆论和群众监督之下，用公开透明的工作程序，保证广大青年享有平等的竞争机会。

针对青年希望在体制内寻求发展空间的积极意向，在劳动人事制度改革方面要始终坚持德才兼备的标准和"能者上、平者让、庸者下"的政策导向，让职业伦理优秀、科技素质高、业务能力强的青年在各个职业领域都能拥有发展的空间和凭自己诚实劳动过上体面生活的机会的希望。

**（二）严格执行最低工资标准，在保障青年基本权益的基础上，实现社会发展成果更合理的分享**

针对大多数青年收入偏低的现实和渴望公正的诉求，政府应通过加大对用人单位的用工监督，及时制止和惩处违反劳动法规的行为，保障低收入青年基本权益；要通过政策调节，使社会再分配更加公平；针对职场青年普遍面临的幼儿入托难、流动人口子女入学难、申请公租房难等现实问题，相关政府部门要简化办事程序，提高服务意识，把民心工程做大做强，实现社会发展成果更合理的分享。

**（三）构筑强制保险和鼓励商业保险的双重社会保障网络，消除职场青年的后顾之忧**

针对青年不同程度存在的"不安全感"和规避风险的需要，政府要充分运用行政杠杆，解决全体劳动者"三险一金"的足额征缴问题；要通过舆论引导，使工薪阶层的青年意识到商业保险的重要补充作用，自觉未雨绸缪，逐步构筑起双重社会保障网络，消除职场青年的后顾之忧，使大多数青年能够积极努力工作、大胆合理消费，为经济长期稳定发展提供动力。

**（四）强化社会支持系统，搞好青年社会情绪的正面疏导**

针对青年中对一些不良现象存在的不满、愤怒等情绪，首先要畅达社会沟通渠道，充分发挥工青妇等人民团体、居民自治组织、青年社团的桥梁纽带作用，引导青年在法制框架内表达正当合理的诉求；其次，加强基层文化建设，用社会主义核心价值体系引领青年，培植公民责任感和行为自律意识；第三，整合社会资源，逐步健全社会化的心理疏导机制、矛盾协调机制、危机事件应对机制，及时化解可能诱发群体行为的社会矛盾；第四，大众传媒要坚持贴近群众、贴近社会现实、贴近社会热点问题、敏感问题，在社会问题"易燃点"上，做好披露事实，疏导情绪，平衡社会心态，主导舆论，维护稳定的文章。

**（五）加大廉政建设宣传工作力度，用正面典型影响青年**

廉政建设必须保持"高调"。针对青年和群众中的"仇官仇富"心理，在铁腕惩处贪官污吏的同时，大张旗鼓地宣传正面典型，不仅可以让青年看到党和政府惩治腐败的决心，看到绝大多数党员干部为社会发展进步做出的艰辛努力，也有助于帮助广大青年正确认识执政党内集中了中华民族真正的脊梁。青年一旦相信"希望还在，明天会更好"，他们的仇视心理就会转向建设性的努力。

**（六）引导职场青年调整心态，提高自我发展能力**

针对目前职场青年存在的高期望值与实际谋生能力不相称、职业变动性强的问题，有关部门应该加强宣传工作，引导青年调整心态，在仰望星空的同时，更重要的是脚踏实地干好本职工作，努力提升自我发展能力，用诚实的劳动开创美好未来。


＊本文为山东省社科联、山东省民调中心"2011调研山东课题"阶段成果。

注：本文数据全部来自山东省青少年研究所2011年度职场青年社会心态调查


（张华，山东省青少年研究所教授；
魏晓娟，山东省青少年研究所副教授）

# 城镇化进程中当代青年
# 发展新机遇和潜能开发

"城镇化"是现代社会发展的里程驿站。积极稳妥推动新型城镇化是实现"中国梦"的亮点之一，更加有利于深化城乡统筹发展的战略举措。

## 一、城镇化是促进人的现代化的环境载体

城镇化是现代化的基础，社会现代化离不开人的现代化。由此，中国现阶段的城镇化应当以人为核心，全方位带动农村富余劳动力和人口由乡向城转移，这场变革不仅是身份角色的转变，更是在产业结构、就业方式、人居环境、社会保障诸方面实现的一系列变化，它与当今社会人的发展民生需求相关方面，如基本公共服务、文化体育、娱乐消费的条件得到相应改善和满足，"学有所教、病有所医、老有所养、住有所居、玩有所乐"的生活环境日益形成。工业化和信息化普及发展背景下，我们可以预料今后每年将有相当数量的农村劳动力和人口向城镇移动，其中主体是青年人口。"新市民"身份的培育，角色的转变同样要求"城镇化"充分体现以人为核心。社会公德和核心价值体现的引领教育，也会成为人的社会化的主要内容。改革开放30多年来，中国社会人们的思想观念的进步，体现着多元变化特征，充满理想色彩的传统价值在裂变中更新，"自我"和"奉献"的价值并存，青少年的价值选择更是在书本教育和现实生活的双重标准中摇摆取舍，他们更多的时候追求流行时尚，梦想在他们的价值中占的比重更大。新千年以来，党和政府倡导"富强、民主、文明、和谐"，倡导"自由、平等、公平、法治"，倡导"爱国、敬业、诚信、友善"，积极培育和践行社会主义核心价值观。全社会努力推行"示范引领、创新模式、践行体验、照顾特点"的思想道德建设新理念，坚持党委领导，政府负责，社会参与，学校和家庭紧密配合的运行机制，加强和改进了青少年思想道德建设，社会主义核心价值日益深入人心，固化人的精神世界。今

天，我们推动城镇化建设依然要重视人的心灵"软件"建设，只有使城镇化的内容功能不断完善和创新，科学地提升城镇和人口的现代气质和水准，破除新瓶装老酒的思维模式，促进形式和内容的高度融合统一，才会受到老百姓的真心拥戴和支持，保障城镇化与现代化递进式的发展，加速实现民族复兴的"中国梦"、"人民梦"。

## 二、城镇化民生建设新目标激励青年增强使命和责任

党的十八次全国代表大会胜利召开，标志着中国改革开放和现代化建设进入了新的里程，处在大有作为的战略发展机遇期。会议确立了国家新的发展要求和目标，引领人们清醒地认识世情、国情、党情的新变化，坚定建成小康社会，创造幸福生活的信心。青年是中国发展最具潜能的力量，也正在成为执政党的未来和希望。民生建设新目标激励青年一代强化使命责任，"五位一体"科学发展布局引领青年一代做好思想和技能准备，政策和环境保障强势推进有为青年发展。

到 2020 年我国经济总量要比 2010 年翻一番，城乡人均收入也要翻一番，两个数字化的目标，增进了中国经济转型的迫切性，促进综合国力稳中求进逐年提升，人均收入倍增将拉动内需型经济可持续的增长，从经济发展方式上引导人们把个人"过上好日子"的愿望，和国家建成小康社会的宏伟蓝图相融合，特别是牵引当代青年认清使命、担当责任。中国改革开放和现代化建设的 30 多年中，青年用自己的追求和行动，用自己的知识和力量，用自己的爱心和奉献，描绘那让人心潮激荡、财富涌流的"春天故事"。青年作为改革开放和经济快速增长年代的最大受益者，也是最先投入生活的建设者和创造者。虽说曾经有过"人生的路为什么越走越窄"的困惑，有过"保尔和比尔盖茨谁最有价值"的思考，但是，从整体上看，当代青年是新中国发展史上思想最活、文化最高、法制意识最浓、创新欲望最大的一代青年群体。他们的人生价值，在为人类进步的贡献中体现，在美好生活的创造中诞生，在忠诚祖国、孝敬父母的行动中延续。正在成长的 90 后青年群体，还处在青春期沐浴之际，生活在与父辈年轻时完全不同的时代背景和社会环境

当中。国家新的发展蓝图和民生建设目标，激励着成长中的青年开始意识到肩负的使命与责任，展示自己潜藏的力量。未来的 10 年中，90 后这代青年将陆续走向"而立之年"的人生发展期，心态阳光、乐观向上的代际特征决定着他们对未来生活质量有着更高的期待，他们的社会化发展瞄准着民生幸福指数。务实性的理想追求与中国特色社会主义核心价值体系相互兼容贯通，将个人发展前景、命运与科学发展的经济社会运行方式紧紧连在一起，"个人、团队、国家"三者利益关系阶段性断裂得到有效修复，在利益选择中青年更赞成多方共赢，必要时，青年也会勇敢地奉献，甚至放弃自己的利益。在过去的 10 年间，青年中的不少个案和事例，证明了社会主义先进文化核心价值体系的深刻影响和力量，同时，也再现着中国特色社会主义伟大旗帜引领年青一代不断强化的社会责任。

全力推动城镇化社会结构的转变，建成小康社会是未来一个时期党和各族人民的奋斗目标，民生建设任务和措施的落实，老百姓"住有所居，学有所教，病有所医，老有所养"的基本生存需求将更好地得到保障，社会公正公平将让公民充分享受国家发展进步成果，得到更多实惠，体验更多的幸福和美好，并为劳动而快乐。

## 三、科学发展引领不同阶层青年激发潜能

科学发展观作为马克思主义在当代中国发展的最新成果，是中国经济社会发展进步的经验总结和概括，更是改革开放和现代化建设事业的重要指导思想。科学发展观对当代青年成长的影响极其深刻，产生着巨大的文化和精神价值，坚持走科学发展的中国特色道路，坚持"五位一体"经济社会发展方式，坚持改善民生、惠及民生，让人民群众充分享受改革发展成果的政策，都将激励引领来自不同社会阶层中的青年，立足发展，从行业特点出发，以创造性劳动发挥自身优势，为建成小康社会谏言献力，争当先锋，勇打头阵。

引领新型农民当先锋。农村青年努力争当"有文化、懂技术、会经营"的新型农民，在解决"三农"问题的具体实践中主动参与，攻坚克难，大胆创新，在传播先进技能、推广良种、弘扬新风、助困帮弱等方面发挥年龄和文化两大优势，尤其在保障国家粮食安全，建设生态绿色大农

业的领域发挥青年的强势。黑龙江垦区发展建设的实践充分证明：青年是建设社会主义新垦区最具生机的力量，现代化大农业建设是青年展示才华的大平台。当然，不能否认青年中也存在着"向往城市、不愿意务农"、"农民社会地位不高"的想法。眼下，不少地方农村青年劳动力人口减少的现象相当普遍。单凭"四零、五零"人口从事一线劳动，只能维持年吃年用，建设生态农业、绿色和特色农业，全面实现农业现代化，真正地富裕农民仍将需要付出艰辛的努力，各级政府要继续加大对新农村建设的经济投入，引领更多的有志青年参加乡村基层政权建设，提高执政为民的能力，带领农村青年和他们的父母增收，以小家的富裕来保障"小康社会"的建成。这也是充分激发农村青年劳动积极性和创造潜能的根本动力。

着力培养知识蓝领。工业是国家发展的命脉。当前，提升工业化和信息化水平，关键在于调整经济结构，转变发展方式，依靠科技进步，发挥人才优势。仅从东北地区看，国有大中型企业不断增强发展活力，重现雄风，出现良好势头，在吸纳青年劳动力方面又占有主导地位。国有企业良好的文化传统，党政工团凝聚的管理优势与现代企业制度兼容，产生着高质的效益。近年来，国家贯彻落实科学发展观，从制度层面上保障企业职工合法权益，增加职工收入，先后解决"企业办社会"的体制包袱，实行退休职工保障社会统筹政策，让企业和职工得到了看得见、摸得着的"实惠"。在黑龙江的工、矿、林、垦地区，实行棚户区危房连片改造，同时对周边道路、社区环境、公共服务设置进行配套建设。这些行业职工的第一生存环境发生了巨大的变化，在依靠工资收入难以买得起房的条件下，他们住上宽敞、明亮、舒适的新楼房，真心地感谢党和政府的关怀。国有企业新生代青年倍加珍惜自己的青春年华，不断充电加油，努力学习生产和管理技能，争做新时代的知识蓝领，为建成小康社会贡献光和热。城镇化将转移大批青壮年劳动力到二、三产业，通过培训练习他们也会成为"蓝领"农民工，对他们应给予产业工人的同等待遇。

助推服务业青年提升幸福体验。第三产业是中国改革开放以来发展最具活力的领域，传统的服务业和新兴的各类经济组织，以"简便、快捷、效率"的特色，为人民群众提供着多方面的服务。从事"三产"的青年来自四面八方，五湖四海，他们不像国企青年那样有归属感，日常工作压力较大，集中精力为生存而打拼，其工作之余，缺少对"家"的体验，常常产生"漂"的感觉。党的十六大以来，党和政府从政策层面确立了新经济组织中的七种人均为社会主义劳动者，在保障房、医疗、子女入托、上学等方面给予政策照顾，努力让从事第三产业的"打工者"享受市民待遇。

今后伴随着城镇化的加速推进，全面建成小康社会的进程，第三产业在国民经济结构中的占比将继续提升，"连锁、品牌"等现代管理经营模式将替代落后陈旧的"家族作坊"模式，服务业将进档升级做大做强，有的还会从国内走向国际，由此，对从事第三产业新生劳动力特别是城镇化新转移到城镇的新"市民"的思想观念、人品、技能有着新的要求和期待。近几年，我们在社会调查中发现，新生劳动力就业难不是找工作难，而是找到收入较高的满意职位难，究其原因，不完全来自观念上的差别，而是文化和技能要素影响占主导原因。目前"三产"领域青年普遍缺少组织，参加社会公益性文化活动不多，每天除了工作，忙于生计，业余生活基本取决于个人兴趣和爱好，文化归属往往处于相对真空的地带。对现实生活的考察发现，"房奴"、"车奴"、"卡奴"、"孩奴"很多都是来自这个领域的青年，有的青年甚至"隐婚"，担心失去已有职位。可以说，服务业的青年向上流动的机会和条件都不占强势，获取成功、升职创富要比"官二代"、"富二代"艰难许多。但我们相信，随着社会管理创新，社会建设日益完善，"德才兼备、以德为先"人才选拔方针的落实，科学选人用人机制的形成，让年轻人从人生起点上享受社会公平正义也将成为现实。到那时，青年自身文化知识结构、人品才华、素质能力，才会真正成为青年人生出彩的发展要素。

大学生"村官"、"社区主任"队伍建设。"村官"、"社区主任"是近年来百姓对中国基层自治群众组织领头人的新称谓，产生于我国实行社会主义市场经济制度之后。从表象上看，由于大学生"村官"、"社区主任"的出现，开始改变基层自治组织管理人员队伍的文化观念、年龄、知识素质的结构，本质上打破了乡村单姓血缘世袭的固有格局，正加速改变着缺少创新活力的状况。大学生是青年群体中的精英，不论是村官还是社官及志愿者，在基层成长锻炼的经历将终身受益，有利于个人增长才干，将课堂上学到的知识转化为服务民生建设的具体能力，在体察国情民意中，培养对人民群众的情感，坚定"执政为民"的宗旨意识。

大学生"村官"队伍建设得到党和政府相关部门的重视。近年来，在公考、事考、研考中都有政策对他们进行照顾。党的十八大代表中有四名大学生"村官"代表，其中最小的 24 岁，就我个人的理解，大学生"村官"只是许许多多在基层工作的优秀大学生的代表，他们当中还应包括城市社区的"大学生主任"，服务基层的志愿者，自主创业的大学生老板、经理等等。因为他们以年龄和知识两大优势，主动选择基层和边远地区参与建设、志愿服务、展示才华，这是有志向、有志气、有抱负青年共性的特征，实践表明，基层历来是青年成长的广阔课堂，人民群众生动的劳动创造实践是青年吸收营养的源泉。今后，全面建成小康社会的奋斗过程正是这个群体青年发展的新机遇，出彩成功的新平台。党和政府也会不断选拔优秀大学生"村官"和"社官"充实党政管理队伍。

本文仅对上述四个阶层中青年潜能开发作了简要描述，对青年科技队伍、机关青年、大中学生等队伍建设有待今后进行深入研究。此外，还渴望相关政府部门和社会工作者对弱势青年群体以及问题青年给予关注，特别要对城镇化后继续坚持务农种地的"留守青年"在政治、经济、文化发展上给予更多的支持和政策保障。

## 四、政策机制创新驱动服务青年发展

在中国，党和政府历来重视青年和青年工作，尤其重视中国共青团组织发挥团结青年的核心作用，在党和政府与青年群众中间架起"连心桥"，依照人民团体章程，反映青年意见和合理要求，维护青年的合法权益，进一步夯实党执政的青年群众基础。学习贯彻落实党的十八大精神，以创新为动力推动青年发展，应当在机制、政策和环境上实行三位一体的社会化驱动。

一是树立有中国特色的青年观。青年是社会中最具活力的群体，民族发展的潜能资源，也正在成为党和国家的希望和未来。所以，要努力形成全社会关心、尊重、爱护、引领青年健康成长的良好文化氛围，倾听青年心声，鼓励青年成才，支持青年创业。二是继续改进和创新以共青团组织为主导力量的青年工作。近年来，共青团组织倍加重视团的基层组织建设，团中央确立了"青年为本、基层为根"的新理念，带头抓基层，活跃基层，从政策、资金、培训、项目等多方面帮助县以下团的组织解决影响正常开展工作的难点问题，在"希望工程"、"志愿服务"、"保护母亲河"等公益活动中，展示共青团的社会新形象，广大基层组织增强了凝聚青年的活力。但是，在市场经济条件下，要从根本上实行人才强团的策略，就要有一套好的选贤任能的制度，特别是省以下市、县团的领导机关和基层组织要实行社会公选优秀青年的方式，充实共青团干部队伍。黑龙江省牡丹江市，近年来坚持优推公选团市委领导班子成员，尤其是一把手。公选的团干部责任和使命意识强，工作有创新的魄力，作风扎实，不摆官架子，基层和青年认可。不到 5 年，三任团市委书记便被转岗，委以重任。团的机关活力不断增强，中层干部"转业难"的问题得以化解。相反，有的地方团的机关超龄干部流转不畅，出现"小书记、老部长、大干事"的局面，一定程度上影响了机关活力，究其原因，还是用人体制上缺少创新驱动。各级党委和政府要帮助团的领导机关，努力解决影响青年工作发展的瓶颈难题，支持共青团组织按照《章程》要求，全面履行职能，在做好党的青年群众工作方面发挥不可替代的优势作用。各级团的领导机关更应适应经济社会发展的新变化，认真落实好党的要求，努力把团的基层组织建成党联系青年的"幸福之家"。三是对各阶层的杰优青年大胆培养使用。共青团和青联应当形成选优推荐机制，让杰优青年在共青团大舞台上增长才干，勇担重任。对基层的"田秀才"、"土专家"、"技术能手"职称评定、晋级应给予政策定位，主动与政府相关部门联系协商形成制度性安排，让他们在生产、生活中受益得实惠。四是对体制外第三产业领域青年给予更多关注，在住房、医疗、子女入托、上学等方面享有与工作所在地市民相应的待遇，敢于破除"户籍"、"身份"界限，引领他们树立信心，克服草根的自卑心理，增强社会归属感，尽快改变"漂"、"奴"和"蜗居"的不稳定的生活状态，真心引领青年振奋精神，凝神聚力，投身小康社会建设，早日实现青春的梦想。

（宋国力　黑龙江省青少年研究所所长、研究员）

# 现代素质与育人模式

## ——当代青少年教育模式之演进的本源性探讨

社会的发展始终指引与影响着育人模式的发展。处于转型期的中国社会，较为传统的家庭、学校、社区三位一体的育人模式，也必然随着社会的持续发展而不断演进。仅从外在环境空间而言，学校、家庭、社会的三维之外，无疑又多了一维——网络空间——不过我们仍可将其视作扩展的社会之维；而从环境的外在性与内在性而言，在更强调以人为本的现代社会中，育人模式的构建更应在外在的三维空间环境之外，关注育人的内在"环境"——人自身，也就是相对客体（环境）的主体之维、人性之维。人类能从传统走向现代的依据就是人性的存在或者说是人的理性的提升可能。为此，从某种意义上说，人性升华应成为现代育人模式的必然取向，这也决定了育人模式从"三位（维）一体"到"四位（维）一体"的演进。

## 一、当下育人模式问题的审视

目前许多研究者都认识到，教育是一个复杂的系统工程，仅靠学校教育的单一力量是难以完成育人目的的，学校教育、家庭教育和社会教育的有机结合、协调互补对于人的发展相当重要。正是基于这一认识，许多研究者①提出、认同和倡导学校、家庭和社会"三位一体"的育人模式。这一模式主要包含以下两层含义：一是明晰学校、家庭、社会三种教育在人

---

① 刘宁：《家庭教育、学校教育及社会教育的整合发展趋势》，《基础教育研究》2009 年第 4 期；郭金玲：《构建学校、社会、家庭一体化德育系统的思考》，《教学与管理》，2007 年第 10 期；胡育：《现代教育需要学校、家庭、社会形成合力》，《上海教育科研》，2006 年第 6 期；车广吉等：《论构建学校、家庭、社会教育一体化的德育体系——尤·布朗芬布伦纳发展生态学理论的启示》，《东北师大学报》（哲学社会科学版），2007 年第 4 期；何彪：《学校、家庭、社会三结合的社区教育模式探讨》，《宁波大学学报》（教育科学版），2003 年第 3 期。

才培育中的角色、地位和作用，也即学校教育是主导，家庭教育是基础，社会教育是辅助；二是倡导三者之间的互动、协调与合作的体制与机制的建立，以发挥三种教育的有机整合而产生的合力，并着力构建学校、家庭和社会一体化的德育体系，培育当下社会所亟须的全面发展的高质量人才。事实上，从当前青少年思想道德建设实践来看，"三位一体"的育人模式在对人的素质的培养方面，确实彰显了一定的价值与效用，并成为当下主流的人才培育模式。

值得注意的是，"三位一体"的育人模式都似乎在强调一种假设，即人的发展取决于学校、家庭和社会等周围环境因素的影响作用，以至忽略了人自身在发展过程中的主体作用。尽管也有个别研究者注意到了人的主体性在构建"三位一体"教育网络中的作用，但是其仅仅把人当作"三位一体"的大德育所要面对的客观对象。[①] 其实质上依然没有触及人在育人模式中的根本性的主体地位，或者说，人的主体性还未受到应有的重视。随着现代社会的进一步发展，其对人的各方面发展提出了更高的要求，如果只关注人发展过程中的外在因素的影响，而忽略自身主体性、能动性的发挥，势必会削弱教育对人的发展促进功能的实现。因此，一个有效的育人模式的构建，除了要关注学校、家庭、社会等外在环境因素的作用，还应该对人自身主体性特质发挥进行必要的探讨。

## 二、人的素质建构与育人模式

### (一) 人的素质的定义

对于人的素质的定义，有关的描述不下数十种，本研究吸纳各家之言并根据自身的把握，对"素质"定义如下：

这是以个人既有素质——初始阶段主要是以个人生物和文化的获得性遗传为基础；以文化传递——包括传统、习俗、教育、传媒乃至日常生活等时空环境——为外部条件；以个人本能需求和外界压力的互动、在个人个性特征的制约下不断生成的个人意愿——为主动性的内部条件，或以个

---

① 朱洪秋：《充分发挥学生主体性构建"三位一体"大德育》，《基础教育参考》2007年第9期。

人的特殊经历、长期性日常接触与个人个性特征的相互作用——为被动性的内部条件；通过直接或间接的途径、自律或他律的养成模式，最终逐步建构和内化为以社会适应为外壳，以价值观为核心的个人修养和品质。（见图1）而个人在分析问题和处理问题时所表现的态度，以及对自身潜在能力和习得知识、能力的有效运用，是个人素质的外化呈现。

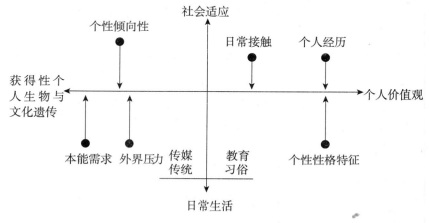

图1　素质概念描述

这里有两个问题应予说明：

1. 素质与素养的关系是质与量的关系，素养累积而成素质。个体在主客观、内外因的整合作用中，朝着一定的方向经过分阶段的发展，才能累积、形成某一方面稳定的素质。我们可以说，一个人在其人生各个阶段中的"既有素质"等于其"遗传素质 + 后天素养 n1 + n2 + n3……"。素养较不稳定，比较容易受主客观、内外因条件变化的影响；素质比较稳定，通常情况下较少受条件变化的影响。

2. 素质是分层次的，人的素质可分为三个层次。一些社会学家将人类社会分为三大层面，即物质——生存层面、伦理——生活层面、精神——存在层面，对应着这三大层面也就有了物质价值观、伦理价值观和精神价值观，以这些价值观为核心，就构成了个人素质的三个层次，这些素质将使个人能从容面对不同层面的社会适应需求。各个层次的素质还可分为多个方面，而且这些方面素质的要素，将随社会的变迁、转型而发生演变。

### （二）人的素质的构成要素

上述人的素质的三层次包括至少9个方面的要素，详见图2：

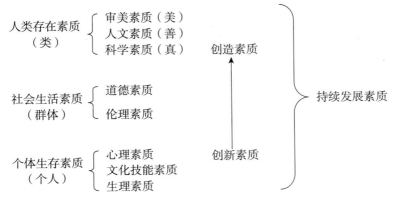

图2　人的素质要素图

对此，笔者对各要素的特性作以下说明：

1. 结构要素：历史性和开放性

人的各类素质要素作为一个功能结构，必然是一个动态的、开放的结构，由于包括生产方式、经济形态在内的社会环境的发展变化，这个结构作为历史的产物，在农业社会、工业社会、信息社会肯定有明显差异，其各种要素的内涵与外延也会有很大的发展变化。但各层次素质的变化，也不尽相同，似乎是"个人"、"群体"部分的变化，较之"类"部分的要大得多，因为对于真、善、美的追求，亘古至今，是人类生生不息永恒追求之物。

2. 个体生存素质：传统性与现代性

这个层面上的三类素质的相互关系，体现了个体自身生存与发展的需要。生理素质——强壮的体魄与生活的能力，是人立足于自然与社会的基础，对于今日的青少年而言，切实而适时提高其生活能力，已经成为社会关注的热点和其自身发展的"瓶颈"；由于人是高级动物，经过几十万年的发展，就有了人类特有的文化技能，作为个体的后人只有加以传承内化为自身的素质，才能修身立业；在现代社会里，心理素质日显重要，已经成为个人健康的组成部分，更是个人事业有成的重要保证，所以必须作为个人生存的必备素质。

3. 社会生活素质：广泛性与先进性

在现代社会里，伦理素质与道德素质实际上体现了一种广泛性和先进性的关系。

在传统的中国社会里，由于种种政治与经济的原因，往往不是把伦理与道德视为一体，就是将伦理混同于人伦关系，以至纳入三纲五常之中。

现代社会，将伦理从道德中分离出来。因为，随着人际交往的扩大，伦理与道德的区分日益明显，这两者已经是关于社会生活准则的上限和下限的关系：即伦理——主要是公共伦理，是指处理各类社会关系的规范；制度，是有关社会生活准则的下限，人人必须遵守，因为只有这样，人际交往才有依据，社会才可良性运转。而道德是指一种社会生活的情操修养，属于社会生活准则的上限，即人人应追求之，才可使人类社会更美好，使人生活得幸福。这里，"必须遵守"和"努力追求"，成为现代社会生活中伦理素质和道德素质的区分。实现两者的统一，也就是社会生活中群体素质的广泛性和先进性的结合，这已是当今时代和社会发展的必然趋势，因为，当一个社会群体的绝大部分成员都具有了较高伦理素质和道德素质时，这个社会必然有较高的凝聚力，而这种凝聚力正是现代社会极其需要的、促进社会持续发展的巨大的"社会资本"，或曰"软实力"。

4. 人类存在素质：终极性与本源性

这是人类区别于一切生灵而存在的最核心素质，是人类本源性的终极追求。

科学素质，是指个体在掌握了一定科学文化知识技能的前提下，对科学精神的追求，即将不断探究自然界的客观规律作为根本目标，是以事实为本、以真理为本，崇尚理性的"真"。

人文素质，是指个体在把握了大量的人文知识和理念的基础上，对人文精神的追求，也就是以对人类的关怀、对世界终极意义的探寻作为信仰，是以人为本、以信仰为本，求索超越理性的大"善"。

审美素质，是指个体在对自然、科学、人文诸类知识理念的学习了解中，对"人的本质力量"的高度感悟，具体说来，审美包含着个体对审美观念、审美能力、审美趣味和审美理想的把握与追求，标志着人的文化修养和内在文明达到的程度，也是人之为人的根本体现。

以人文素质为核心，人的真、善、美素质相互影响、制约，共同体现了人类本质性的存在。

5. 创新素质：超越性和层次性

这是人类科技进步和社会发展的原动力，其核心要素是对一切现存事物的怀疑、批判和超越，人类的历史已经证明：创新素质是人类得以持续存在并不断发展的关键所在。对应并贯穿于生存、生活、精神层面，创新素质在各个层面上，都依以下程序体现出从创新到创造素质的层次性：对原有知识、观念、能力的突破与框架性重组，对旧规范、制度的变革和整体性重构，对未知领域的开拓和发现。

在今天，上述三大类 9 个方面素质都得到充分养成者，就是一个现时代全面发展的人、一个完人。然而，由于文化背景、社会环境、教育与传媒的影响和制约，由于个体自身社会地位、性格特征的限制，以及自身内在需求、个体从事职业与生活群体所遇外在压力的不同，任何一个社会人的素质是很难得到如此全面发展的。不过，对于新世纪的青少年来说，社会各界应尽可能创造条件，使他们在学前、职前的各类素质养成"场"中，方方面面的素质都能得到较全面的初步开发和培养，这对中国现代化的前途无疑有着决定性的意义。

（三）场论：机制论视角的育人模式探讨

1. 场论的整体性视角

所谓"场"，就是"被看成相互依存事实的整体"，以及以此为视角去研究问题的思路和方法。最初，"场"是爱因斯坦核物理学的重要发现之一；随后，这一理论在数学、自然科学、格式塔心理学、决策学等学科中得到广泛运用，并开拓了更多学科的理论视野。我们这里探讨的"素质养成场"，就是将人的素质养成中的种种因素作为一个"相互依存事实的整体"来把握、探究，在这一特定的系统关系场中，至少包括：社会时空环境、个人接受结构、素质养成途径和模式、素质取向目标等多个子系统或分场。这些子系统——分场之间以及其内部存在着正负驱力和影响，它们彼此冲突，又相互补充，生成一种自组织的平衡——失衡——新平衡的动态关系。在这些场中，一些间接或直接与素质相关或素质本身的各项要素相互依存，相互作用，并作为"矢量"产生合力作用，最终耦合成形态多样的素质统一体——具有不同素质的个人。

很明显，在场论的视野里，以时空交叉为依据的"三位一体"育人模式，体现了青少年成长的整体性，揭示了家庭、学校、社区"三位"的关联性、互依互存性，相对于那种"单一"的育人模式是一种突破与进步。但同时，我们也应看到其局限性，也就是对育人过程中主体的忽略，亦即对个人接受结构与素质需求取向等一系列问题的漠视，这显然容易引发"外因决定论"的倾向，进而降低育人的绩效。这就决定了"三位一体"育人模式向"四位一体"育人模式的演进趋势。

2. 机制论的个体视角

"机制"原指机器运转过程中的各零部件由于某种机理形成的联系和运转方式。今天，机制一词已由工程技术领域和生物、医学领域进入到社会科学领域。本研究引入这一理论视角，就是试图要在中观和微观层面上，揭示个体素质养成场中种种要素间联系方式的性质，诸如因果性、非均衡性、互动性、中介性等等，并探寻其动态运转的大致规律及变异。只有把握了这些联系和运转的特点，青少年的素质养成教育，才能由被组织状态转为自组织状态，施教者才有可能在适当的时空背景中予以受教育者及时而恰到好处的调教。这样，所谓的"因时施教"、"因材施教"才能真正付诸实施，才能获取最理想的育人效益。

这里，因时、因人施教，无疑是针对"主体——人"这一维（位）的。而"三位一体"强调的是环境，是客体。但是，主体与客体、环境与人、外因与内因、形式与内容是相辅相成、不可分割的，机制机理的作用只有在这两者的互动中才能得到显现并发生作用。特别要指出的是：漠视主体、忽略自我的育人模式，几乎不可能提升个体的创新、创造素质。由此可见，"四位（维）一体"的育人模式的探究是必要而紧迫的。

## 三、现代人的素质取向与育人模式的历史担当

现代社会中人的素质的发展取向，就在于人性的升华，在于人的理性

水平的提高。这无疑也就是现代教育的根本职责所在，更应是育人模式的历史使命，当然也是强调人本、突出主体、关注自我的"四位（维）一体"育人模式的宗旨。

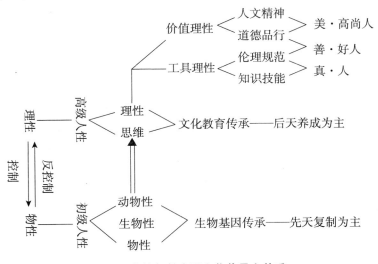

图3　人性与教育及文化传承之关系

### （一）人的属性的层次性与养成教育

1. 人的属性的层次性

人的属性大致可分为四个层次：物性、生物性、动物性与人的特性——最主要的是理性（见图3）。我们往往将前三层次统称为"物性"，而第四层次则往往以"理性"代表之。

人的"物性"可以说是与生俱来的，凡人总有"物性"，这种"物性"总是带有天生的扩张性、自利性，因为生物进化论的研究认为，没有这种"物性"的物种很可能会灭绝。对于人的属性中的这种"物性"我们必须承认而不能否认，对于这种"物性"我们只能适当控制而不能消灭。文化传统中的"存天理灭人欲"是反人性的，时尚恶习中的"存人欲灭天理"也是反人性的，只不过是一种极端认识与行为的两个侧面。

人的"理性"，是由文化、文明作为载体而传承的，往往通过各种教育活动，在教育者——家长、长者、老师、智者、同伴乃至社会风气与受

99

教育者的互动中建构养成，人的理性才是人区别于其他"物"的特有属性，也是人能够调控"物性"，弃恶从善，公私兼顾乃至先人后己的依凭。当然，教育有优劣，人的理性也有高低，于是对"物性"的调控也有强弱。不过，人类的历史一再证明，对于大多数人来说，"物性"总是不可能完全被理性所自觉控制的。

2. 人的高层次属性：理性与思维

人之所以有理性就是因为人有思维能力，正是因为人有思维能力，才能在不断的反思中实现理性的累积并加以传承。可以说，人类的思维能力是人之理性的物质基础。由此，也可以说，提高人的思维能力是提升人的理性的前提，也是我们进行养成教育的必要条件。

生物进化论揭示：生物的生存发展因其信息处理和行为活动能力的明显差异而体现出质的区别（见图4）。

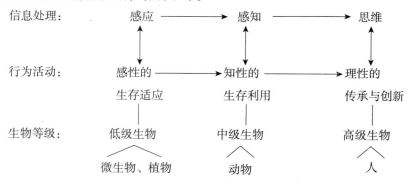

图4　不同生物的信息处理与行为活动的差异

生物活着，就是以"生存单位"（如个体、群体）的形式存在着。要生存发展，生存单位就要不断地与外界进行物质与能量的交换，即不断地趋利避害。这样，生物在活动中，首先要力争得大于失，否则就难以生存，更无法发展。为此，生物就要不断提高自身的调节功能。调节功能分为信息处理（感应——感知——思维）和行动（适应——利用——创新）两个部分。由于生物趋利避害水平发展的多样性、层次性，从而形成了只具有"感应—适应"感性功能的低级生物，如微生物、植物；形成了具有"感知—利用"知性功能的中级生物，如动物；形成了具有"思维—创新"

理性功能的高级生物，这就是人。这些差别，就是生物不同进化程度的主要标志。

正如有世界名望的教育人类学家赫勃尔特·茨达齐尔（Herben Zdanil）所指出的那样："只有人才生活在对于实际的思想传递和传递关系中，换句话说，只有人才处在对实际反思着和反思过的关系中，只有人才有反思性。"① 人的反思性即思维能力是其区别于其他生物的最主要标志，正是有了这种能力，人们才会有理性的学习行为活动、尝试性的创新行为活动。而且，"反思也使人获得行为的规范意识，特别是在他人面前的行为规范意识成为可能。因为反思决定了人的社会行为的特殊形式，它们构成了社会的风俗和道德以及个人的品行"。② 正是在这样的基础上，人类才得以不断进行理性思考和实现文化的积淀，人类社会才得以构建、维系与发展。

3. 人之属性的传承与特异的养育过程

从现代生物学的视角看，生物性（物性）与文化性（理性）构成了人的属性的两翼。个人从其降生的那一刻起，就传承了这两个属性。生物性（物性）来自于母体与基因，文化性（理性）来自于家庭、社会（包括学校）。生物学家指出，"自私的基因"是生物性机体内在的"程序"，这一程序为每一个体设定了行为方式。而人类独有的文化性（理性）的作用就在于控制生物的自我扩张性，发挥这种作用的最佳选择无疑就是改装每个人的行为程序。这里，上天赋予了人类一个极好的机会，这就是人类特异的养育过程。

在生物界，高等哺乳动物大多数生命周期长，头大 + 社会行为复杂，孕期长，每胎产仔少，幼仔出生时发育良好，且具有一定的能力。然而，人类却是一个例外，他的生命周期不是最长也算很长，它的头最大，社会行为最复杂，每胎产仔最少，而且出生时发育未全，出生后的成长期最为漫长，几乎要达到 20 年。人类的孕期只比猩猩多几天，而人类的脑子要在出生后 6 个月才达到黑猩猩出生时脑的程度。人的发育的速度如此之慢，

---

① ［奥］茨达齐尔：《教育人类学原理》，上海教育出版社 2001 年版。
② ［奥］茨达齐尔：《教育人类学原理》，上海教育出版社 2001 年版。

而人类的孕期又显然太短。生物学家估计，如按高级动物孕期与生长期的比例来比照，人类婴儿应在母体内呆上 17 个月到 24 个月。为此，生物学家一语以概之：人类的婴儿是胚胎。这一特殊情况的后果成为当代生物学家、人类学家和社会学家所共同思考的问题。哈佛大学资深教授迈尔于 20世纪 80 年代末指出："人和其他动物的区别在于其行为程度的开放性，道德规范就铭记在幼婴的开放性行为程序内。人类的这一开放性程序的巨大容量才使道德的形成成为可能。在幼年期（这里应是泛指在成人前的成长期）奠定的基础在正常的情况下可以维持一生。"①

另一著名学者理查德·利基也指出：文化是人类对共生共荣的一种适应，幼儿及青年期的不寻常的成长形式使这种适应成为可能。②

总之，人类漫长的养成期与其理性思维能力的结合，提供了对其进行知识技能、伦理规范、道德品性和人文情怀教化的时空，使他们在一定程度上完成了自身行为程序的重组。当然，重组不可能抹去基因的所有痕迹，但毕竟给了社会和文明更牢靠一些的基础。一个成年人的理性行为正是在这一基础上展开的。为了使这一基础尽可能扎实一些，人类就应该充分利用每一个个体的这一特异的养育过程，因为大量的事实一再证明这一过程具有不可逆性。所以，青少年的养育也就明显地具有了机不可失、时不再来的特性。毫无疑问，现代的育人模式当以此为科学依据。

**（二）理性的层次性与养成教育的取向**

**1. 理性的层次性**

尽管各学科可能因分类依据的差异，在对理性的界定上也有差异，但一般都将理性分为工具理性与价值理性，工具理性主要是指知识技能和伦理规范的认知与行为，其作为工具理性的两个方面，对于人类社会的运行与稳定都是必不可少的；价值理性主要包括道德品性与人文精神，这两种理性对于人类社会的推进与发展都是不可缺少的。工具理性的内核主要是求真，价值理性的内核是求善求美，但这并不是绝对的，往往是求真而趋善美，求善美以求真为基础。工具理性是基础，价值理性是导向，工具理

---

① ［美］迈尔：《生物哲学》，辽宁教育出版社 1992 年版。
② ［美］理查德·利基：《人类的起因》，上海科学技术出版社 1995 年版。

性离开了价值理性的导向，只求真不趋善尚美，那就可能给人类自身带来灾难，这已经为人类发展的历史所证实。

2. 理性的提升与教育的责任

人类的理性是在其特殊的养育过程中累积而成的，人类理性的提升过程就是教育的过程。教育对于个人理性的养成与提升的责任重大，特别是由于养育过程的不可逆性，教育对于未成年人的理性提升与养成的责任更为重大。

由此可见，养育的责任有三：一是知识技能的学习和掌握，这是个人立身社会的基础；二是伦理规范的认知与践行，这是个人安身社会善待人类的基本要求；三是道德品性的追求与人文精神的崇尚，这是个人献身社会、回报人类的根本保证。这一过程是一个由低到高的理性追求过程，是求真求善到求美的过程，是从做人、做好人到做高尚人的发展过程。育人的责任在于使未成年人，人人都成人、成为好人，大部分人都希望自己成为高尚的人，也就是人人都具备工具理性，大多数人都崇尚价值理性。

这里特别要指出的是，现今教育界的有识之士提出：将孩子培养成为好人比聪明人更为重要，这是对当今流行的教育理念的冲击，标志着人们对专事热衷于培养知识人、技术人的现行教育体制的批判，也是对教育的重大责任——提升人的理性的呼唤。

总之，随着社会的转型，育人模式由"三位（维）一体"向"四位（维）一体"的发展演进已是大势所趋。不过，我们要强调的是：一方面，我们要关注时空环境等外因、对青少年进行他律性规训的育人机制的完善；同时，更要关注青少年自身的认知结构、人性特征，引导青少年通过自我教育，走向自律、自我完善，在人与环境、内在需求与外在条件的协调、平衡中完成人的养育、教化过程。另一方面，我们也不必把人性过于理想化、美化，要看到人性的整体性提升是一个缓慢的过程。现代社会人的养育教化目标是把人变为好人，把技术人、知识人变为伦理人、公共人。在没有摆脱生存困境的人群中，尚不具备培养人的价值理性的基础。现代社会的人的素质的培养目标主要是：有自我教育意识，能自律，守规范，遵奉与维护公共交往理性。

## 参考文献

刘宁：《家庭教育、学校教育及社会教育的整合发展趋势》，《基础教育研究》2009 年第 4 期。

郭金玲：《构建学校、社会、家庭一体化德育系统的思考》，《教学与管理》2007 年第 10 期。

胡育：《现代教育需要学校、家庭、社会形成合力》，《上海教育科研》2006 年第 6 期。

车广吉等：《论构建学校、家庭、社会教育一体化的德育体系——尤·布朗芬布伦纳发展生态学理论的启示》，《东北师大学报》（哲学社会科学版），2007 年第 4 期。

何彪：《学校、家庭、社会三结合的社区教育模式探讨》，《宁波大学学报》（教育科学版）2003 年第 3 期。

朱洪秋：《充分发挥学生主体性构建"三位一体"大德育》，《基础教育参考》，2007 年第 9 期。

［奥］茨达齐尔：《教育人类学原理》，上海教育出版社 2001 年版。

［美］迈尔：《生物哲学》，辽宁教育出版社 1992 年版。

［美］理查德·利基：《人类的起因》，上海科学技术出版社 1995 年版。

（孙抱弘，上海社会科学院国民精神与素质研究中心主任、研究员

张建，北京师范大学教育学部博士生）

# 心理学视角下的校园危机事件管理与干预

学校是社会的缩影，是人员高度密集、人才大量聚集的场所，也是危机易发的高危地区。危机事件既是法学、政治学、社会学、管理学等学科研究的问题，也是心理学、教育管理学研究的课题。特别是作为学校管理者或学生工作者，由于工作的内容和性质，面对和处理危机事件要与校园主要人群——师生打交道，因此学会辨别危机事件，从心理学的视角去思考和工作，掌握人类应对危机事件的方法和技巧，有效地进行危机事件管理及心理干预，维护学校的稳定，并抓住教育的契机，就显得尤为重要。

## 一、校园危机事件的概念与成因

### （一）校园危机事件的概念

#### 1. 什么是危机?

危机是生活意外事件造成的情感创伤，使人的心理内环境出现巨大的失衡，以致不能自持乃至精神濒临崩溃的状态。

危机的本质在于人们身心系统的失衡。可以说，危机也是一种认识，当事人认为某一事件或境遇是个人的资源和应付机制所无法解决的困难，就会产生紧张、焦虑，而当这些情绪不能得到及时的缓解和控制时，就会导致当事人情感、认知和行为方面的功能失调和混乱。

概括心理危机事件，至少要符合三个标准：存在一些重大的影响心理的事件，存在有急剧的情绪、认知、包括身体行为上的一些改变，个人原有的一些方法无法应对或者应对无效。

#### 2. 校园危机事件

校园危机事件是在危机事件的基础上衍生出来的，主要发生在校园内，是在事先未预警的情况下，突然爆发或潜伏尚未发作的，对师生的生命健康、教育教学秩序或社会秩序构成威胁的事件。校园危机事件大体上可以分为两类：第一类是直接与公共危机事件有关的事件，如2003年4月发生的 SARS 肆虐，曾一度在我国校园中引起恐慌。第二类是直接来自校园内的事件，如 2004 年 2 月云南大学马加爵先后将 4 名同窗室友杀害；2006 年 6 月，某大学因拒发毕业证导致学生发起大规模骚乱，食堂和图书馆被砸、警车被掀翻，等等。这些事件严重威胁着在校师生的人身和财产安全，影响着学校的稳定和声誉，引起媒体和社会的关注。

危机事件一定会涉及处于危机情境中的人。危机中可能会有的财物损失可以估价，可以补偿；而危机事件对人心灵的伤害，有人可以自我修复，有人则终生存有遗憾，严重的甚至可能影响人的正常生活。因此，从心理学的视角，主要从学生的心理状态、人性化管理的角度探讨危机事件的预防与干预是非常必要的。

在我国的教育发展过程中，我们曾对学生的生命意义、主体能力及其巨大潜能缺乏足够的认识和深刻的把握，从而导致学生观的简单化和浅层化。随着社会和时代的发展、理论研究的深入，特别是以人为本的理念被社会广泛接受，学生观的内涵得到了极大的发展。学生观是人们对学生持有的基本认识和根本态度，正确的学生观是有效进行学生管理的前提。人性化管理校园危机的理论依据体现在：保障学生的生命权，维护学生的健康权，尊重学生的知情权、举报权、请求救助和获得物质帮助权及个人发展权。

学生观直接影响校园危机事件管理的目的、方式和效果，影响对学生危机事件管理的情感、手段的选择，影响校园危机管理的价值取向，影响学生的健康发展。

具体来说，在危机事件处理决策上，以大多数学生是否赞成、是否受益为依据，把保护和尊重学生的利益放在第一位，而不是管理者的利益。在危机事件处理上，把学生的需要当作第一选择，把学生的利益当作第一考虑，把学生的满意当作第一标准。

3. 校园危机事件的一般特征

校园危机事件和公共危机事件有共性。主要特征有：

（1）突发性。危机事件虽然有从量变到质变的必然过程，但较难以预料和准确预测，带有一定的突发性、偶然性。

（2）危害性。恶性危机事件常常会扰乱正常学校秩序，威胁人身安全，对社会或学校的核心价值造成破坏，影响和谐环境、和谐社会氛围的营造，必须由有关组织积极应对处理，以保障校园师生生命财产安全，维护正常校园秩序。

（3）紧急性。危机事件往往事发偶然，发展迅速，伴有紧迫性，同时伴有一定的危害性，如群殴、起哄、人员伤亡等，如不迅速控制事态发展，及时采取必要的应对措施缓解，事态可能进一步升级，造成更大范围、更严重的恐慌等后果。

（4）不确定性。源于危机事件前后的不可预料性。

（5）转化性。从字面上看危机一词，由"危"和"机"两个字组成。"危"意为危险、威胁，多为贬义；"机"可以理解为"机遇"、"机会"，多为褒义。危机事件的处理具有风险性，如果危机事件处理不当，可能造成更加严重的后果；而如果处理恰当及时，可以转"危"为"机"，变危险事件为学生在危机中认识自己与他人、社会与环境，提升自身心理素质的契机。

### 4. 危机事件的层级

危机事件的分级有利于管理者及时做好预警，采取最合适的方式处理事件。美国校园事件的分级与国家威胁预警系统的分级相同，但是对同一级别的危机，政府和学校各自的职责有所不同。我国港台地区的校园危机等级划分是根据威胁程度、代表状态、上报时间要求等变量把危机事件分为红色（特别重大）、橙色（重大）、黄色（较大）、蓝色（一般）四级。2006 年国务院颁布的《国家突发公共事件总体应急预案》中使用 I 至 IV 分类，与上面四种颜色相对应。不同等级的危机事件对人的心理影响程度会有不同，心理危机干预的预案也应针对危机事件的等级而有所侧重。

### （二）校园危机事件的成因

校园危机事件的发生除政治因素、社会因素（安全事故、网络信息、社会治安、家庭教育、性别认同）外，个体因素（生理和心理疾病、家庭教养、情感沟通）越来越成为主要成因。在社会转型中，社会矛盾不断凸显，社会贫富两级分化，就业形势严峻，大学生深切感受到经济、学业、就业、情感等方面的压力，这些压力给部分学生带来巨大的思想困惑和心理压力，有些学生没能及时调节自己的消极情绪，使焦虑、抑郁、悲观、厌世等不良情绪积压且得不到合理宣泄，最终不堪重负，出现情感崩溃，思想和行为失衡。不少有自杀和暴力倾向的学生，心理问题和心理障碍是主要诱因。据统计，在近年校园自杀的学生中近半数生前被医院确诊为抑郁症或疑似有抑郁症症状。还有的学生从小习惯以自我为中心，自负或自卑，经不起挫折和委屈，一旦遇到不顺心的事情，容易产生心理失衡，引发危机。

## 二、校园危机事件的预防

### （一）潜在危机问题的特点

隐蔽性：由于当事人个人的性格和行为方式等原因，特别是重症抑郁症患者有十分坚决的隐秘性，使之潜在危机发生前不易被他人觉察。只有通过对全校师生员工的心理健康意识教育和干预技能培训，来识别抑郁症，才能对危机做好有效防范。如北京师范大学通过培训学生骨干——雪绒花使者、学生宿舍长、学生宿舍管理人员、校园保安人员等方式，建构起校园心理危机干预网络体系，把关心和爱最大限度地传递，每年科学而有效地预防了多起危机事件的发生，也让学生在危机教育中获得个人的成长。

可转化性：潜在危机在一定条件下，可能突然转化为真正的具有破坏性的危机。如一个学生可能因为学习、交际等方面的原因而导致情绪低落，触及到内在自卑，产生悲观厌世的想法。可能突然有一天又受到一些刺激，内在情绪由愤怒、冷漠到绝望，潜在危机就可能转化成现实危机。或失恋或考试未通过等直接诱因，成为压死骆驼的最后一根稻草。

可控性：一些学生自我疗愈（调节）康复力比较强，能自行消化潜在危机，或者由于学校有关人员（学生工作者、心理辅导人员）的介入，及时避免了危机的发生，也可能是得到来自父母、周围同学的及时支持和帮助而渡过难关。因此，心理健康教育常规化，广泛宣传普及心理健康知识，建立学校、院系、班级的心理健康教育及心理危机干预的网络体系，提升学生的心理素质，是有效避免和减少心理危机事件发生的重要举措，也是在无法避免的校园危机事件中，最大限度地减少危机事件可能带来的心理伤害的有效方式。

（二）潜在危机问题的类型

学生人群中的心理危机各具特点，每个人的危机都因时间、地点、事件、情境变化而变化。可以说每个危机是不同的，每个危机是独特的。但从总体上分析，仍可以把危机分为三类：

1. 成才与发展性危机。学生个体都期望成才，都有超越他人的欲望，这种竞争事实上是激烈的，也是残酷的。个体在参与社会竞争活动中追求个人发展难免出现失当行为。一些尖子地位的学生，一旦丧失机会，就自觉一落千丈，无颜再见江东父老，而撒手人寰，也当属发展性危机。

2. 突发性境遇性危机。是指罕见或突如其来的悲剧性事件，且个人对其无法预测和控制的危机。如意外交通事故、人质绑架、强奸、地震、火灾及突发的重大疾病都可能导致境遇性危机。境遇性危机的显著特点在于它是随机的，会产生突然、强烈、意外的震撼。

3. 现实存在性危机。指伴随着重要的人生目的、人生责任和未来发展等内部压力的冲突和焦虑。面对重要考试、升学和就业的压力，考试前考得上考不上是压力，考上后学习兴趣的变化、学习名次的变化、人际关系都可能构成危机事件。

（三）潜在危机的排查

潜在危机可以通过建立学生心理档案库、特殊群体学生信息库，定期开展心理测评等方式筛出和排查。要帮助辅导员学习和掌握深入辅导能力，及时发现和疏导学生。还可引进心理专业人员，建立校园专门为学生提供心理服务的心理咨询中心。

在建立学生心理档案，开展心理咨询时，要把握的几点。

1. 专业的保密性与管理的透明性。心理咨询专业伦理的底线是尊重来访者隐私，为来访者保密，除非来访者有明确的自杀或伤害他人的动机与行动准备。否则难于建立彼此信任的咨询关系。当评估出来访者有危机发生的可能性时，应与来访者认真、及时地讨论，突破保密，获得社会资源，寻找解决生存问题方法。如向社会心理救助中心、家长求助等。

2. 心理测查使用的心理测验量表的科学性与局限性（O 与 C）。心理测验大多是主观评价量表，因个体的主观性与多样性，很难用量表完全客观地测量人的心理差异的精确值。因为量表都有局限，渴望通过心理量表测查出全部处于心理危机之中的人，是不现实的。再成熟的量表也只是大体反映出人的某些特征。因此，心理测查工作不是预防心理危机的保险单——O。因心理量表的局限性、使用的正确性及实时性，心理测验结果只是一个参考，像 C 字一样，有一个缺口。一些学生的真实心理信息要通过科学的访谈工作来实现。心理测查结果只能是一个参考信息。

**（四）危机教育的确立与开展**

下列工作在危机教育中不可或缺：

广泛宣传心理健康教育理念：如必要的心理求助是强者的行为、关注自己今天的心理健康就是为自己明天的健康生活买保险、关注他人的心理健康就是为自己和谐的生存环境做建设，等等。

普及危机预防知识，掌握应对危机的能力。如北京师范大学编制实际操作性较强的《校园危机预防与干预手册》，培训师生。

掌握自救、互助互救的方式与技能，在学生中开展生命教育，建立三级危机干预网络体系（学校、年级或院系、班级或学生），等等。

**（五）校园危机事件的干预对象**

危机干预对象包括：当事人的心理危机干预，当事人室友、好友、同学的心理危机干预，当事人亲属的心理危机干预。学生是家庭未来的希望，对学生当事人亲属的心理危机干预不仅直接影响到危机事件的处理，更重要的是直接影响到亲属、家庭的未来。受危机事件影响的师生心理危机干预：学生群体具有很强的互动性和相互感染性，学生危机事件常常会对与事件当事人有相同特征的同学产生强烈的冲击，并可能引发类似危机事件的再度发生（即传染性和连锁性）。如 2006 年广州某高校"黑色星期一"一周内连续四人跳楼自杀的连锁反应、2010 年富士康接连 13 人相继跳楼的自杀事件等。

# 三、校园危机事件管理中的心理援助与干预

## （一）心理援助的理论与技术

### 1. 沟通技术

心理援助首先要借助沟通技术建立良好关系，如果不能与危机当事人

建立良好的沟通和合作关系，干预技术就较难得到执行和贯彻，不会取得干预的最佳效果。因此，建立和保持双方的良好沟通和相互信任，有利于当事人恢复自信和减少对生活的绝望感，保持心理稳定和有条不紊的生活，改善社会支持系统。

沟通有三个层次：

第一层：闲谈。谈些不着边际的话题，只在人生的浮面游动，无法深入。如"你想看哪部电影？""你们宿舍的某某最近……""你吃了吗？"

第二层：讨论。对某事或某人等有"你来我往"的各自观点的交流。

第三层：谈心。不但谈得来，还能深入到心灵领域进行探讨，这时候是生命与生命的交汇，在这阶段，很自然地将个人的想法和感受向对方敞开。也由于双方已经到了"知心"的层次，所以不担心暴露自己的缺憾和短处，反而在相互倾听、彼此鼓励，得到调整和成长的机会。心理咨询技术正是在第三层面上工作。

2. 心理支持技术

给予危机当事人以心理支持而不是支持当事者的认知错误或行为，这类技术的应用旨在尽可能地解决当下的心理危机，使危机当事人的情绪得以稳定，在复杂的思绪中得到正向积极的感情支持。

3. 解决问题策略技术

心理咨询不是解决具体问题，而是助人自助。然而在危机中，只有把心理疏导与帮助当事人找到解决问题的策略相结合，才能收到好的效果。解决问题的策略技术以改变求助者的认知为前提，一般采取的方法和步骤是：会谈以疏导被压抑的情感为主导，认识和理解危机发展的过程及与诱因的关系，学习问题的解决技巧和应对方式，帮助求助者建立和改善社会支持系统，尤其是人际交往关系，同时鼓励他们积极面对现实，注意社会支持系统的作用。

"授人以鱼，一日享用；授人以渔，终身受用。"心理咨询或心理辅导的终极目标是助人自助。

(二) 常见心理危机的识别与评估

危机当事人一般不会直接告知他人"我遇到危机"，而会以各种不同的行为方式表现出危机状态。仔细观察，一定会在认知、情感情绪和行为等维度上发现危机的状态。

1. 认知方面：身心沉浸于悲伤中，导致记忆和知觉改变。作决定与问题解决能力与应对机制受阻，难以区分事物的异同，体验到的事物间关系含糊不清，表现出不能接受、内疚、无用感，没有希望，认为痛苦无法忍受，永无止境，乃至产生自杀的念头或构想自杀计划，用以结束痛苦。

2. 情绪反应：在暂时的震惊之后，当事人随后出现否认、害怕、怀疑、不信任、担心、忧郁、悲伤、烦躁、易怒、孤独、无助、绝望等情绪，表现出过分敏感或警觉，无法放松，持续担忧，情绪低落或不稳、哭泣等；还可能会对任何事物失去兴趣，没有愉悦感；惊慌失措，或表面平静，给人感觉眼神游离。

3. 行为改变：不能专心学习、工作或劳动；社交退缩，逃避或疏离，不愿与人交谈或见面，与人沟通时无法集中注意力，经常责怪他人或孤立自己，令人生厌或有粘着性行为；不敢出门，回避他人，拒绝帮助，对关心之人采取回避的态度，呆坐沉思，麻木状，逃学，认为接受帮助是软弱无力的表现；以特殊方式使自己不孤单，如放大音响设备；出现过去没有的非典型行为，或不修边幅，或发生对自己或周围的破坏性行为，或酒精、药物滥用，故意违法；行为和思维情感不一致；把以前很珍视的东西送人或丢弃，烧毁信件、照片；处理钱物，书写遗书等等。

4. 言语方面特征：沉默寡言，或言语本身带有特定意义但令人费解。如打听或上网查询什么方式自杀没有或少有疼痛，直接询问哪种药物吃多少会死，认为活着不如死去，或说些"你多幸福，我要是有你那样的条件多好？""如果我死了，你会帮我照看×××吗？"等等告别性话语。

5. 性格方面：平时性格开朗，生活态度积极乐观，出现危机后则相反；或平时性格内向，可能会性格变得暴躁、易怒、抱怨、怨恨一切事情，甚至认为社会对自己不公平，等等。

6. 生理等其他方面：头晕，感觉呼吸困难或有窒息感、梗塞感；失眠、做噩梦；肌肉紧张，容易疲乏，容易被惊吓，注意力难于集中；食欲不振、胃部不适，食量明显变化，学习能力下降，严重者出现药物滥用、自杀，等等。这些信息并不是一一对号入座，而是需要借助评估测验工具等综合分析，目的是确定危机事件的严重程度、危机当事人对目前危机的应对状况、是否需要用药等医学措施，确定需要紧急处理的问题，提供必要的保证与支持；确保当事人的生理、心理安全。

### （三）危机干预

危机干预是指采取某些措施来干预或改善危机情景，以防止伤害处于危机情景中的个人及其周围的人。

危机干预又称危机调停，是以"急诊"访问或劝导的形式，改善那些有自杀念头或正在实施自杀行为的人可能导致心理障碍的各种条件，以避免发生意外事故。

危机干预的专业机构：发达国家目前都设有"危机干预网络"，由危机干预热线和警方、消防队、急救中心、精神病院、社区组织等组成。一旦遇到自杀事件，这些人将采取统一的行动，最大程度挽救生命。我国一些城市或地区从上个世纪80年代起，就在民间自发地建立起自杀危机干预中心，设立心理援助热线等。如北京师范大学的雪绒花学生心理帮助热线始建于1989年，开通23年来为几万学生及家长提供心理帮助。但全国现有的心理援助机构和专业人员数量远远满足不了快节奏社会的发展中人们对心理援助的需求，需要政府、企业、团体多方投入和支持，才能搭建起民族发展的心理风雨桥。

危机干预不是不问结果地一哄而上，而是要遵循科学化原则才能收到积极的效果。危机干预的基本原则包括：

1. 引导危机面临者及时、有效地接受帮助；帮助危机面临者有所作为地对待危机事件；向危机面临者提供必要的信息；不要责备他人，以防止危机面临者责备他人，不去承担责任，采取消极回避的方式。

2. 了解和接受在危机事件中人们普遍会有的心理历程。如在应激事件的最初——震惊与逃避期，人们常常会出现否定、震惊、麻木与迟钝、逃避等躯体表现与行为特征。危机的第二阶段——面对与瓦解期，人们会出现愤怒、抑郁、退缩、焦虑、忧伤、绝望或面对等情绪与行为。危机的第三阶段——接纳与重整期，人们会出现接纳现实、归还自我、重组认知、适应等情绪与行为。

有研究表明，70%多的人有较强的自我康复力，可以在1—2周内自行消退症状反应。还有一些人可能需要心理咨询或专业人士、精神科医生的帮助。如果学校有关人员处理能力有限，要及时把需要帮助的危机当事人转介到专业的机构，并向接待人员详细介绍校方了解的当事人的信息与状态，以便协助确诊，提供及时有效的帮助。

**（四）危机处置中的心理援助**

校园危机干预的目的是将危机转化为转机，使相关人员在经历不幸事件后，在其中也能得到成长的机会。心理援助人员介入的目的在于提升当事人对危机的认识，协助当事人发展处理问题的能力与技巧，恢复个人的生活功能。事实上，没有一个心理援助工作者与生俱来就会处理危机，都要通过不断地准备再准备，学习与实践，才能应对紧急状况。心理援助工作者需要有坚定不移的信念、积极乐观的态度，更重要的是，要学会接受工作过程中犯错误的可能性。危机处置人员也是人，在危机现场工作，应容许自己有担心与害怕，因为只有保有真实的感受去面对、处理、克服眼前的问题，才会更勇敢地胜任心理危机干预这一复杂而又与人的生命紧密关联的风险工作。

在危机处置阶段，心理援助者要避免职业枯竭，更有效地协助当事人工作，就需要团队协作，尽可能不断评估彼此的状况，随时相互支持。

心理援助者在协助当事人工作中会花费大量精力与体力来完成每个细节的工作项目，特别需要学会在危机中"自我照顾"，了解自我的限制，并接受限制；同时学会求助资源，拥有自我的支持系统，通过支持系统的陪伴与鼓励，让自己度过提供心理援助的过程，如此才会在危机中持续工作。校园管理者对此要予以理解和支持，危机事件处置后，应给予心理援助者必要的假期来调整身心。对学校日常从事心理咨询或辅导的专业人员，也非常有必要给予定期的身心放松与调整的机会。

校园危机事件主要面对的是事件中人，不可缺少心理咨询、心理干预技术等心理学的知识，但危机事件的复杂性和多样性决定了在面对危机时，还需要多学科的知识方能有效应对，如法学、政治学、社会学、教育学、管理学等。只有不断借鉴各学科的研究成果，扩展研究的视野，才能更科学化地管理和应对校园危机。

## 参考文献

朱晓斌：《美国学校危机管理的模式与政策》，《比较教育研究》，2004年第 12 期。

［美］ B. E. Gilliland. 、R. K. james. ：《危机干预策略》，肖水源等译，中国轻工业出版社 2000 年版。

漆小萍：《大学生危机事件管理》，中山大学出版社 2009 年版。

聂振伟：《雪绒花开 20 载——一个咨询机构与咨询员的成长》，高等教育出版社 2009 年版。

邱鸿钟、梁瑞琼等：《应激与心理危机干预》，暨南大学出版社 2008年版。

（聂振伟　北京师范大学心理咨询中心常务副主任）

# 论全球化时代的青少年文化创新

## 一、问题的提出

进入新世纪后，我国青少年文化的发展和研究已逐渐笼罩在全球化大潮之下，青少年文化研究和实践呈现出别样的风景。这其中，学术观点各异，立场不同，各学派在全球化大潮的裹挟下，或主动应对，或被动融入。"全球化"与青少年文化的关系影响到当前青少年文化研究的现实与走向，关系到中国青少年文化业的发展。同时，在青少年文化作为文化的分支这一层面上，也还关系到文化的发展与兴盛。

全球化涉及经济、政治、文化三个层面，但文化作为社会共同体因子是最持久、最稳定、最具影响力的。电子媒介时代和"地球村"① 的应运而生，促进了文化的集中化、零散化及碎片化，同时也加速了全球化的复杂性、多变性、流动性及不稳定性。面对全球化进程的加速，文化的解释力也随之增强。要想深彻地明晰全球化对青少年影响的过程、媒介、后果、对策等一系列问题，从全球化的文化维度入手进行文化研究是必然途径。

多年来，青少年文化研究一直在既有学术轨道上缓慢前行，研究方法单一，深度有限。一方面侧重于与文化、体育等学科在理论上相互融合，一方面偏重于对概念本身做深入分析，而常常忽视对文化环境和背景的考量，也未能以开放的心态去面对时代变革，追踪文化前沿，使青少年文化仍停留在青少年本身的小圈子内，未能形成大文化视野。"文化全球化"即是要从文化变革的背景入手，深入分析其对青少年文化产生的影响，探究影响形成的过程、特点、机制，拓宽研究思路，寻求将文化中的青少年

---

① ［英］汤姆林森：《全球化与文化》，郭剑英译，南京大学出版社2002年版。

和青少年中的文化更好地融合在一起的模式，达到对大文化视野下的青少年文化的总体观照，进而为作为产业的青少年文化发展寻求更为宽广的路径和更为开放的空间。

通过对"全球化"与"青少年文化"二者深彻的解析与探讨，把握全球化在文化维度上对青少年影响的路径、过程及影响事实，进而就青少年文化对全球化的形成和运行机制产生的作用，以及对全球化的反拨（如青少年与全球意识的形成，青少年与当下的文化认同问题），和全球化视野下的青少年研究问题进行开掘。

## 二、全球化视阈下青少年文化创新研究的现状及反思

1. 在全球化背景下对青少年研究的领域涉及面较为宽阔，有青少年思想道德的培养，青少年的工作、创新能力的培养，青少年民族意识形态、传统文化的认同等方面。进入 21 世纪以来，在全球化社会背景下对于青少年的应用研究，得到了长足的发展，主要表现在青少年的工作和德育开展方面，形成了新特色——全球化与青少年的价值观、德育建设、民族认同等方面，突出其实践性质。但由于学界仅限于研究对象的现状、特征的梳理和总结，研究不能深入其里，对于论题的溯源性工作涉猎极少，故而使此研究论域仅限于表象的描述，反思深度不够。

2. 以青少年各个领域作为研究对象覆盖面较大，从文化视角切入缺位。

全球化对青少年诸领域的影响成为学界讨论的主要话题。但论题的研究现状表现为：以青少年为研究对象的类型研究各有特色，但缺乏整体考察和内在的融通理路。全球化在文化层面上展开是最稳定、最持久、最具有解释力的，而对于青少年研究进行文化的考察，能回返研究的学理语境，并抓寻出文化这一具有本根性的思考脉络，从而使对于青少年研究更具有开掘性，更经得起审视，而要做到这一点，首先要对研究范式和研究语境重新拷问。

3. 面对全球化进程的加速，文化的解释力也随之增强。要想深彻地明

晰全球化对青少年影响的过程、媒介、后果、对策等一系列问题，从全球化的文化维度入手进行文化研究是必然途径。一方面，这一论域的主要发生范围限定于文化范畴。全球化的文化影响与青少年相关性最为突出。鉴于文化概念的繁复性，无论是深层文化，还是表层文化，都与青少年紧密相关。另一方面，从已有的研究成果来看，研究方法多集中于"量性的研究方法"，也有一些学者试图通过问卷调查、数据分析等方法寻找影响青少年价值观的"确实因素"和"确实依据"，但这样的定性与定量研究从方法论而言难以达到对青少年研究的文化视阈的开掘，而面对全球化语境，文化研究的范式成为应对青少年研究的基本范式之一。

## 三、全球化视阈下青少年文化创新研究的路径探析

1. 媒介视阈介入青少年文化研究。虽然青年文化现象在当下中国已经无处不在，但目前国内可供借鉴的媒介与青年文化理论还相对匮乏，全面阐释媒介与青年文化理论的相关研究就更加凤毛麟角。在国内，有关青年文化的著作大多以描述性的研究为主，这就导致了一些学者只能借用大众文化、媒介文化、消费文化的理论来阐释亚文化，从而造成亚文化、大众文化、媒介文化、青年文化等术语混用的局面，这无疑不利于我们对于当代青年文化的理解和解读。

对于青年文化发展与媒介的关系，众多学者对青年文化的反应是相当积极的。他们将大众媒介视为一个复杂的领域，认为作为青年的受众能够在媒介消费中开拓更加有意义的生活。青年人在使用文化制成品及媒介文化文本时是积极的，有反抗精神的。也有研究者认为媒介受众是消极、被动的。媒介与青少年文化有着复杂纷繁的联系，二者在掣肘和相互回应中此消彼长，而它们在这种复杂的关系中衍生，延续。

从 20 世纪 80 年代晚期到 90 年代早期，众多理论家将自己的注意力转向了青年人日常的媒介消费。例如，在《普通文化》（Commmon Culture，1990）一书中，"威廉斯从时尚、音乐、艺术到体育，对青年人的文化活

动做了大范围，综合性的民族志研究"，① 威廉斯还致力于揭示青年人的日常文化活动和媒介消费实践中的主体要素，并引用了雷蒙德·威廉斯关于文化是"一种整体的生活方式"的概念。英国媒介与文化研究强调了"青年人通过一系列的媒介产品与文化产品制造的方式，如同人杂志、时尚、音乐"。②

对威廉斯来说，青年人的商品消费活动及对媒介的利用不是消极而杂乱的，而是积极的"符号创造"实践，他认为，大量的文化活动与媒介形式（肥皂剧，广告，正播映的电影，青少年杂志，流行音乐，时尚及发型）被青少年用来作为创造性表达的材料。媒介产业不能控制青年经常盗用，重新阐释，甚至反抗文本意义的方式。

威廉斯将青年受众作为意义制造过程中的"积极的"参与者，这种受众不是无助的，而是越来越关注文本的积极参与，并受到阶级、性别等认同因素的影响。国内"粉丝"研究就是一个很好的个案，这种研究是青年文化研究的一个重要现象。

我们在回应一些文论家对于受众及媒介消费的研究时是否夸大了"青年在日常生活中消费的自由"，但这一阐释途径，传达出青年文化与媒介产品之间的不可言说的活力和关系，青年文化领域的研究一直坚持承认青年人的能力，并把他们看作自己文化来源的积极原始动力。将青年文化与媒介市场的关系描述为"大众媒介是一纸画布，青年只有一管油彩在这块画布上使用"，这一点也是生活的现实部分。

从国内媒介与青年文化两个游离的理论研究状况看，对于全球化视阈中的东方主义凝视和媒介霸权的问题研究占据主流。随着全球化而来的时空压缩，文化交流达到了空前的状态，但这种文化交流是通过媒介这一载体实现的。而占据主要位置的是互联网，受众接受西方文化的程度和亲密性特征是其他传媒手段所无法比拟的。在这个虚拟的介质中，它所传输给

---

① ［英］比尔·奥斯歌伯：《青年亚文化与媒介》，陶东风、胡疆峰主编：《亚文化读本》，北京大学出版社2011年版，第347页。

② ［英］比尔·奥斯歌伯：《青年亚文化与媒介》，陶东风、胡疆峰主编：《亚文化读本》，北京大学出版社2011年版，第346页。

我们的信息多是发达国家的，而这种信息蕴涵着他们的价值观和生活方式。从互联网使用的语言来看，英文的语言霸权是勿庸置疑的，传媒也是具有导向的，传媒技术发达的国家自然成为文化的主导。

在西方传媒技术发达从而主导文化的情势下，视觉影像的传播出现全球化趋同性，当下青少年、儿童的文化明显受到全球化视觉影像的冲击。在影像传播的过程中，也夹带着大量的拼贴和复制，展现出多元的后现代风貌，影像不是只有被生产及消费而已，影像也在文化中流传，并且在文化转移的过程中取得新的意义。网络视觉文化亦莫能外。视觉文化所涵盖的范围远远超过了视觉影像，它突破了造型艺术的狭隘领域，延伸到日常生活之中。

视觉文化与阅读文化有着质的区别。视觉文化与阅读文化的不同之处在于，营造出虚拟的私人空间，具有更强的语意模糊性与释读性，自我参与、思考、探索意识强，感性成分浓郁。这些特性应和了青少年的内心需求，青少年作为全球化影像最主要的消费群体，通过网络文化重新构建属于他们的身份与认同，并以此进行诠释与解读。网络文化不失为他们创造和构建新的生活方式、文化态度、价值观念的途径。

媒介霸权常常与媒介形式的全球化、媒介结构的全球化、媒介流通的全球化、媒介效果的全球化息息相关。这些导致媒介全球化对青少年意识形态的涵化。随着媒介的分布和受众的日益广泛，引领世界文化消费时尚的总是在创造和生产、流通上更为完备的超级媒介公司。在联合国教科文组织列出的 78 家媒介公司中，位居前 15 位的是美、日、德、澳等发达国家的企业。①

2. 消费视阈介入青少年文化研究。消费是近年来国内外学术研究的热点之一，学术成果蔚为大观，但在这些成果中，消费与审美的问题却总是缺位，而以青少年为研究对象的区域性研究，在学界仍为空白。

及至近 10 年，随着互联网的普及和深度应用，在全球化潮流席卷下，国外的消费研究总体偏向于新媒体（电脑及手机）研究，即网络消费与手

---

① 陈龙：《媒介文化全球化与当代意识形态的涵化》，《国际新闻界》2002 年第 5 期。

机上网消费。这些调查方法在国内外大体一样，分阶层、性别、年龄等，分析其消费特征，其中鲜有提及消费中的审美问题者。

国内消费研究集中于以下几个方面：一方面是消费概念的内涵及外延研究。这方面的研究的主要目的在于廓清媒消费这一概念，分别对消费的趋势、特征、功能等进行了剖析，这对深入理解这一概念进行了理论准备。另一方面，则是对特定群体的消费及衍生问题进行研究，涉及农民工、青少年、城市居民、农村居民等群体，以及全球化问题。此外，还有关于消费本身的发展与演变研究，蔚为壮观，呈现多点开花的良好势头。而关于消费问题的综合研究，其中一些概念的提出以及理论建立的可行性问题，还有待于在今后的研究实践中去检验。

尽管这一时期的消费研究已形成一定规模，甚至上升到学科的范畴来讨论，但对本论题而言，消费对青少年影响机制的问题仍无提及。但毫无疑问，消费概念越趋清晰，对于探索消费与青少年问题而言，就会越有利。

消费介入青少年文化研究目前在我国方兴未艾，随着多学科、多领域研究力量的介入，蓄势待发，是近年来的学术热点之一。国外的消费研究总体而言起步较早，发达国家更多地关注于实证性研究，为此对消费状况做了不少调查，为整体认知消费现象，剖析其中的内在理路奠定了坚实的基础。

从消费对青少年的影响切入，廓清其对青少年产生的文化影响及形成的过程、特点、机制，拓宽研究思路，达到在文化视野下对青少年文化的总体观照，进而为民族文化认同和青少年文化寻求更为宽广的路径和开放的空间。这一做法不但可以应用于消费理论研究、文化研究、青少年研究、精神文化建设研究等理论研究层面，而且可以在青少年研究、文化建设等政策和实践层面发挥作用，具有较为广阔的、多层面的现实应用前景。

同时，消费的理论介入青少年文化研究，可为丰富青少年研究的文化内涵和开掘提供理论借鉴，为青少年文化政策的制定提供理论依据，从而为进一步丰富青少年文学、青少年文化研究进行有益的探索和实践，为消费视野下的青少年文化建设和民族文化建设提供一个可资参照的视角。

在以媒介消费中的机制为旨归，以青少年为研究对象，在以消费为主导，以消费为主流的文化环境中，探索消费与青少年的相互关系，以及消费在全球化时代背景下对青少年影响的形成和特点，可以为深入探索青少年在当前语境下的审美培育策略提供借鉴。

将消费对青少年影响机制作为研究目标，目前未见相关研究成果。将文化研究理论与调研实证相结合，能够较为有效地避免文化研究的"巴尔干化"和不关注实证等弊端，对文化研究而言有理论上的补充和完善作用。以关系性思维贯穿本论题进行研究，在思维方法上有较强的创新意义，有利于消费理论与文化研究理论的融合和延续，开辟了青少年研究的新理论视角。同时，从消费文化理论着手，解析青少年研究的审美意义。从审美经验层面入手，对消费的文化维度进行观照，开拓了消费文化的审美内涵研究视阈。

此次研究主要涉及青少年文化、媒介理论、消费理论、文化研究、社会学等多个领域，是在全球化的"新意识形态"下对消费文化加之于青少年影响的一次文化检视，意在从文化分析的角度探求青少年在消费社会状态下的种种表现，并进而上升到检视青少年文化认同和文化意识的高度，企望在文化领域对消费社会加之于青少年的负面影响进行梳理、分类、解析，以最终致力于在国家战略层面上，提出青少年应对消费影响的文化策略。

3. 从旅游文化视角介入青少年文化研究。全球化进程引发的民族认同问题早已进入学术视野，甚至可以说，这也是全球化带来的主要问题之一，民族国家对此争讼不已。一方面，全球化通过打破民族认同中的文化同质，达到对民族认同进行限制的目的；另一方面，全球化也为某些独特文化通过利用新技术进行文化重塑提供了可能，并且为文化获得延续、发展和繁荣的权利打开了新的渠道。[1] 在这两个方面中，旅游文化借全球化之势与民族文化认同发生了联系。

---

① 王宁：《全球化百科全书》（中文版），南京译林出版社 2011 年版，第 487 页。

　　一方面，旅游对民族文化认同形成了冲击。在"文化全球化"① 浪潮袭卷下，全球文化正处于变革之中，这种变革是世俗的、普遍的、深刻的。远方行为对本地生活体验的冲击和挑战，不是消极被动的事实，而是积极主动的扩张，是一个有目的、有规划、有意识的进程，不断加深全球性与地方性的矛盾和冲突，使"文化全球化"更多地表现为文化的单向流动。面对西方强势文化的侵蚀，保持一个民族国家的文化主体性成为关键而急迫的问题。在强势文化的输出和主导下，我国独有的旅游观念、旅游文化可能被同化、改造，进而向西方观念贴近。

　　外来的旅游及旅游文化中的消极因素对原有历史文化传统和承载这一传统的历史遗留形成实质性的毁灭，特别是对我国旅游文化本身，包括核心价值观念、信仰、风俗、习惯、语言等民族认同的文化要素进行渗透和蚕食，旅游文化承载的民族认同的文化同质将受到破坏。应该说，旅游成为全球化与民族文化认同之间的悖论的极好诠释，也是全球化对民族文化认同两个相反方面影响的现实载体。

　　在民族国家的文化战略中，文化受众中最受关切的当然是青年群体，因此，旅游文化与青年文化在全球化进程中的民族文化重建中相遇了。青年文化与旅游文化在全球化的语境下均受到规制。

　　而旅游文化与青年文化结合成为强化民族国家文化认同的一个绝好例子，即是中国的红色旅游与青年志愿者文化的结合。

　　红色旅游是把红色人文景观和绿色自然景观结合起来，把革命传统教育与促进旅游产业发展结合起来的一种新型的主题旅游形式，其打造的红色旅游线路和经典景区，既可以观光赏景，也可以了解革命历史，增长革命斗争知识，学习革命斗争精神，培育新的时代精神，并使之成为一种文化。志愿者文化这一概念包容甚众。一般来说，志愿工作是指任何人自愿贡献个人时间和精力，在不为物质报酬的前提下，为推动人类发展、社会进步和社会福利事业而提供的服务，具有志愿性、非营利性、公益性、组织性等特性。"自愿"、"无偿"、"奉献"、"有利于社会发展"是其核心内

---

① ［英］戴维·赫尔德：《全球大变革：全球化时代的政治、经济与文化》，杨学冬译，社会科学文献出版社 2001 年版，第 4 页。

涵，也正是这些核心观念，成就了志愿者文化对于全人类的意义。

红色旅游与志愿者文化具有多方面的共同内涵，① 这是二者融合发展的前提，主要表现为以下几个方面：

首先，红色旅游与志愿者文化有着共同的目标——提高精神素质，提升道德素养。红色旅游是新形势下精神文明建设的重要载体，在推进旅游产业发展的同时，也推进了精神文明的建设，满足了人民群众对"红色文化"的需求，寓教于游，寓教于乐。而青年志愿服务是公民道德建设的重要载体，是道德实践的过程，青年志愿服务实现了传统美德与现代文明的完美结合，丰富了道德精神的内涵。青年志愿服务倡导在服务社会和他人的同时，又要发展和解放自我，实现人的自由全面发展，这对于推动社会公德意识的建立和良好人际关系的形成具有积极的意义。正因为志愿服务具有鲜明的实践特点，使它实现了道德理念与道德行为的统一。人们参与志愿服务不仅在道德认知上意识到行为的高尚性，更重要的是在具体的服务过程中实现了个人的道德践履，并在多次反复中形成稳定的道德信念。青年志愿者在塑造个人美德的同时，也传播了社会主义道德风尚，促进了全社会道德水平的提高。实践证明，志愿精神反映了历史进步和时代发展的要求，丰富和发展了社会主义道德的精神内涵，成为社会主义新型道德的重要组成部分。

其次，红色旅游与志愿者文化有着共同的精神基础——弘扬革命爱国传统文化。红色旅游为革命历史传统教育及爱国主义教育找到了最佳的结合点，发挥着第二课堂的巨大教育作用。红色旅游是培育"红色"下一代的重要课堂。通过开展"红色旅游"活动，可以将革命历史知识、革命传统和革命精神以旅游的方式传输给广大青少年，潜移默化，行之有效。中国志愿精神和文化的建构需要以中国社会的精神特质和传统文化理念为落脚点，寻找一条易于为中国社会民众所接受和传播的道路。而爱国主义恰是中国历史中最为宝贵的精神财富，更是中国志愿精神的落脚点和基础。

再次，红色旅游与志愿者文化遵从互补共进原则，志愿文化丰富了红

① 参见杨晶：《红色旅游与青年志愿者文化融合发展》，《中国旅游报》2011年5月13日。

色旅游的内涵。红色旅游为志愿文化的传播提供了受众和载体。从社会学视角看，青年作为社会承前启后、充满活力、富有生命力和创造力的群体，其发展程度往往是衡量一个社会发展程度的重要指标。而红色旅游则以吸引广大青少年前往革命圣地旅游，并进行革命传统教育为目的，有广泛的群体。可以说，红色旅游为志愿文化的传播提供了必要的对象和载体。

同时，中国的志愿服务事业采取的是一种赶超战略。因此，中国积极、主动地引导社会群体接受并消化志愿精神和文化。青年及青年文化的特性与志愿文化本土化过程中的内在要求相契合而成为志愿精神成长的必然之路。红色旅游所倡导的接受革命传统教育、振奋精神、放松身心、增加阅历等文化特点，实质即是一种青年文化，充分体现了青年特性。可以说，志愿文化经由青年这一文化主体将不断地渗透到红色旅游文化当中，其主张的博爱、给予、利他、济世是志愿文化的道德情怀，将丰富红色旅游的内涵，二者将最终在文化传承这一层面，达成共识。

红色旅游与志愿者文化融合发展的前景广阔，必将成为未来旅游业界发展的一种新模式、新时尚，将在青少年中产生广泛的影响。在全球化时代，旅游与文化的融合将更加紧密，二者精神内核及元素的互相植入将成为常态，如何深入红色旅游与志愿者文化的融合发展，并从根本上实现二者的共赢，是一项紧迫而又任重道远的工作。

## 结 语

到目前为止，青少年文化创新研究没有既定的范式与路径，是一个系统的、开放的、动态的文化聚合体，包括一系列特质、制度、精神、行为文化及审美诉求。青少年文化创新的发生域或存在状态则处于全球化的笼罩之下，并经由文化的全球化而表现出独特的个性。之所以说青少年文化创新与全球化是一种复杂的关系，是因为在这样的语境下，青少年文化创新的内涵与外延处于不断的变动之中，并随着文化的全球化而不断地消长。

在青少年文化创新与全球化的网络构型图中，青少年文化及以青少年为对象的文化研究不但是文化、青少年的交集，同时还与消费文化、审美文化、媒介文化、旅游文化有交集，并置于全球化的语境下，全球化进程中的每个阶段、每个因素都与青少年文化创新的表征息息相关。当然，全球化与青少年文化创新的关系是隐性的、动态的，无法明晰表达其实现过程。因此，本文的主要目的即在于理解这种青少年文化创新的"现象学"及其背后的规律，并期待青少年文化创新研究在众多研究者的努力下，形成一定的规模，开辟相应的场域和路径。

（梁绿琦　北京青年政治学院院长、教授）

# 从内涵、特征看城市文化与
# 青年文化的互动关系

## 一、基本概念的界定与基本特征

### （一）城市文化的内涵及特征

城市文化是针对城市全部管理活动的一种文化概念。其内涵一是指人们在城市中创造的物质和精神财富的总和，是城市人群生存状况、行为方式、精神特征及城市风貌的总体形态。二是指生活在城市区域内的人们在改造自然、社会和自我的活动中，所共同创造的行为方式、组织结构和道德规范，以及这种活动所形成的具有地域性（或城市特色）的典章制度、观念形态、知识体系、风俗习惯、心理状态、技术和艺术成果。

城市形象是一个城市文化的外显，是能够激发人们思想感情活动的城市形态和特征，是城市内部与外部公众对城市内在实力、外显活力和发展前景的具体感知、总体看法和综合评价。它涵盖物质文明、精神文明、政治文明三个领域，包括政治、经济、文化、生态以及市容市貌、市民素质、社会秩序、历史文化等诸多方面。城市文化建设是城市现代化过程中继生产建设、公共设施建设之后迎来的城市发展的更高阶段，是城市品牌化的过程。

从城市文化建设和管理的角度，我们认为城市文化主要具有以下特征：

1. 城市文化的凝聚性与多元性

社会存在决定社会意识。一定的文化环境本能地规范和制约着环境内人们的行为模式。一个城市就是一个固定的文化环境，生活在这个固定的文化环境里，城市人必然存在着共同的价值倾向性和价值凝聚力。同时，城市产生的基础是多样化的人员流动，他们必然会带来各个不同阶层、群体、文化习俗的价值观和审美趣味，有不同的利益诉求，正是因其人口聚集规模性、较高的开放性和较强的流动性，在文化来源、元素、样式、范畴及层次上都相当丰富，具有强烈的多元性特征，构成了多姿多彩的城市文化生态。多元性的实质是指城市的包容性特征和构成的多样性特征，城市通过对它们的吸纳完善自身建设，当然也就具有包容性和多样性，由此构成外在形态和内在精神气质的丰富性。

城市文化的丰富多元性在经济全球化的背景下显得尤其突出，如上海就是一个多元文化的熔炉。美国的旧金山，中国的香港，还有巴黎、悉尼、新加坡，大多国际城市都具有这种多元文化并存共荣的特征。生活在这样一个万花筒般的社会文化氛围内，任何人都能感受到各种生活方式、各种文化观念的存在，任何文化都可以在这里畅通无阻地找到知音，任何新生或外来的事物都可以找到一席之地。这里的人们，求同存异，共同关注的是城市的根本问题，人类的终极关怀，越是凝聚性强势的文化，越是有多元性的特点。正是文化的多元性，才导致了文化的凝聚性。二者相辅相成，统一于城市文化的特征之中。所以，越是具有多元性、开放性的社会，其凝聚力就越强，文化创造力就越强，生命力也就越强。这种凝聚性、多元性高度统一的城市文化，其发展速度和创新水平，代表了人类文化发展的新天地、新境界。

2. 城市文化的聚集性与开放性

城市文化的聚集性首先来自城市本身的聚集性。英国学者 K.J.巴顿认为："所有的城市都存在着基本的特征，即人口和经济活动在空间的集中。用经济学的术语来说，城市是一个坐落在有限空间地区内的各种经济市场、住房、劳动力、土地、运输等相互交织在一起的网状系统。城市经济学是把各种活动因素在地理上的大规模集中称为城市。"可见，城市的重要特征或者说本质特征是聚集。城市不仅是人口密集的场所，也是产业、资金、技术和建筑物密集的场所，即各类行业、各类物质、各类信息形成一定规模的聚集是城市的普遍特征，因而，城市也必然导致文化的聚集。首先是各类文化人群的聚集。由于城市社会空间的开放性和流动性，由于城市广阔的社会空间带来的高素质的生活环境，各种行业的精英聚集城市，特别是文化人群、文化精英的聚集。他们在这里交流、创作，继续接受教育，不断实践发展，共同创作城市中的文化。他们在这里从事各种文化产品生产，开展各种文化活动。他们的知识、经验、创造或运用于实践，或用文字、图书记载下来，从而形成城市文化的聚集。其次是各种文化基础设施的聚集。越是大城市，越是有特色，越积聚着齐全的文化基础设施以及和文化活动配套的交通、通信、宾馆、运动场所、大众传媒等各种基础设施。在现代城市中，不仅聚集着齐备的基础教育机构、各类高等教育机构以及各种教育科学研究机构，还聚集着博物馆、展览馆、影院、剧院和文化艺术馆等各种文化基础设施，以满足各种文化机构和各种文化活动的需求，也聚集着各种思想流派、艺术流派、科学流派，它们相对独立、相互交流、相互融合。现代城市已经成为某个区域的文化生产和文化消费中心，从而形成文化观念的高地、文化产品的聚集地。再次是各种重大文化活动的聚集。当前，重大的国际性会议、地区性会议都会选择具有特殊意义或风景优美的城市举行。各种国际性和地区性的重大体育赛事、著名的电影节、时装展览会、国际问题研讨会、重大技术发明的新闻发布会、世界博览会等，都会在城市举办。城市因举办这些重大文化活动而进一步提高知名度、影响力，这些活动也因这些著名的国际城市而身价倍增、大放异彩。各种文化活动持续不断的聚集，展示着、证明着城市的活力、实力和魅力。

城市文化的聚集性，同时也表现为城市文化的开放性。正是城市文化的开放性，海纳百川，有容乃大，才形成了城市文化的聚集性。由于城市所特有的空间优势和社会组织优势，城市表现出对来自各个地区、各个民族的各种文化思想、价值观念和思维方式、行为习惯的最宽容的吸收和接纳，对各种先进技术、最新材料、最新产品最快捷的吸收和运用，对各类专家学者、工程技术人员、艺术家、工匠、理发师、清洁工、搬运工等各类人员最博大的包揽和安置，形成了城市特有的开放形态。同时，由于城市所在位置必然是周围地区的中心位置，城市能够很容易地向四周扩散并施加影响。各种艺术风格、各种学术流派、各种时尚在城市的集聚、发展乃至繁荣，其影响必然会溢出城市的范围，使城市成为辐射中心和扩散中心。城市的中心位置和开放形态推动文化各种要素聚集和发展，又推动新的城市文化形态、方式向中心周围扩散和辐射，从而决定并增强了城市文化的中心作用。

3. 城市文化的变异性与复杂性

变异性和复杂性说明了城市文化区别于乡村文化。由于城市处在开放体系中，各种文化不断地进入，文化内涵总处于充实、变异、更新的过程中，因此城市文化给人的感觉总是充满活力和不断出新，它的新因素进入的速度相对很快。作为现代文明空间形态的城市，代表着当代先进的生产力，较传统的农业生产而言，工业生产具有严密的组织、紧密的联系、快速的节奏、较高的效率、不断的创新，它在创造发达的物质文明的同时，也创造了繁荣的精神文明。高楼林立、喧闹繁华、车水马龙的都市，燃起了多少人的希望，又破灭了多少人的梦想；贫富差距的扩大，撕裂了族群，孕育着风险。人人皆具有的与生俱来的七情六欲已不复传统乡村的田园牧歌式近乎一致的表达，而被演绎为在被财富和权势两把利刃割裂开来的城市的各种层次和范畴的千变万化的场景中，像复杂缤纷的"万花筒"。开放的城市，通达的网络，使城市容纳了整个世界，又将城市浓缩为一个节点。网络文化的迅速扩张催生了游戏、动漫、手机报刊和电影，满足了年轻一代视听需求的同时，又制造了新的信息鸿沟。关键是各种群体文化可以相安共处，虽然处在潮头的青年文化、时尚文化、流行文化总是显得令人目不暇接，给人感觉城市文化的变异性很强，但实际上社会主流文化也可以得到很好地发展和生长，这种具备完整生态性的文化方式，正是城市文化共融性的特点。

4. 城市文化的差异性与和谐性

由于职业、经历、贫富乃至于性格、文化素养、审美需求等方面的不同，城市居民的文化需求具有较乡村明显得多的差异性。尤其在国际化大城市，不同国家民族具有不同肤色、语言、政治理念、宗教信仰、背景的人们，其精神和心理需求更存在相当大的差异性。一方面，城市必须拥有丰富健康的文化生态应对和满足文化需求的差异性；另一方面，城市又必须拥有为大多数乃至全体市民所认同的文化意识形态，如法律规范、社会公德、和谐文化等。以此识别彼此的身份，使市民们获得共同的归属和安全感。基于城市中不同族群的文化之间，由于偏执、歧视、历史宿怨等种种原因，隐伏着文化冲突的风险性，同时，他们有较强的公民主体意识，对文化的关注和需求有较为主动的参与意识。在复杂庞大的城市群落中，他们出于自我心理调节和与城市社会调适的双重需要，自发或自觉地创造属于自己的文化，以证实自身族群的存在并谋求扩大认同，以增强自尊与自信。为了使城市生活更美好，安定团结是重要的前提，构建和谐社会，发展和谐文化，就成为城市文化建设首要的战略目标。和谐社会的文化基础是为广大市民所认同的社会主义核心价值体系，也只有在社会主义核心价值体系的基础上，才能把市民凝聚团结为一个整体，消除不和谐的，乃至引发文化冲突的因素。这是中国特色社会主义城市文化的本质特点，为此，城市管理者应高度重视并积极引导城市公众，特别是青年参与文化建设的主动性、积极性与创造性，走共建共享的道路。

5. 城市文化的创新性与先导性

文化的创新途径一是反映生产力和生产方式变革的映射型创新，如企业精神、网络文化业态等；二是不同质的文化优势互补的融合型创新。这是文化创新的基本规律。由于城市文化的开放性、多元性、聚集性和凝聚性，形成了城市文化的"杂交优势"，不同文化通过互补、嫁接、杂交易诱发创新。通过长期的历史文化的积累和传承，通过借助现实生活中丰富多元的文化材料，超越现实，预见未来，创造出新的社会观念，新的社会思想，形成新的文化内容，这也是城市文化的一大特征。从根本上说，丰富多彩、日新月异的生活为城市文化创新提供了不竭的源泉，尤其是内容的创新。那些说不完、道不尽的城市故事展现着人类历史上空前瑰丽的画卷，为人类文明进步增添光彩。较之乡村文化的纯朴淳厚，城市文化的时尚魅力永远是引导全社会文明的火车头，这与城市是先进生产力的发源地是一致的。

在经济全球化、社会网络化、文化多元化的时代背景下，各种生产要素迅速流动、聚集，城市文化处在社会、政治、经济、教育的中心，既集中了高素质的文化人才，又能兼容并蓄，较快地接受外部先进的文化传播。城市文化以海纳百川的博大胸怀和恢弘气魄，永不厌倦、永不封闭地吸纳着全人类的先进文明成果，并将其统一于自己的再融合、再创造之中，因而具有超强的超越现实局限的能力，形成连续不断的创新能力。在知识经济的今天，各个民族之间的文化相互交融速度之快，相互竞争力度之强，是人类文化史中各个时代都无法比拟的。城市处在对外开放的最前沿，城市文化的优化和淘汰、扬弃与创新，如同城市的生命，几乎每时每刻都在悄然进行。各种人才的流动，各种资源的组合，各种新的发明、新的发现，是它源源不断的创新之根、创新之源。特别是在全球化知识经济时代，城市文化的创新能力则更强，优势则更明显。城市文化代表着人类文化发展的方向。城市文化的每次创新，每次突破，每次新思想、新技术的形成，再通过数目众多、门类齐全的大众传媒的迅速传播和快捷的交流和运用，迅速向其他城市、广袤农村、世界各国辐射。其辐射功能又总能开社会风气之先河，引社会时代之方向。城市文化犹如一面旗帜，引领城市，引领社会，包括思想观念、行为方式，甚至文化样式、艺术风格，乃至服装色调、生活方式。

### 6. 城市文化的娱乐性与消费性

城市文化的大众娱乐性和消费性正是城市文化区别于其他文化形式的重要特征。人们在一个城市空间生活，其共同的特点是在紧张的工作之余，需要一种生活方式放松肌体，宣泄情感，加强交往，表现才能。因此，由城市创造、以城市大众消费为主体的城市大众娱乐文化便自然而然地产生。城市居民的消费需求催生了城市大众文化。大众文化，是指在现代城市中产生，以现代城市大众为消费对象，通过当代城市大众传媒传播，按市场规律进行娱乐消费的文化。它最明显的特征是为大众娱乐消费制作商品文化，因而它也具有无深度、模式化、易复制等特点。大众文化即为消费文化，大众文化还具有明显的娱乐性。它是通过技术手段合成和传播，以满足大众精神生活、放松情感、消除疲劳为主要功能。城市居民作为大众文化的消费者、享用者，不断地满足着精神生活的需求。城市文化很大程度上是一种商业文化，生产者的明确目的是赚钱。文化的生产者和消费者是分离的，生产者的目的是为了让别人消费。因此，城市文化的生产已经纳入现代城市社会分工和专业化的轨道。城市文化的生产者们会不失时机地把象牙塔内的高雅文化、通俗的民间文化、可开发的历史文化纳入市场，以便满足市民不断增长、不断变化的消费口味。这里需简要说明的是，城市文化同传统意义上的民间文化不是一个概念，虽然它们有共同的特征，即大众性、通俗性。后者产生在乡村田野或城市市井之中，自娱自乐，取之生活，来自民间，是一种本源的文化艺术。而城市文化则是植根于城市，经过市场化运作，主要供给大众消费的，是一种文化的商品。通俗的民间文化只有借助于城市的商业机制，通过城市居民的文化消费转换为城市文化，才能扩大影响。而城市文化只有吸收民间文化才能将其迅速转化为商品，并且在不断的淘汰和再生中发展下去，从而满足市民的文化消费需求。因此，当通俗的民间文化被发掘被改造之后，这种在城市中制造出来的城市通俗文化已不再是传统意义上的通俗的民间文化，那种田园诗般的充满诗意和感悟生命的文化，已经被转换为一种由城市商业机制所掌控的消费文化，并且是以娱乐为主的消费文化。

## 7. 城市文化的本土化与全球化

冯骥才先生在《思想者独行》中写道，城市和人一样，也有记忆，因为它有完整的生命历史。从胚胎、童年、兴旺的青年到成熟的今天，这个丰富而独特的过程全都默默地记忆在它巨大的城市肌体里。一代代人创造了它之后纷纷离去，却把记忆留在了城市中。承载这些记忆的有物质资产，也有口头的非物质资产。城市最大的物质性遗产是一座座建筑物，还有成片的历史街区、遗址、老街、老字号、名人故居等。它们纵向地记忆着城市的史脉和传统，横向地展示着它宽广而深厚的阅历，并在这纵横之间交织出每个城市独有的个性与身份，形成城市的历史人文特征。每座城市都有自己的历史和传统，每座城市的文化都因自己独特的历史积淀而形成，从而构成了这座城市的历史，城市的文脉，城市的特色，凝聚为城市的基因，城市的生命。特别是那些具有深厚本土文化的城市，随着岁月的流逝日益显示着它们独特的魅力。法国的巴黎、英国的伦敦、美国的纽约，都是最具本土特色和民族特色的著名城市。中国北京的故宫作为世界文化遗产，作为世界上规模最大、保存最完整的皇家建筑群，作为中国最大的国家博物馆，以其精美的建筑、丰富的藏品、特有的皇家文化而成为北京的象征，中国的象征，也进而成为中国传统文化的象征。在我国，国家确定命名的历史文化名城已有 120 多座，这些城市中的文化遗产以及城市本身已经成为中国作为历史悠久文明灿烂的文明古国的记录和见证，沉淀着人类文明世代相传的宝贵精神资源和物质财富，并作为一种精神动力支撑着城市居民构筑美好未来的信心和理念。城市文化的本土化一方面体现在历史建筑物及其他看得见的文化遗产上，另一方面也反映在这座城市居民的文化作品和文化心理上，反映在这座城市世代形成的风俗礼仪、民间艺术、饮食习俗、话语方言上。作为城市文化特色的重要组成部分，已经内化成城市居民世代传统的心理依附，成为精神家园的一个最重要的基础部分。

随着城市化进程的加快和科技的快速发展，具有本土化特征的城市文化日益呈现出鲜明的全球化特点。全球化不仅导致世界各国城市经济活动的相互依赖，同时也导致世界各国城市不受自然地理限制而进行文化方面的自由交流。全球化的力量对各种文化资源、文化方式进行着无障碍的、前所未有的"重新组合"。无论在世界上的什么城市，你的本地生活可能就是全球的生活。今天，我们无论在北京、杭州、乌鲁木齐，还是在纽约、伦敦、巴黎、悉尼等世界上哪个地方，到处可见麦当劳、肯德基、牛仔裤、可口可乐饮料、卡拉 OK、肥皂剧，到处可以听到摇滚乐，可以欣赏用自己本国语言演绎的美国大片《泰坦尼克号》，可以读到用自己本国语言翻译的比尔·盖茨的《未来之路》。广泛的文化传播使每个城市都浸润在全球化的文化之中，各国的城市居民的信仰、习俗和趣味的相同性常常失去了本土和民族的限制。全球化文化所推动的时空距离的压缩，把世界各地的不同城市的居民推到了同一个舞台，并使人们真正地生活在一个"地球村"。特别是随着网络文化的出现，即使素不相识，也能进行有意义的互访、互动、互相交流。

然而，城市文化的全球化，并不是简单地意味着城市文化的同质化，世界文化的一体化。在不同的历史条件下，各个民族各个城市创造了多种多样的文化，在文化内部也都经历了几千年的整合，形成了根脉性极强的文化因子。尽管全球化已在迅速地改变着各个地域的生存条件，使不同城市的居民面临着共同的生活境遇，但没有任何力量能够消除各民族各城市之间的文化差异。而事实是，正是在全球化的背景下，由于全球化使世界各民族间的文化相互交往和碰撞，城市文化的差异性、多样性才开始突现出来，形成了异彩纷呈、竞相发展的世界各国城市文化的灿烂图景。如果丧失了文化的多样性，那么最终将是文化的平庸化，我们面对的将是工业革命、信息革命制造出来的一堆垃圾。改革开放以来，在全球化的作用下，中国本土的城市文化已经深深打上了全球化的印记。在当今中国农业社会、工业社会、信息社会几种社会形态共存共生的特殊历史阶段内，出现了传统文化、外来文化、前现代文化、现代文化、后现代文化并存的格局。在中国城市文化日益融入全球化的过程之中，本土化的倾向和全球化的趋势同时存在，表现出同质文化的融合和异质文化的摩擦和冲突共存。

充分认识全球化背景下城市文化的本土化和全球化特征，重新审视作为民族文化的特殊表现形式的中国城市文化在全球城市文化中的地位、发展水平，从而按照全球化、国际化、现代化的要求，整合中国城市文化资源，吸收外国城市文化长处，发展中国城市文化，提升中国城市文化的品位，提高中国城市居民的思想道德素质和科学文化水平，无疑具有重要的理论意义和现实意义。然而，城市是"五方杂处"的地方，文化本身就是一个开放的系统。在全球化背景下城市文化融合本身是个大的趋势，但它的过程并不简单。城市文化建设既要遵循文化发展规律，同时还要遵循城市发展规律，城市间的文化冲突和融合必须依规律而行，并非为某种意志所左右。城市文化全球化是集各种文化之长，不是简单的接受和拼贴，必须有一个逐渐的移植、适应、再创造的过程。城市文化融合的目的是丰富或创造城市新的文化，而不是取消本土的城市文化。城市在不断发展，这种文化的冲突、融合和创造便永远不会结束。

（二）青年文化的内涵及特点

青年文化是现代大工业社会的产物，是"青年在参与各种社会活动时由其特殊的行为方式所体现出的独特的价值判断、人格倾向、审美情趣及思考方式的概括"。费孝通说："文化有两种不同类型，一种是扩张的，一种是生了壳的，停止了生长的。"（注：费孝通：《美国与美国人》，三联书店 1985 年版）青年文化属于前者，是一种不断生长的，不断更新其内容的文化。

1. 当代青年文化的整体概况

当代青年文化可以划分三个层次：一是反映在青年生活方式与青年现象中的可观测的青年文化，例如文学、音乐、美术、影视、服饰等外在表征；二是青年行为、认知倾向、审美情趣和心理变化；三是青年生活方式与青年行为中蕴含的价值观念。

（1）从青年文化的发生看，当代青年文化已经由主要从主流文化中吸收文化养料，发展为自创文化内容体系和价值体系，经历了文化表现形式的创新到文化内容体系的创新。当前，主流文化已不足以为青年文化提供充分的思想源泉与精神动力，即主流文化已不是青年文化发生的唯一源头。

（2）从青年文化的领域看，青年文化的主要发生领域，从非日常化生活领域（例如政治领域）更多地转到日常化生活领域。同时，青年文化又将非日常化生活的内容引入到日常化生活，从而在青年文化的日常化生活中引入了更多的理性内涵和公民意识，提升了青年文化的理论深度和现代性内涵。

（3）从青年文化的表现形式看，青年文化经历了从解构到参与再到建构的发展历程。当代青年文化发展主要体现在它的技术依托、阶层特点、地域范围及产业特征等方面，依托现代科技的优势，青年文化的发展超过了以往任何一个历史时期，不再仅局限于对现有社会制度的解构，也不再局限于以配角的形式参与社会建设，而是自我构建社会的应有状态和发展趋势，并以积极的态度来影响社会发展的进程。

（4）从青年文化的阶层特点上来看，当代青年群体出现了分众化的趋势，而这种趋势又进一步导致青年文化的分化，最明显的就是青年文化的阶层化和小众化特征的出现。围绕青年流行文化形成一个个"小圈子"，他们有各自的活动地点和交流模式，构成了多元化的文化景观。随着改革开放的深入推进，当代青年文化在沿海与内地、港台与大陆、国内与国外的交流和融合中会更加显现。因而，当代青年文化发展的地域范围也越来越广阔。就产业特征来看，当代青年文化的发展与商业社会和消费社会的结合更加紧密，青年文化会成为推动经济发展的重要产业，而且，市场经济还会使青年文化逐步被消费主义和思潮的多元化所取代。

（5）从青年文化的载体看，当代青年文化更多地依托物质文化与行为文化表现出来，例如，声像技术和通讯技术的发展大大丰富了青年文化的物质载体。互联网成为网络聊天、BBS、网络社区、网络游戏、Flash 动画、"恶搞"等青年文化的技术基础，而手机的广泛使用则推动了硬件方面手机款式的变换和软件方面短信文化的出现。这使得青年文化中的思想成分难以得到直接、真实的表现。由此反映出蕴含在青年文化中的内在的思想文化、价值文化发生了较大的变迁。

（6）从青年文化的政治关怀看，当代青年文化经历了由宏观的政治关怀，到关于社会具体问题的政治诉求，再到关注自身微观生存环境的转变。政治紧张中的文化焦虑，是青年文化发展中的一个巨大的矛盾。当代青年文化的政治关怀，更多地通过一种与自身或群体相关的事件来体现对政治的关注，以一种相对自保的方式来进行政治参与。

（7）从青年文化的发生主体看，男性青年文化与女性青年文化的差异继续分化，男性青年文化的社会性与公共场域性特征相对明显，政治化倾向相对较浓，女性青年文化的私人性与私人场域性则较突出，生活化倾向相对较浓。

（8）从青年文化的结果看，青年文化偏离主流文化，但同时又被消费市场所吸纳。在面对社会不公且青年发展空间受限的情况下，青年文化的叛逆和偏离属性相对较强地显现。当前，对主流文化的故意反向解读与偏离，是青年文化建设中值得重视的问题。与此同时，青年文化主观的反叛，又在大众文化和产业文化的作用下，被消费意识形态所收编改造。

2. 当代青年文化的主要特征

我国正处于社会转型期，人们的思维理念、行为方式、生活习惯更加多样，文化传播形式内容和受众的选择更加多元，各种思想文化互动交融和复杂交织的态势更加凸显。这些都影响着青年文化建设环境，改变着公共文化服务供给、需求的内容和方式。

（1）青年文化的多样化。主要表现为主流文化一元主导基础上的多样发展特征更加凸显。主流文化在青年文化中依然占据一元的主导地位。同时，青年群体内部的阶层分化直接促进了青年文化内部的亚文化的兴起与发展，众多青年亚群体所共享的小众青年文化，获得了较大的生存空间。

（2）青年文化的物技化。主要表现为青年文化的具体物化与技术性特征。当代青年文化更多地也更明晰地表现在社会物质财富丰富后青年享有和支配财富的社会现象之中。同时，青年文化也鲜明地体现出技术改变社会生活的现代性特征。

（3）青年文化的媒体化。主要表现为媒体文化在青年文化发展中的作用逐步凸显。当代青年生活在一个由媒体主宰了休闲和文化的世界里。大众文化与媒体文化合流，精英文化和大众文化在媒体文化的作用下相互融合。青年文化中的精英文化与大众文化的界限日渐模糊。

（4）青年文化的网络化。主要表现为网络文化成为青年文化的重要表现形式。当前，高科技特征、新媒体特征和互联网特征，是当代青年文化区别于以往任何时代青年文化的显著特征，同时也是青年文化与其他文化的重要区分标志。

（5）青年文化的平民化。主要表现为草根文化成为青年文化发展的重要原动力。在青年自主性与能力素质提升的背景下，青年文化发展模式从由上到下推动，逐渐演变为由上到下引导、由下到上推动并双向互动共通。

## 二、城市文化建设与青年文化建设的互动关系

青年作为社会变革的现实力量，其本身的健康成长与发展，不仅仅依赖于城市给予青年的条件和机会，而且还依赖于反映青年自身价值与追求的青年文化所能给予青年的思维方式与存在维度。因此，实际上，城市文化发展与青年文化发展之间是在一种互动关系中展开的。一方面，城市文化的发展过程是在青年文化的影响和熏陶下而不断拓展的，从某种程度上说，青年文化是城市文化的一种外在表征和体现；另一方面，青年文化的发展过程是随着城市文化的发展而逐步推进的，城市文化的发展为青年文

化的发展提供了基础和源泉，在城市文化发展的历史过程中，青年文化本身也会不自觉地在其影响下获得发展。我们认为城市文化与青年文化之间的能动关系主要体现在以下几方面：

## （一）城市文化建设对青年文化建设的能动作用

### 1. 源泉

城市文化是青年文化建设的源泉和重要环节。青年文化活动及青年文化产业取决于城市的经济发展水平和人们的生活水平，取决于城市公众精神文化的需求和文化产业经营者的能力。城市文化健康发展，给城市社会的文明与进步带来了难以估量的作用，与此同时，也为青年文化的建设、开发、管理、利用提供了思路及方法，使城市文化建设成为青年文化建设中不可或缺的重要内容。以城市生态文化为例，近年来，对花园城市、生态城市的渴求，提高环境优美度，成为城市文化建设的一项重要内容。因为良好的城市生态环境，不仅是城市生存的需要，更是保持城市生态平衡和实现良性循环的需要，所以，"以人为本"成为当今城市文化建设的根本出发点。这就要求当代青年文化建设也要"以青年为本"，树立生态文明意识。青年是城市生态环境建设的直接受益者，更是生态环境建设的直接参与者。青年文化建设要注重青年生态道德建设，把注重环境保护，厉行节约作为当前青年文化建设的内容，通过组织一系列生态环保活动，使保护环境、节约资源成为广大青年的共同价值观和自觉行为。

### 2. 基础

城市文化是青年文化品位提升的基础。城市文化融入青年文化之中，可以提升青年的价值和品位，以形成青年文化特色，可增强吸引力，推动消费，增加经济的总值，这是被许多实践所证明的。从某种意义上说，城市文化是城市经济发展的内在基础，城市经济发展离不开青年文化的引发和促动。如上个世纪90年代的深圳，由于提供了物化的人文关怀，才会吸引那么多年轻人涌向那里，才会突然间以极快的速度创造出巨大的财富。如今上海对许多年轻人来说比深圳更有吸引力，也是由于它比前者创造了更多的可能性，包括城市文化。北京、杭州等城市的发展，也无不与文化带动和引发有关。城市文化是城市经济吸引力与辐射力扩大的基础，是支撑城市生存、竞争和发展的巨大动力和无形资产。而且，就城市的经济发展而言，青年文化因素能为其提供深层次、宽领域、强势头的动力，更能从经营管理理念层面上保证城市发展的制度连续性、规划合理性和建设系统性。

### 3. 动力

城市文化是青年文化的助推器，是青年文化发展的重要推动力。在都市里，青年人生活的标准、工作和休闲方式、学习与教育方式，都明显地受城市文化的影响，城市青年活动无不体现着城市文化内涵，城市文化渗透在城市青年生活的各个领域，如饮食文化、企业文化、社区文化、酒文化、茶文化、服装文化、旅游文化等等。城市文化在城市青年发展中的地位和作用，越来越突出和明显，从企业的经营理念、管理方式，到消费服务的各个方面，都展现着中国的文化传统。如在经济交往中注重信誉，倡导团队精神，弘扬群体主义，主张以和为贵，以情感人，以理服人等等，都是中国传统文化理念的体现。又如城市休闲文化所体现的学习化生活方式、娱乐化生活方式、健身式生活方式、情感交往式生活方式等，都丰富了青年文化的内涵，对青年文化发展起着提升和推动的作用。杭州等地在产业发展上已把青年休闲文化产业作为城市发展的重要组成部分，制定了相关的战略规划，在产业政策上给予积极的扶持和引导，提出了打造"休闲之都"、"浪漫之都"的口号。如今，休闲文化已成为青年文化的重要内容。青年人选择适合自己的休闲方式，安排自己喜欢的休闲内容，创造自己的休闲生活，真正实现在休闲生活中体验人生的意义，实现人生价值的本质，真正实现青年文化"以青年为本"，完善青年人的目的。

### 4. 调控

城市文化是青年文化的调控器。城市文化促成、传播青年文化，特别是青年休闲、时尚文化，又在随时指引着青年文化的走向，所以，青年文化，特别是青年休闲、时尚文化的流变深受城市文化的影响。青年文化在流行过程中，城市文化根据时尚在青年行为中所引起的效应、社会对此的回应、专家的指导性意见等，来通过宣传因素的不断介入、调整、促动、控制而使某一时尚具有方向性，生命力得以延续。同时城市文化也会借助都市传媒发表批判性的评论，消退某种流行，或者通过对另一种时尚的促进而抑制先前的流行。如今，青年文化流变快、周期短，这与城市文化的多变有一定关系。城市文化有时是青年文化的导航灯，它的作为倾向直接作用于青年文化的发展态势。

5. 解构

城市文化参与了对青年文化整体性的解构。城市文化带有很多精神文化因子，会影响青年群体的价值取向和思维方式，从而影响青年文化的行为选择。改革开放后，中国城市文化摆脱了长期以来对政治的依附性与政治化倾向，以一种五彩斑斓的面貌展现在青年面前，使青年逐步摆脱了单一文化形态的封闭思想模式。同时，城市文化将更多目光投向现实日常生活，关注世俗化趋势，使青年忘却了理想主义的狂热，学会了更加实际地对待生活。当代城市文化中的时尚、休闲、消费文化，无论是客观世界，还是人类主体精神都零散化、片断化，它们的这种性质极大地影响了青年的认知方式，促使他们凭着感觉去追随表现市场上流行的某种形象，在体会中超越真实自我的渺小和压抑。青年具有反对思想和行政上权威的倾向，却关注他人的看法，不自觉地受到了市场与商业的摆布，从众性在某种程度上反而得到加强。

**（二）青年文化建设对城市文化建设的能动作用**

青年文化总是以自己的方式能动地作用于城市文化，影响和推进城市文化建设和发展。当代青年文化对城市文化建设的能动作用主要表现为：

1. 创新

当代青年文化发展影响城市文化发展的主体建构。青年正值人生中精力旺盛的时期，具有很强的求知欲和好奇心，他们想象力丰富，理解能力强，具有一定的独立思考问题和解决问题的能力。因此，青年的这些创造能力的发展为促进青年文化的发展提供了必要的条件。而且，青年不迷信权威，敢于探索，勇于创新，敢想前人不敢想的东西，敢干前人不敢干的事情。他们不仅在科学、艺术活动中创造出新理论、新方法、新成果，而且在社会生活中改革创新，带头破除陈规旧习，倡导新思想、新观念，推动社会向前发展。因此，当代青年在推动社会进步和自身发展的同时，必然会使这种发展以文化的形态表现出来，从而以自己主体性的思考和认知推动城市文化的科学建构。如在城市时尚文化上，青年的突现自我、即时实现、群体需求等价值观念和行为选择赋予它各种新的意义与形式，推动青年时尚文化不断演化，影响城市时尚文化的发展。青年群体还以自己的方式创造着城市时尚文化。在科技快速发展过程中，青年群体根据自己的生理与心理特点，根据自己的学习、生活与工作的状况，根据既有的物质条件和行为可能，借助手机、网络等互动媒介，创造出了形式多样、内容丰富的青年时尚文化，而它们就是城市时尚文化的核心。

### 2. 引领

城市是学校聚集的中心，城市教育是城市文化的基石。青年文化中的校园文化是学校教育建设的重要组成部分。城市教育水准如何，城市青年受教育程度如何，直接决定着城市的创造能力和综合竞争能力。同时，青年是城市文明的创造者和体现者，它既是提高城市本质的重要途径，也是提升城市文化品位的重要载体。作为知识传承、知识发展、知识运用的文化组织——大学，对城市文化建设承担着重要使命。大学是人类文化发展到有了系统的知识，并形成了科学之后出现的，是人类文化发展到一定阶段的产物，是城市的明珠，城市因名校而生辉。世界上所有城市都将大学作为衡量一个城市文化水平高低的关键性指标。如美国的波士顿之所以能在世界上有着举足轻重的地位和广泛的影响，靠的就是哈佛、麻省理工这些世界一流大学。文化性是大学的根本属性。一是传承文化，二是创新文化，三是研究文化。而这一切都离不开青年学生。当代大学生是知识创新、应用创新、技术创新、技能创新的主要参与者。大学生独有的精神气质就是敢于并勇于面对竞争。他们敢闯前人未走之路，敢创前人未创之业，从而起到了引领城市文化的作用。

### 3. 选择

当代青年文化发展能促进城市文化发展的内在觉醒。虽然城市经济的发展为城市文化的发展提供了客观的物质条件，但这并不等于城市发展了，城市文化就一定能够获得进步与发展。从城市文化的产生和发展历史来看，城市文化之所以能产生，除了社会所提供的客观物质条件外，还需要城市人，特别是青年人对反映自身思维与存在方式的各种意识形式进行有针对性地选择和吸纳。也就是说，青年要对符合其群体价值的思想意识、政治观念、道德准则和行为方式进行判断和摘取。显然，青年文化对城市文化的选择是在青年文化自身的发展条件下进行的。如果没有青年文化自身的发展这一客观基础，这种选择将是不可能的。虽然城市文化对青年文化具有极大的影响，但是青年文化并不是一味地接受，一味地处于被动地位。某种产品、行为、话语能否以青年文化的状态继续存在，最后还要看是否符合青年的生理和心理需求，是否与青年文化状况相契合，最后的决定权还在青年文化自身。城市文化和青年文化的理性选择、鉴别和认可度有密切关系。

4. 接受

当代青年文化发展能对城市文化发展起到自主响应的功效。发展中的青年文化总是对现存的事物表现出不满足的态度和冲破既存现实的愿望，他们对"现存的就是合理的"总是不愿意坦然接受。因此会自动打开思想自由飞翔的大门，坦然接受外来新鲜空气的心灵孕育，使自己的思想观念总是保持在探寻未来真理与前沿领域的激活状态，从容吸纳和坦然接受新的思想和观念，并将之融入城市文化领地之中，从而使青年文化总是能够在社会发展进程中保持着引领时尚文化前行方向的内在动力。青年文化的这种不满足精神不仅反映了他们对自身发展的自觉追求，而且也表现了他们对城市文化发展的自主响应。

5. 变革

任何事物的发展都会对相关的事物产生影响并以一定的形式表现出来。青年文化发展也不例外。当代青年文化的发展是社会进步的表现，它促进了人与人之间的交往，容易形成共同的思想基础和社会共识，增强了人们的团队意识和集体主义精神，促进青年人的全面发展，通过拓展自己的发展空间，反过来又激发青年人工作的热情和创造能力。就其对城市文化发展所产生的作用来说，青年文化自身的发展必然要求这种能够证明和宣示自己存在方式和思想维度的意识形式能够被社会所接纳和认可，并能够参与社会的变革与发展，使现存的社会制度与秩序能够得到改变。因此，作为对现实社会环境的应答，青年文化必然会通过自身的发展使城市文化得以迅速传播而引起整个社会的关注，使这种反映自身意图和理念的意识形式对社会变革起到影响作用。如丰富多彩的青年休闲文化在我国城市中正呈方兴未艾之势，它给城市文化带来一系列变化，特别是青年休闲文化产业的兴起，对城市经济发展起着极大的推动作用。一是推动传统产业结构转型，青年休闲文化产业的发展使传统服务业派生出新的门类，丰富第三产业的内涵，有利于传统服务业的行业升级。二是青年休闲文化极大地拉动了城市消费市场，改变着城市消费市场结构，形成新的消费热点。三是促进相关产业整合，增加经济效益。如书店和咖啡吧结合而成的书吧、歌厅和酒吧结合而成的娱乐城。

### 6. 调节

首先，当今城市文化的商业化成为难以抗拒的趋势。但是，青年文化却以活跃的姿态，调节其方向，使城市文化不至于陷入僵化的庸俗模式。如广东的通俗音乐，是适应城市商业化大潮而从高雅音乐、民族音乐中分化出来的支流。最初仅学唱港台歌曲，以直接、生硬的移植来迎合大众趣味。到上世纪80年代中期，青年歌手开始创作自己的歌曲，但仍有较强的模仿色彩。进入90年代，一批有才华、有个性的青年音乐人及歌手在广东崛起，结合民族风格，引进现代气派，追求艺术创新，使通俗歌坛呈现出生机活力。这种变化，正说明青年文化凝聚着文化变革中的精华因素，保持陶冶社会精神的功能。其次，更新审美性的习俗。青年文化的介入，使商业化潮流对城市文化的侵蚀受到抑制。它既推动文化面向市场，又坚守精英文化的阵地，为人类的美感情趣保持一块"净土"。从青年文化人的固守纯文化阵地，到中青年企业家赞助文化事业而促使其成长，都萌生出高雅文化发展的生机。可以说，商业化对城市文化的冲击，迫使城市文化精英们放弃单纯守旧、孤芳自傲心态；同时青年文化介入，又让城市文化精英们面向新趋势、把握新美感。中国城市文化事业的希望，恰恰是在城市文化与青年文化的交互影响下，由压力变动力，从而获得新生。

### 7. 超越

作为传统与现代、历史与未来、现实与希望的中介，青年是最少保守、最富革新的群体，因而其文化传统的承袭也最小。另外他们又充满创造力和想象力，具有接受异质文化和前沿思维的热情以及标新立异的勇气。因此，青年文化的存在形式和表现方式，无疑是具有超越性的。它往往越出了传统社会和世俗人群所能理解和深入的领域和范围，展现出对未来发展趋势和存在向度的敏锐探寻和深度把握，从而为社会的进步拓展出一片新的天空。而对城市文化发展来讲，青年文化的这种超越现实与传统的内在特性也为城市文化自身的发展拓展了无尽的想象空间，它使城市文化不仅在存在意义上代表着现在，而且在发展意义上代表着未来，这是当代青年文化发展对城市文化发展的向度拓展。

综上所述，青年文化建设与城市文化建设是相辅相成、相互促进的。城市文化建设促进了青年文化建设，而青年文化自身的发展也反过来促进了城市文化的发展。既然青年文化建设已成为城市文化建设的重要内容，那么城市文化理应重视青年文化的发展。只有青年文化的发展，才能提升城市文化的价值品位，才能增强城市文化的吸引力，才能塑造和完善城市形象。这就要求城市、政府、社会各团体应高度重视青年文化规划，建设健康有益的青年文化基础设施，提供方便、舒适的青年文化条件，组织、引导丰富多彩的青年文化活动，使青年文化进入理性健康发展的轨道，从而促进城市文化建设。

## 参考文献

陈志、杨拉克：《城市软实力》，广东人民出版社 2008 年版。

杨雄：《当代青年文化回溯与思考》，河南人民出版社 1992 年版。

杨昕：《当代青年文化发展及其与青年发展的互动研究》，《中国青年研究》2007 年第 2 期。

http：//kbs. cnki. net/forums/163048/showThread. aspx 青年文化构建与青年教导。

（汪慧　浙江省团校教授）

# 反哺与哺育

## ——对青年"文化反哺"的质疑和思考

自从美国杰出人类学家玛格丽特·米德提出"三喻文化"一说、中国学者周晓虹提出"文化反哺"这一概念以来，"文化反哺"受到了人们越来越多的重视。"文化反哺"被理解为"在疾速的文化变迁时代，年长一代向年轻一代进行文化吸收的过程"。①从人的社会化角度看，"文化反哺"被理解为传统受教育者向教育者传授社会知识、价值观念和行为规范的一种自下而上的社会化过程，其实质是青少年文化对成人文化的积极主动影响过程。②

学者们指出，在现代社会，"在亲子之间发生的这种'文化反哺'现象所涉及的内容和范围十分广泛，从价值观的选择、生活态度的认定、社会行为模式的养成，直至对各种新器物的了解和使用，而在文化的表层（行为或器物层面）这种现象更为明显"。③青年对成年人的"反哺"几乎是全方位的，不仅涉及文化的表层，如流行时尚和新器物，甚至也影响成年人价值观的判断和生活方式的选择等，"文化反哺"正逐渐成为现代社会生活充满魅力的组成部分。④很显然，在现实生活的很多方面，"文化反哺"似乎已经构成了青年的社会话语权不断扩大、社会地位进一步提升的一种现实基础和依据。

## 一

然而，我们却不宜放大青年"文化反哺"的影响力，更不能把"文化

---

① 周晓红：《试论当代中国青年文化反哺的意义》，《青年界》1988 年创刊号。
② 王诗怀：《青少年反向社会化与文化反哺研究综述》，《神州》2012 年第 29 期。
③ 周晓虹：《文化反哺：变迁社会中的亲子传承》，中国人民大学"社会学视野"http：//www. sociologyol. org/yanjiubankuai/xuejierenwu/zhouxiaohong/2007 - 07 - 09/2913. html。
④ 王凡：《文化反哺：新时期青年文化的社会功能》，《思想·理论·教育》2005 年第 17 期。

反哺"视为对人的正向社会化过程的否定，视为对"文化代代相传的规律"① 的颠覆，视为社会文化代际传承的一种全新模式和全新方向。那既不符合社会文化代际传承的实际，也不符合青年成长的规律。

"文化"是个外延极为广泛的概念。按《辞海》，文化"广义指人类在社会实践过程中所获得的物质、精神的生产能力和创造的物质、精神财富的总和"。② 既然"文化"是一种"总和"，那么，青年作为人生画卷刚刚打开的成长中的人群，他们何以能够在这"总和"意义上对年长者进行"文化反哺"？

从现实状况看，青年"文化反哺"的内容集中于新的生活领域、新的知识领域、新的价值观念等方面，主要表现于"文化的表层"。在对新潮流、新时尚、新的文化知识动态的把握了解，对新兴消费品、新器物的使用，对年长者的价值判断和生活方式的选择等方面，青年的确具有比年长者更大的"话语权"，有着不可忽视的影响力。然而，"文化的表层"的新领域、新事物、新现象，虽然更加容易抓住人的眼球，引起人们的注意，却绝不等同于文化。事实上，除了青年熟悉和擅长的"文化的表层"以外，文化还包括其他重要的方面，尤其是极其丰富的传统文化方面。如果说青年对成年人的"文化反哺"是全方位的，那么是不是也包括在传统文化领域对成年人的反哺呢？青年如何才能突破年龄、经历和知识的限制，对年长者进行历史文化方面的"反哺"呢？

可见，青年对年长者的"文化反哺"是有限的，只是某些方面的"文化反哺"。对此，有些学者还是很清醒的："人类文化是长期积累而有传承性的，个别领域的反哺现象，并不意味着文化代代相传的规律（即青少年必须学习人类历代积累的文化成果和道德规范）已经改变。所以，前喻文化是普遍性的，后喻文化只局限于电脑网络等特殊领域。"③ "必须指出的是，我们这里对'文化反哺'或家庭内部反向社会化的论述，并没有否定

---

① 区汉宗：《文化反哺时代？》，香港文汇报 2000 年 9 月 30 日。
② 《辞海》（缩印本），上海辞书出版社 2002 年版，第 1765 页。
③ 区汉宗：《文化反哺时代？》，香港文汇报 2000 年 9 月 30 日。

一般社会化或传统的文化传承模式在今天依旧具有的作用和意义。"①

我们自然要与时俱进，看到青年"文化反哺"的事实，但同时也应该清楚地认识到，青年更需要得到文化，特别是传统文化的哺育。

## 二

文化哺育是"文化反哺"的前提。文化哺育的深度和广度，必然会直接影响到人们的社会化程度，影响到人们生存、发展的水平和质量，也必然会直接影响到"文化反哺"的广度和深度。青年亦不能外。

当下青年所以能够对年长者进行某些方面的"文化反哺"，是因为他们受到了新的生活领域、新的知识领域、新的价值观念等方面文化的哺育，具有文化知识和文化能力等方面的某些特殊优势。有学者指出："这一代青年的成长正好与整个中国现代化的进程相伴随。他们一出生就乘上了社会现代化的高速列车，享受着现代物质文明的丰硕成果。而日新月异的科学技术，又使得年轻一代在接受和了解最现代化的科学技术方面远远走在了他们父辈的前头。"② 在新的"文化的表层"的哺育下，青年在对新潮流、新时尚、新的文化知识动态的把握了解，对新兴消费品、新器物的使用，对年长者的价值判断和生活方式的选择等方面，总体上具有了对年长者进行新的"文化反哺"的基础和资本。

但是，青年不仅仅需要得到新的"文化的表层"的哺育，也应该得到传统文化的哺育。

从青年自身成长角度看，接收传统文化的哺育是其成长之必须。传统文化作为人类活动的结晶，集中反映和凝聚了相应人类群体的生活、经验和精神。传统文化犹如空气，任何人都须臾离不得，少不了。任何人都是在某种传统文化的环境中生存和发展，都是在相应传统文化的哺育下完成其社会化进程的。传统文化的哺育，是一代又一代人健康成长的必要条件。青年的人生画卷刚刚打开，涉世未深，其首要和主要的任务不是对年

---

① 周晓虹：《文化反哺：变迁社会中的亲子传承》，中国人民大学"社会学视野"http：//www. sociologyol. org/yanjiubankuai/xuejierenwu/zhouxiaohong/2007－07－09/2913. html。
② 风笑天：《社会变迁背景中的青年问题与青年研究》，《中州学科》2013 年第 1 期。

长者进行"文化反哺",而恰恰是需要接受文化哺育,需要正向的文化传递,完成其正向的社会化。

从文化自身的生存角度看,对青年进行传统文化的哺育是一种必然要求。现实社会中,不同传统文化之间的博弈和竞争从未停止过。加强对青年传统文化的哺育,这是任何一种文化都时时面临着的任务和课题。中国传统文化亦不能外。尤其是在西方文化咄咄逼人步步紧逼的现代社会中,中国传统文化对青少年的哺育任务更加繁重、更加艰巨。

从文化自身的发展角度看,对青年进行传统文化的哺育是一种必要的基础性工作。"文化是一个连续的统一体。文化发展的每个阶段都产生于更早的文化环境。"① 青年肩负着文化继承、创新和促进的历史使命。只有更好地受到传统文化的哺育,他们才能更好地汲取传统文化的精髓,更加准确地把握传统文化的内在逻辑,为原创积累和奠定更加厚实的文化根基,有所创新,有所创造,体现自己在文化传承和发展中的作用。陈寅恪指出:"其真能于思想上自成系统有所创获者,必须一方面吸收输入外来之学说,一方面不忘本来民族之地位。"② 只有在深厚文化积淀的沃土上,才有创新之花的绚烂。

总之,青年不仅要汲取成长所需的营养,而且要担负起文化传承的重任。因此,接受传统文化的哺育是一项绕不开、避不了的重要任务。

毋庸讳言,出生和成长于改革开放年代的当代青年对中国传统文化恰恰比较陌生,受到的哺育比较匮乏。在这方面,许多实证研究都给出了令人堪忧的结论——在今天的现实生活中,我们看到的却是"很多人传统文化意识的淡薄,在历史文化常识方面的无知"。③ 即使文化素养整体较高的大学生也是如此——大学生对传统文化的认知:熟悉度一般,一些常识性问题仍不清楚;大学生对传统文化的情感与认同:兴趣不高,但理性上认同;大学生对传统文化的行为倾向:不排斥传统,也不拒绝现代;大学生

---

① [美]怀特:《文化科学》,曹锦清等译,浙江人民出版社 1988 年版,第 325—326 页。
② 项念东:《陈寅恪与钱穆史学思想之分歧》,《博览群书》2008 年第 6 期。
③ 上海青年研究中心:《走近"90 后"——对上海市 2283 名青少年的情感调查》调查报告;杨娜娜、张超:《大学生对中国传统文化了解程度调查报告》,《经营管理者》,2009 年第 5 期。

获取传统文化知识的途径及评价：途径多，但效果不一。[①] 大学生如此，其他文化层次和社会阶层青年的状况又能好到哪里去？

以在传统文化方面的此种修为和基础，青年何以能够对年长者进行全方位的"文化反哺"，特别是传统文化方面的反哺呢？在传统文化等方面，青年非但难以对年长者进行反哺，反而更需要得到哺育。

## 三

文化哺育需要多方面的条件。一般来说，这些条件主要包括哺育者、文化载体和文化环境、氛围等等。应该承认，当代青年接受传统文化的哺育的条件不太理想。

文化断层使青年难以直接从年长者那里受到传统文化的哺育。近一个世纪以来，中国传统文化屡经各种运动的冲击。特别是10年"文革"中，中国传统文化受到了空前的冲击、破坏和重创，使得中国传统文化面临着文化断层亟待修复、文化元气亟待恢复等方面的问题。有人认为："可以毫不夸张地说，我们的传统文化早已断层了半个多世纪，我们在文化上没有办法认同，因为我们的文化源头丢失了，我们身为中国人的特征正在逐步淡去。""在整整一个世纪里，我们没有理清传统文化在中国发展中的定位，中国人对传统文化的认同感也越来越淡薄。"[②]

传统文化断层现象直接体现在年长者身上。作为近几十年来各种运动的亲历者，年长者中的很多人是踩在传统文化的断垣残壁甚至废墟上成长起来的。"打倒孔家店"、"破四旧"、"批林批孔"等口号和理念，在其年轻时代就由口及心地被内化。孔孟之道、礼教、之乎者也、传统京剧曾被视为陈旧、落后的代表，甚至毒草，被一股脑儿扔进历史的垃圾箱。革命、运动、样板戏成为他们青壮年时代最耳熟能详的重要文化内容。耳濡目染之下，他们中的许多人既不了解唐尧虞舜以来历朝历代的变迁脉络，更不熟悉"四书五经"、"六艺"的基本内涵；他们中的许多人既说不全天干地支、二十四节气的内容，甚至也搞不清生旦净丑的区别。如此，作为

---

① 见上海青年研究中心《民族传统文化精神与青少年思想政治教育》研究报告。
② 广陵钟：《传统文化断层了，怎么捧》，《环球时报》2006年6月20日。

从过去走过来的年[  ]们普遍缺乏厚实的传统文化根基，难以对青年进行传统文化的哺育。年长者在传统文化根基上的普遍薄弱，使得传统文化哺育者的力量十分薄弱："由于多年忽视传统文化教育及教师队伍建设，目前教师的自身文化素质和教学水平难以承担传统文化教学任务。"① 这就从根本上制约了对青年进行传统文化哺育的成效。

传统文化的载体大规模损毁使青年难以直接接受传统文化的熏陶和哺育。近 30 多年来，在很多地方的城乡改造和建设过程中，肆意拆除历史建筑和保护建筑、随意建造楼堂馆所的现象屡见不鲜。许多地方借传统文化保护名义建成的假古董误导青少年。乡村风情、弄堂景象在很多地方早已灯火阑珊，甚至荡然无存。国际都市、县乡小镇街市，甚至所谓"新农村"的格局和外观千人一面、千村一腔，浑无地域特色和鲜明个性。总体上看，近几十年来，处在三千年未有之大变局中的中国社会，缺少对传统文化载体的必要保护，其被损毁的情况非常严重。"皮之不存，毛将焉附"。失去了必要的载体，传统文化的存活空间必然日益逼仄。青年由此也丧失了许多在寻常巷陌之中耳濡目染，受到传统文化润物细无声的熏陶和哺育的机会。

文化乱象丛生使青年难以准确把握传统文化的内涵和真谛。在商业文化的包围下，传统文化往往就像赵丽蓉等演出的小品《如此包装》所深刻揭示的那样任人打扮。种种戏说甚至篡改历史的作品大行其道，混淆了是非曲直，严重误导了青年对传统文化的认识和把握。种种旨在推销商品的节庆活动，热衷于"文化搭台，经济唱戏"，把传统文化当成一纸古色古香的包装和被呼来喝去的龙套，使青年浑不知节日的传统文化内涵和价值。

在多方力量的揉搓和挤压下，"眼下，中国传统文化之存于世者，不过丝丝缕缕、星星点点而已（连自家的端午节都被人家拿去'申遗'了，还有什么话好说!）"。在文化出现断层、人们缺少文化认同、"传统文化之存于世者，不过丝丝缕缕、星星点点而已"的环境中，当代青年何以能够

---

① 田爱习：《关于普及中国传统文化教育的提案》，《全国政协十届四次会议提案第 0146 号》2006 年 3 月 14 日。

充分吸收中国传统文化的养料，得到传统文化[    ]和哺育？何以能够对年长者进行全方位的"文化反哺"呢？

四

在许多学者的呼吁和社会有关方面的努[    ]青年的传统文化教育，使之更好地汲取传统文化的精华，在[    ]而光大传统文化的事业中有更大作为，已经成为当下很多人的共识。但是，加强对青年的传统文化教育应从何处入手？

这些年，"国学热"成为社会的一大热点。一些高校纷纷成立"国学"研究机构；不少海内外学者著书立说，四处讲学，宣扬中华传统文化；另有一些学者则利用电视、网络等媒体举办雅俗共赏的讲座；一些地方开设"国学班"，向蒙童灌输"四书五经"；一些高校开设"纯正国学"课程，招收企事业高管……应该说，对青年进行"国学"教育是加强传统文化教育的一条重要途径。但是，热闹喧嚣的背后，却隐含着一些值得推敲的问题。这里姑且不论"'国学热'里透着过度娱乐化、商业化的倾向"，"国学"有"被庸俗化的危险"，[①] 笔者更关注的则是"国学热"的成效问题。"国学热"等同于传统文化教育吗？传统文化教育如何由浅入深地有效推进？

在这方面，王元化先生对传统文化的辨析富有启发意义。他认为传统文化实际上有大传统、小传统之分。所谓大传统是指上层士绅、知识分子代表的文化，这多半是经由思想家或宗教家反省深思所产生的精英文化。与此相对应的所谓小传统，是指一般社会大众，特别是乡民、俗民代表的生活文化、民间文化（相对于"五四"时期所说的平民文化）。也就是雅文化与俗文化、高层文化与大众文化、贵族文化与平民文化之分。[②] "中国的文化传统，不仅体现在圣哲贤人的经籍著作中，也体现在和它有着一定

① 刘晓林：《这样的国学热，可以吗？》，中国网（http://www.china.com.cn），《观察与思考》栏目 2007 年 5 月 10 日。
② 王元化：《关于京剧与文化传统答问》，《清园近思录》，中国社会科学出版社 1998 年版，第 87 页。

关联、掺入了人民的创造、蕴含了艺人血肉的民间文化里面。"① 按照我的理解，大传统概指"四书五经"、"诸子百家"之类，小传统则指寓含在世代老百姓日常生活中的种种器物、规制、习俗、理念等等。

对照王元化的见解，我们可以清楚地看到，"国学热"所涉及的主要还是大传统，而甚少涉及小传统，只能是传统文化教育的一个部分，却不是传统文化教育的全部。

王元化先生进一步指出："民间社会是通过小传统去接受大传统的，因此，不是直接，而是间接地吸取了大传统如经史的观念以及史实等等。今天许多人的历史知识不是来自正史，而是来自广为流传的小说戏曲，甚至知识阶层中的许多人也不例外。"② 由此，我认为，对青年进行传统文化教育，应该由小传统教育入手，帮助青年从寓含在世代老百姓日常生活中的种种器物、规制、习俗、理念中，了解和把握传统文化的内涵和精神实质。因为相对于大传统，小传统更加容易被青年所接受——大传统以经典文献为主要形式和载体，相对较为单一；小传统则以生活器物、规制、习俗、戏曲等为形式和载体，极其丰富多彩。大传统高远、凝练、抽象，小传统则平易、具体、生动；大传统更多人生经验教训的汇聚，小传统则更多世代百姓日常生活之美的铺展……因此，由小传统教育入手，将使传统文化教育由浅入深地推进。这符合教育的规律和人们接受的特点。

在中国社会转型、与国际接轨、城乡面貌发生了翻天覆地变化的今天，由小传统入手加强对青年的传统文化教育面临着许多现实问题，尤其是随着城乡建设的推进，多种传统文化载体被损毁等问题。其中隐含着深刻的悖论：让青年了解传统以及传统生活的面貌，需要保持城乡的原貌和原生态；城乡要发展，难免会拆旧、建新，不可能处处保留原貌和原生态。

我认为，对传统文化，既不能也不必事事处处保留其原貌和原生态。

---

① 王元化：《在京剧发展研讨会上的发言》，《清园近思录》，中国社会科学出版社1998年版，第240页。

② 王元化：《关于京剧与文化传统答问》，《清园近思录》，中国社会科学出版社1998年版，第89页。

我们可以充分利用现有条件，强化对青年的传统文化教育。大致可从以下几个方面努力：

对传统文化，特别是小传统有所选择、取舍，准确传播其内涵。小传统是过去时代人们生活的产物，其中既包含着精华，也夹杂着糟粕；既有许多体现地域和时代特色、具有普遍意义的内容，又有一些偶发的、个别的事物。应该借助专家学者的力量，对小传统进行适当的甄别、选择和取舍，将那些能够体现传统文化精神和精华的内容保留下来。

不断丰富保留和展示的形式。综合运用文字、图像、音响、场景、模型、多媒体等载体，不断丰富保留和展示的形式，既不影响城乡的建设，又能多形式保留和展示传统文化。在这方面，上海历史博物馆的做法值得借鉴。2001 年 5 月起，上海市历史博物馆向社会开放了"上海城市历史发展陈列馆"。陈列馆以场景和模型相结合为主要形式，辅以音响、多媒体资料查询装置，以及多媒体影视模型合成装置等展示手段，以城市建筑发展为主要线索，反映上海从一个滨海渔村发展为中国最大的工商都市的过程。充分利用博物馆的资源优势，形象生动地展示民间生活的小传统，这在青年中引起了很大的反响。还可以借鉴戏曲"音配像"工程的做法，运用现代音像记录手段，尽可能实景记录某种小传统的实际状况，留下此种小传统的吉光片羽。

针对青年的特点，因势利导，促进青年自主学习。青年有很强的好奇心和旺盛的求知欲。青年中的一些传统文化趣缘性自组织，一些穿汉服、行汉礼之类的活动，都充分体现了他们有着了解和学习传统文化的强烈愿望。青年也很善于通过网络和自组织自主学习包括传统文化在内的各种文化知识。某种意义上说，通过网络和自组织，青年自主习得的传统文化知识甚至超过很多年长者。因此，应该针对青年的这些特点，扶持青年中的传统文化趣缘性自组织，因势利导，促进青年自主学习传统文化。

不断充实传统文化的内容。针对青年喜欢通过网络等媒体学习传统文化这一特点，网络、报刊等媒体应该积极响应，向青年提供翔实准确、丰富多彩的小传统内容。在系统介绍大传统的有关内容的同时，网络、报刊等媒体可以邀请专家学者撰写介绍小传统的文章。尤其是各地报纸的副刊是传播小传统的重要平台和阵地。报纸的副刊可以邀请一些熟谙地方生活小传统的年长者，组织他们撰写一些生动活泼的千字文，介绍地方生活小传统，尤其是那些正在流逝的小传统瑰丽多姿的形态和内容，帮助青年了解社会生活的过去，把握当下社会生活的来龙去脉。网络、报刊等媒体关于传统文化，特别是小传统的内容丰富了，形式生动活泼了，就能为青年自主学习传统文化创造良好的条件，就能更加有效地对青年进行传统文化的哺育。

当然，加强对青年的传统文化哺育是一项系统的、战略性的、持续的社会工程。尤其是对青年的小传统教育，涉及社会的方方面面，需要大量人力、智力和物力的投入。在现行的管理体制下，政府的文化和教育等管理部门应该发挥统筹和主导作用，协调博物馆、陈列馆、网络、报刊、影视、学校等各类文化场所、媒体和机构的力量，梳理大传统和小传统的内容，因地制宜，加强对青年的传统文化教育。高效的传统文化教育必将有力促进对青年的礼仪教育、诚信教育、感恩教育、生命教育、健康人格的养成教育，必将有力促进青年民族自豪感的提升、民族自信心的激发、爱国精神的培养，必将有力促进"文化反哺"，也必将有力促进中国传统文化的保护、创新和发展。

（刘宏森　上海青年管理干部学院副教授，
《上海青年管理干部学院学报》主编）

# 城市化与文化产业之间的
# 相互作用及对青年的影响

城市化的早期，农业经济还占据主导位置；17世纪以来，城市扩张速度日益加快，第二产业、第三产业相继崛起，农业比重不断降低；城市化进入成熟阶段以后，第三产业大规模发展，农业降至10%以下，工业则稳定在30%左右；20世纪中叶，第三产业中知识密集型产业，如文化艺术、金融服务、信息咨询等，对直接生产正在起着越来越大的作用，逐步取代传统产业成为新的经济支柱。

可见，城市化和产业结构的互动发展，是传统国家向现代国家转变过程中的必然趋势。随着我国进入全面建成小康社会的新发展阶段，城市化进程加速进行，同时产业结构变动与调整步伐加快，第三产业顺理成章地成为我国经济的新增长点。尤其是城市化进程中的文化产业更是以雷霆万钧之势迅猛提速，成为推进城市全面转型的重要引擎和未来城市经济的发展方向。

当前，青年群体既是工业化、城市化发展的主体，又是从事和创造文化产业的主力军。城市化与文化产业之间的相互作用为青年搭建了参与社会政治经济文化生活的广阔平台，提供了分享城市文明成果的广泛机会，这也推动了青年群体的社会化进程，促进了青年一代的全面发展。与此同时，青年群体在抓住文化产业发展契机中，引领起城市新的生产和生活方式的全面变革。从某种程度上说，今天青年的特质，决定着明天城市的风格；今天青年的创造，影响着明天城市的前景。[①]

## 一、城市化略论

城市化：城市的出现已有五六千年的历史，而城市化则是近二三百年

---

① 陆昊：《在上海世博会青年高峰论坛开幕式上的致辞》，《中国青年报》2010年10月30日。

的事。城市化也是一个众说纷纭、各执己见的概念，不同的学科从不同的角度对之有不同的解释。经济学家侧重从经济与城市的关系来定义城市化，如英国经济学家称城市化是人口、社会生产力逐渐向城市转移和集中的过程。地理学家认为城市是地域上各种活动的枢纽，城市化是人口由从事农业活动转向非农活动，从而趋向集中的过程。人文生态学家认为，城市化是随着时间的推移，某一社会的人口逐步集中于高密度社区的过程。社会学家以社区网的密度、深度、广度作为研究城市的对象，因而把城市化过程看作是社群网的广度不断扩大、密度日益降低、人际关系逐渐趋向专门化与单一化的过程。人类学家以社会规范为中心，因而城市化就意味着人类生产方式的转变过程。

总之，城市化（Urbanization）是当今世界上最重要的社会、经济现象之一。从本质上来看，城市化是人类社会为了满足自身生存和发展需要而创造人工环境的动态过程，是经济社会环境共同发展的统一过程，是物质文明、政治文明、精神文明和生态文明共同发展的统一过程。正如马克思所说，城市化是一个社会生产力的变革所引起的经济、社会、生态、文化诸方面全面转变的动态过程，是人类生产方式和生活方式全面转变的过程。

城市是人类文明的标志，是人们经济、政治和社会生活的中心。前联合国秘书长安南曾说，城市的可持续发展是人类在 21 世纪所面临的最紧迫挑战之一。城市化的程度是衡量一个国家和地区经济、社会、文化、科技水平的重要标志，也是衡量国家和地区社会组织程度和管理水平的重要标志。城市化是一个国家实现经济社会发展的必由之路。只有经过城市化的洗礼之后，人类才能迈向更为辉煌的时代。

国外城市化：在工业革命以前，城市发展极其缓慢。城市化的大规模拓展首先在欧洲发轫。英国，依靠在工业革命中获得的发展优势，依托技术进步和产业发展，率先拉开了人类城市化进程的帷幕。到 19 世纪晚期，英国 70% 的人口居住在城市中，成为世界上第一个初步实现城市化的国家。曼彻斯特、伯明翰、利物浦等一大批工业城市迅速崛起，形成了规模大、产业结构新的城市群和城市带。紧接着德国、法国等欧洲各国也相继完成了城市化进程，这就是人类历史上第一次城市化浪潮。

第二次是美国的城市化。19世纪下半期，伴随着工业化的迅猛发展和西部大规模开发，美国城市化也进入鼎盛期。在中西部，若干分散孤立的中小城镇迅速发展成为一个完整、有机的城市体系，与东北部城市共同构成美国工业布局的心脏地带和经济核心区；在西部，城市从无到有，某些城市甚至一跃而成为较大规模的地区性经济中心，横贯大陆的铁路开通，更使它们如虎添翼。与第一次城市化浪潮相比，美国城市化的速率要高出1倍，仅用100年左右的时间就完成了基本进程。

第三次城市化浪潮是拉美和正在进行中的中国城市化。世界上的主要发达国家早在上世纪六七十年代就基本完成了城市化进程，目前的城市化浪潮主要集中在亚洲、非洲的发展中国家。

自工业革命到现在，城市化进程已经持续了两百多年，城市化的平均水平由当时的5%发展到现在的50%左右，有些发达国家已达到80%以上。细观世界范围内的城市化进程，各个国家尽管显示出不同的历史特色，但一些共同的规律性东西仍然可以寻见。如城市化与经济发展的相互促进、城市化的明显阶段性、大城市超前领先发展以及人口流向等，这些无不为我国城市化提供着重要借鉴价值。

中国的城市化：中国的城市化起步较晚，伴随着我国一步步沦为半殖民地半封建社会而逐步兴盛，并且也仅局限于沿海地区和长江沿岸。虽然在国内外资本主义工商业艰难缓慢的成长过程中也孕育了上海、天津这样的少数现代工商业都会城市，但总体来讲，城市化程度不高，进程迟缓。

从1949年到2000年，宏观来说，我国的城市化是在曲折反复中不断推进的。城镇人口从1949年的5765万增加到2000年的4.56亿，年均增长4.15%，同期城市化率从10.64%提高到36.22%。进入21世纪，我国城市化高速发展，根据中国社会科学院发布的《2012年社会蓝皮书》，2011年中国城镇人口数千年来首次超过农业人口，达到总人口50%以上。

中国城镇化人口已经超过50%，中国城镇人口首次超过农业人口。这一重大的指标性信号将大大促进经济结构、社会结构、产业结构等方面出现重大转折。毫无疑问，城市化的深入将是继工业化、市场化之后，推动中国经济社会发展的巨大引擎。党的十八大召开后，中国的城市化将掀开未来 10 年改革和发展的新篇章。正如 2001 年诺贝尔经济学奖获得者约瑟夫·斯蒂格利茨所说，"中国的城市化"与"美国的高科技"并列为影响 21 世纪人类发展进程的两大关键因素。

## 二、文化产业概述

文化：文化是一个非常广泛的概念，给它下一个严格和精确的定义是一件非常困难的事情。不少哲学家、社会学家、人类学家、历史学家和语言学家一直努力，试图从各自学科的角度来界定文化的概念。然而，迄今为止仍没有获得一个公认的、令人满意的定义。据统计，有关"文化"的各种不同的定义至少有二百多种。笼统地说，文化是一种社会现象，是人们长期创造形成的产物。同时又是一种历史现象，是社会历史的积淀物。确切地说，文化是指一个国家或民族的历史、地理、风土人情、传统习俗、生活方式、文学艺术、行为规范、思维方式、价值观念等。

我国是一个具有悠久历史和众多民族的伟大国家，中华传统文化绵延博广、海纳百川。丰富多彩的地域文化，真实记录了中华民族悠久的历史文化，生动展现了中国人民英勇奋斗的壮丽篇章，是中国人民世代相传的宝贵精神财富。但是在城市化的狂飙浪潮中，无数摩天大厦拔地而起，形成了"千城一面"的城市风格。而能够展示城市灵魂和内涵的文化却日渐稀薄，甚至沦落到无人问津。光辉灿烂的华夏文化如何在同质化的城市时代焕发光彩是我们不得不面对的课题之一。

文化产业：文化产业最早出现在霍克海默和阿多诺合著的《启蒙辩证法》一书之中，英语名称为 Culture Industry，通常译为文化工业。可见，文化产业的形成是一个历史的过程，是工业化和城市经济的产物。

首先技术的产生为商业文化的发展提供了大规模复制的可能性；其次工业化大生产催生了制造文化产品的生产模式以及培养成熟的劳动力市场；最后还有工业革命时期积累的大量剩余资本，需要寻求新的投资机会，文化产业无疑成为他们的一个理想选择。

文化产业自出现以来，各个国家和地区均把它视为国民经济的重要组成部分，予以扶持和鼓励。英国十分强调文化创意活动在经济发展中的重要定位，在布莱尔时期就设立了"国家创意工业特别小组"，把文化产业放在优先发展地位；历史遗产丰富的法国更是将文化产业视为拉动就业、促进国民经济发展的重要措施；而美国是世界上文化产业最发达的国家，他们并没有对文化产业做官方的界定，甚至没有一个主管文化产业的部门，但正是其"无为而治"的方略为文化产业发展创造了一个良好的外部环境。

总之，文化产业已经成为21世纪的朝阳产业，其对社会进步的贡献率越来越高，创造了可观的经济效益，成为国民经济的重要支柱产业。

我国的文化产业发展是伴随着改革开放的历史进程逐步走向经济发展前沿的。新中国成立之初，文化的意识形态性质深入人心，产业发展无从谈起，直到20世纪末才被正式纳入国家发展计划的政策视野。随后在党的十五届五中全会上，第一次明确使用了"文化产业"这一概念，并通过了《中共中央关于制定国民经济和社会发展第十个五年计划的建议》，文化产业的发展进入了快车道。金融危机之后，《文化产业振兴规划》出台，点燃了各地文化产业发展的如火热潮。

青年文化产业：青年文化产业自然是以青年为主体的文化产业，是文化产业的一个组成部分。它包含两个方面，一是青年文化产业的主要参与者，二是青年文化产业的主要创造者。青年文化产业是整个文化产业中最特殊和最具潜力的领域。①

青年文化产业一方面时刻注意着青年的特点和要求，彰显青年个性，丰富着青年文化内涵；另一方面，大力支持青年在文化产业中发挥才能，借助现代的传播方式、流行的表达方式，将青年智慧转化成财富，使青年成为文化的参与者、欣赏者、创造者，不断增强青年文化产业的整体实力和市场竞争力。

## 三、城市化与文化产业之间的相互作用

城市化与产业：历史发展的经验表明，产业结构的每一次变化，都会给城市化带来巨大的发展动力，城市化的进程反过来也会给产业结构的优

---

① 汪慧：《青年文化学》，浙江大学出版社2009年版，第327页。

化创造更加适宜的条件。

城市化的精细分工和专业化程度促使农村人口向城市转移，并拉动了农产品的需求。同时，农村剩余劳动力的减少使农业集约化成为可能，这都促进了农业的发展。反过来，农业发展也推动了城市化进程。农业的商品化和产业化使聚集效应不断显现，从而使区域性的产业群体逐步形成城市。

工业经济是规模经济和聚集经济，考虑到交通条件的局限，生产集中必然引起居住集中，于是在适合工业企业发展的地方，企业和人口的聚集推动了城市化的发展。另外，工业化也扩大了生产规模，小城市逐步成长为大城市。

第三产业的劳动力份额与城市化之间的关系更加密切。第三产业吸纳劳动力的速度开始快于第二产业，因而大量的农村剩余劳动力可以直接转移到城市服务业中，加速城市化进程。城市化也为第三产业的蓬勃发展提供动力。

随着城市化的日益加快，文化产业以其强大的生命力在世界经济舞台上展示着自己作为"朝阳产业"的无穷魅力，并迅速成为新世纪的支柱产业。有人形象地将"文化产业比喻成一辆重型坦克，保护知识产权的厚重铁甲冲开高科技的大门，以人类智慧的不竭燃料发动知识经济的强大引擎，以数字化的坚硬履带碾过千年沉睡肥沃美丽的文化平原，为创建理想新世界的全球文化车队开辟四通八达的广阔道路"。[①] 因而，城市化与文化产业之间的关系也是相互推动、相互支持、相互促进的。

城市化是加快文化产业发展的基础：城市发展水平对于文化产业发展起到了基础性的支撑作用。一方面，文化产业是在城市化充分发展的基础上诞生的。任何一个产业在诞生后都要在一定的时间和空间才能得到发展。文化产业亦如此，文化产业无论从形式还是内容都是历史的产物。[②]它既是技术发展史的一个结果，也是人类精神发展史的一个结果，更是人

---

[①] 柯可等：《文化产业论》，广东经济出版社 2001 年版第 3 页。
[②] 胡惠林：《文化产业发展的历史地理学问题——关于文化产业发展新战略理论思考》，上海交通大学学报（哲学社会科学版）2003 年第 5 期。

类城市化发展的一个必然结果。在城市化的进程当中，农业曾长时期居于主导地位，之后工业化的到来使城市真正走进人类历史。工业化末期，发达国家基本都完成了城市化历程，伴随着人群的聚集、技术的发展、表达的自由、情感的宣泄，文化作为一种产业顺势而出，很快引领起世界城市发展的新航标。"放眼全球，那些著名的国家大都市几乎无一例外都是创意产业最集中和最发达地区，如纽约、伦敦、东京以及新加坡、香港等。"①

另一方面，城市的功能性和便利性影响着文化产业布局。城市为文化产业的发展提供完善的基础设施和文化娱乐设施、便利的交通条件、丰富的人才资源和浓厚的文化氛围，为从事文化产业的人员提供更多的就业机会和良好的居住环境，有组织和策划各类文化艺术活动的机构和团体，能使产业和社区发展紧密结合。同时，城市作为各种新思想和新潮流的发源地和集聚地，拥有广阔的市场空间与层出不穷的灵感来源。这些都是文化产业发展的必备条件和基本要素。

同时，各个城市的文化政策也为文化产业的快速发展打开通道。如深圳制定了促进文化产业发展的地方性法规——《深圳市文化产业促进条例》（草案），并于 2007 年 5 月 25 日提交市人民代表大会审议。深圳文化产业的增长率高出其他产业 3.46%，成为深圳发展最快的产业之一。南京充分利用文化资源丰厚的特点，提出了"文化南京"的城市发展理念，把文化资源开发利用作为加速南京城市发展的重要举措。上海投资 200 亿元建造了上海科技馆、上海博物馆、上海大剧院、东方明珠塔等标志性文化设施，举办大量的文化艺术活动、体育赛事，取得了突出成绩，而迪斯尼的最终落户，更为文化产业发展奠定了坚实的基础。可见，城市化的快速提升就是为文化产业的跨越发展提供载体和依托。

文化产业是推动城市化提升的动力：文化产业作为一个文化城市的主导产业，它是城市经济发展的新动力。以伦敦为例，曾经的伦敦还被称为"雾都"，是有名的世界工业城市。但现在伦敦已经华丽转身，成为世界文

---

① 花建：《文化金矿》，深圳海天出版社 2003 年版第 35 页。

化中心之一——创意之都。伦敦这座城市汇聚了英国三分之一的表演艺术公司、三分之二的唱片公司，90%以上的音乐活动都在伦敦举办。全国半数的广告人员、四分之三以上的时装设计师都在伦敦工作。此外，这座城市还拥有数目庞大的出版企业和学术杂志，电影和广播业创造的收入占全国的75%。根据伦敦官方统计的数据，伦敦创意产业每年创收210亿英镑，占伦敦年度经济总增加值的16%。产业的发展带动了就业。如今，伦敦地区有50万人从事创意产业。伦敦创意之都的经验表明，一个城市必须依赖文化创意产业的发展，才能在知识经济时代显现城市的活力，也只有这样才能进一步提升城市的核心竞争力。

因此，文化产业不仅在扩大城市规模经济、促进就业稳定、改善人居环境方面发挥出积极作用，更能为经济发展、社会变革提供强大的精神动力和智力支持。"城市和创意产业互为帮助，创意产业的兴起与发展与城市经济基础、社会环境和文化制度等等有着密切的关联。城市为文化创意产业的繁荣提供丰富的土壤，而创意产业也大大增强了城市的综合竞争力，提升城市的整体形象。"①

从全球范围来看，经济大环境发生了转变，资源紧缺、生产力过剩、金融危机使得各国都在寻求一个经济的突破口，中国也不例外。再加上中国制造业的困境、产业结构面临转型和升级，发展文化城市，发挥文化产业的优势是一个突破口和解决点。

## 四、对青年的影响

当代青年置身于一个全球化、工业化、市场化、城市化、信息化交织发展的伟大时代，尤其是中国快速推进的城市化以及带来的产业变迁给青年带来了深刻的影响。

成长角度：当代青年从一出生就生活在形形色色的城市文化产业包裹之下。电视、电脑等电子科技产品给正在成长的青少年以强烈的吸引，令他们萌发无穷幻想和无限向往。这与他们父辈及之前青年有着根本不同。

---

① 厉无畏、于雪梅：《中国和欧洲城市创意产业发展的比较研究》，《世界经济研究》，2007年第2期。

他们的物质生活优裕，享受着唾手可得的各种资源；他们的精神生活无比丰富，选择也多种多样，价值观取向不再单一。入学后，他们不再以老师为绝对权威。媒体的狂轰滥炸使他们汲取知识的能力相应提高，其见解和见识的独立性、深刻性比前一代大大增强。当然，无论是入学前还是入学后，城市化的弊病以及文化产业的负面作用也会在他们的成长道路上显现。中国特殊的城市化进程造成了城市中各个阶层的分化和对立，尤其是农民工被排除在"城市"之外。"城二代"和"农二代"都被命定的身份牢牢掌控。再加上文化产业化中的庸俗、低级、暴力、色情将各自的生活方式放大、突出，致使每一个正在成长的青少年都生活在被封锁的轨道当中。贫穷的变得更加自卑、乃至堕落，进而演变成罪恶；富裕的自大、嚣张到漠视别人生命的地步，最后仍旧沦落为罪犯。可见，在青少年的价值观形成的关键时期，有没有积极向上的核心价值，有没有正面良好的舆论氛围，是何其重要。但是在现阶段的中国，雷同化、浅层化的大小城市化裹挟着一系列的"三低"（品位低下、质量低劣、价格低廉）文化产品充斥市场，一定程度上让广大青年群体失去了优秀文化的引领和正确价值的导向。

工作角度：工作是青年获取社会身份的主要载体，是实现社会流动的重要渠道，是事关青年发展的重大问题。随着我国城市化进程的加快，生活在城市中的青年队伍迅速壮大。尤其是大城市的繁华便利，给予了他们不断发展的平台和机会，也塑造了他们独立自主、开放竞争的现代化品质，他们将逐渐成长为未来中国城市化进程中的"正能量"。与此同时，作为城市经济的新载体和新形式的文化产业也给年轻人带来了创业的福音。文化产业门槛相对较低，收益较高，最适合大学生和创意人群创业。但是，青年在城市化进程中也面临着许多困境。对于"新生代"农民工，诸多制度壁垒，如户籍制度、社会保障制度等制约了他们融入城市的意愿和路径，也限制了城市化的进一步提升；对于大学生，市场要素的缺乏，尤其是就业创业配套政策的缺位，使他们不能充分展示自己的智慧和创造，也使城市和文化产业的发展停留在"量"的增长阶段，很难使中国城市成为享誉全球的文化名片。因此，在城市化提升过程中，重要的是大力消除城市和农村、户籍人口与常住人口的非公平，严格控制城市规模，运用现代管理制度治理城市、服务青年；并且，在经济结构调整中，优化产业发展顺序，首先发展投资少、见效快的第三产业，如文化产业，为青年发展提供广阔空间与舞台。


（王冲　浙江省团校助教）

# 网络媒体背景下青少年
# 成长之忧与治理对策研究

 新媒体高科技手段的快速发展，极大地刺激了传媒事业的迅猛发展。媒体的力量已深深嵌入包括社会公共领域在内的当代社会生活的各个领域，媒体传播也因此而承担着越来越重要的社会责任，公众对媒体传播主体也有着严格的要求及特殊的期望。随着社会发展，出现了以网络媒体、数字媒体、移动媒体为代表的新兴媒体，以其直观、生动、便捷、刺激等特点，深受青年人青睐，尤其在青少年中有着不同寻常的作用和影响。在科学技术飞速发展的今天，知识以前所未有的速度传播和扩散，知识更替周期越来越短，知识量却越来越多。新媒体网络给人们提供了一座取之不尽用之不竭的知识宝库和图书馆。网络上新观念、新思维、新理论、新技术层出不穷，一旦有什么新的新闻出现，网络上立刻会有一系列的报道。它不仅极大地促进了不同文化形态间的交流与对话，形成信息共享，而且极大地丰富了人们的文化生活，使人们足不出户就可快速利用新媒体了解和掌握全球信息，这是不可否认的贡献。

 然而，由于媒体的特殊"引导"性，往往导致其质量和服务无从考究，出于长期对媒体的信任，可能会导致受众从"享受"产品带来的愉悦变成产品不合格引发的"东奔西走"，不但享受不到"顾客就是上帝"的待遇，反而要为自己的"信任"而品尝苦果。一些地方报纸媒体发展艰难就是其"销售"的产品没有经过严密的"审查"而带来的苦果。而目前网络媒体的便利快捷，使得越来越多的群体与其形成了越来越密切的关系，尤其是青少年群体对网络尤为热衷，网络已成为他们生活中必不可少的一环。基于青少年群体所处成长阶段的特点，网络对其的影响相对其他群体也是最为深刻的。而目前对网络媒体信息的监管还不完善，仍存在许多与青少年成长不相宜的不良信息与诱惑，为此，对网络媒体新发展的研究具有十分重要的意义。

## 一、网络媒体发展的新态势

截至 2012 年 12 月底，我国网民规模达到 5.64 亿，全年共计新增网民 5090 万人。互联网普及率为 42.1%，较 2011 年年底提升 3.8%。从数据看，两项指标均延续了自 2011 年以来的增速趋缓之势。与此同时，我国手机网民数量快速增长。数据显示，2012 年我国手机网民数量为 4.2 亿，年增长率达 18.1%，远超网民整体增幅。此外，网民中使用手机上网的比例继续提升，由 69.3% 上升至 74.5%，其第一大上网终端的地位更加稳固，但是手机网民规模与整体 PC 网民（包括台式电脑和笔记本电脑）相比还有一定差距。

当前，我国网民数量已经处于高位，网民增长和普及率进入了相对平稳的时期。而智能手机等终端设备的普及，无线网络升级等，则进一步促进了手机网民数量的快速提升。从网民职业来看，学生占比为 25.1%，远远高于其他群体，从网民年龄结构来看，20—29 岁排第一位，10—19 岁排在第三位，同时，利用网络搜索信息和浏览新闻的利用率居高不下。随着科学技术的不断发展进步，互联网使用终端多样化的程度越来越深，我国互联网媒体的产业化进程也不断地加强。这些数据无一不表明网络媒体的时代已经来临，网络媒体大发展的脚步已不可阻挡。

网络作为一种媒体形式，自产生后经过了飞速的发展、进步和普及，同时，网络根据自身的特性在发展变化中形成了自己独有的风格与特点。从最初单纯的信息共享、互联世界到目前融入社会大众生产生活的方方面面，从单纯的电脑上网发展到电脑、手机、电视、游戏机等多种上网媒介，极大地方便了人们的学习、工作和生活。网络媒体的新发展过程中，大量有独特风格与别样特色的媒体形式显现出来，借以吸引大众的眼球，这些媒体形式也在不断地随着社会进步和人们的需求而发展变化。针对青少年喜好追求新奇特的特点，网络媒体根据市场上与青少年群体的互动而产生的需求信息反馈，使其产品更贴近青少年群体的发展特点，让青少年可以在网络中找到能够展现自己个性的空间和感觉，促使青年人更愿意接近和接受他们的工作成果，也更容易让那些年轻人产生依赖感，从而实现其效益的最大化和长久化。

随着人们的需求越来越广泛，期待工作效率的提高、工作成本的减少，满足一些群体的"惰性"需要等等，网络媒体的发展将朝着一个"融合"的新趋势发展，发挥网络媒体在人们学习、工作、生活中的强大助力作用，实现其多功能、便利性、多元化、人性化、易操作、可持续发展利用的新态势。

（一）传播形式多样化。传统媒体的传播方式都是我传播你接受，我给你什么你接受什么。但是新媒体在传播方式上有很大的不同，在手机、网络、数字电视等新媒体的传播过程中，它是以一个互动的方式来传播的，这种传播方式使传播者与受众更进一步，甚至是个人利用这个新媒体平台来传播、发表信息，每个人都可以是信息的制作者，是信息源。所以这就变成了真正的使个人从一个接受信息的受众成为掌握信息的主人，从生产到传播到各种的交流都是主人。

复合型的传播模式代替了单一的传播路径和平台，以互动性、即时性为特点的微博等开放型信息传播平台的出现颠覆了信息传播的传统路径。种种新技术的发展，必将推动媒体更多形态的出现，导致传播形式的多样化发展。

（二）传播内容复杂化。可以说每一个网络媒体的受众对这一媒体的关注度都很高，而且都是主动收看，不感兴趣的视频、影片、节目类型受众是不会点击的。各种新媒体为了提高收视率和点击率，对具有暴力、色情内容的视频过分渲染和过度报道，使得人们对社会的真实面目产生了错觉。尤其是各种法制类节目以及一些侦探片在讲述报道时重于描述过程而轻于挖掘结果，青少年经常重复观看类似的形象语言和故事情节，久而久之使青少年对此类暴力、色情内容的感觉变得迟钝，也变得见怪不怪、麻木不仁，由于新媒体报道内容中缺少因罪犯的犯罪行为给受害者及其亲朋好友带来的伤害和痛苦及罪犯本人所受处罚的痛苦的深刻教训分析，使得青少年对暴力、色情行为导致的后果难以得到深刻的理解和沉痛的教育。

（三）传播导向商业化。当今世界，信息是最有力量最赚钱的商品，正如铁路推动了19世纪的交通革命，传媒正在勾画着我们的未来。在市场激烈的竞争下，新媒体运作的核心是争取广告。广告收入已成为大多数新媒体赖以生存的基础，哪些媒体哪些节目哪些视频受众多，广告就投向哪儿。许多传统媒体和新媒体内部制定了一系列奖惩文件，鼓励和督促记者、编辑拉广告，按照完成的广告额发放回扣。在这样的利益驱动下，不少编辑、记者眼里只有广告商的利益，公众利益就只好退居其次甚至被抛诸脑后。在广告市场大战中，许多媒体，尤其是中小媒体抓住了受众的注意力就可以赢得巨额的广告订单，获得更多的商业利润，所以新媒体对于各档栏目的收视率、点击率十分关注。

## 二、网络媒体发展给青少年成长带来的问题及成因分析

媒体，就是为大众或特定人群提供信息服务的机构，类似于公司或企业"生产"和"销售"的机构。这样算来，媒体也就应该对自己的产品质量和服务有一个衡量标准，确保为服务对象提供一个合格有效的产品，并为之带来的"影响"负责。

媒体的力量已深深嵌入包括社会公共领域在内的当代社会生活的各个领域，并构成了社会权力结构中一种具有强大影响力的特殊的权力形式，不管是原有的媒体还是新媒体也因此而承担着神圣的社会责任。不谙世事的青少年在日趋强大的权力面前（缺乏监管的媒体传播）永远都处于弱势地位，这也将使其成为网络媒体发展过程中的牺牲品和受害者。所以网络媒体给人们带来便捷的同时，也会对青少年带来负面的影响。

### （一）产生的问题

任何一种产品都因有其投资商和消费者才能实现其"生命"的延续，网络媒体也不例外，其投资商就是广告商，消费者就是广大受众。作为现今已经融入大众生产生活的重要媒体形式，其"售后服务"却越来越被大众和从业人员忽视。基于网络媒体产品被消费群体接受程度的不同而导致的产品利益的不确定性，促使一些网站和从业人员根据"不良"广告商投资的引诱，为实现眼前利益的"巨大化"而忽视了利益的"长久化"，违背原则生产出"不合格"产品。而这种不合格产品恰恰对青少年的成长产

生了深远的影响或者是错误的导向。

1. 诱发各类犯罪行为。青少年成长过程中对新奇特事物往往有着很大的兴趣，而网络媒体的一些最新发展和宣传手段，往往就靠新奇特和神秘来吸引大家的眼球，同时，在单纯地追求经济利益的同时缺少必要的监控，这样的发展后果是十分危险的，因为任何一种事物如果脱离了监管，都势必会产生无法估量的严重后果，尤其是一种已经"普及"的产品。正是因为忽略了网络产品众多的负面影响，产生了发展快和产品"不合格"之间的不平衡，对在缺少辨别能力的情况下片面追求感官和形式上的新鲜、刺激的青少年带来了十分不利的影响。

暴力、色情案件的过分宣传使青少年对社会安全持有怀疑态度，对外界有较强的不信任感，严重者导致心理畸形和扭曲，甚至是变态心理。当青少年在误入或在探秘心理的驱动下打开这样的网页，因自我控制力有限，他们会因好奇而开始模拟或欲望升级，从而可能导致思维、情感、兴趣以及信念像吸毒一样一步步受到毒害，甚至个人品性也会相应地改变。严重者可能会从基本的幻想而付诸实践，从而使自己和别人受到伤害，更甚者会从此步入歧途，造成犯罪。中央电视台《共同关注》栏目播出的"杀人只是游戏"的节目中，PK少年唐亮自认为是网络游戏高手，但是自从在虚拟世界中遭遇另外一位游戏玩家，唐亮被对方杀死23次以后，分不清虚拟世界和真实世界的他，在现实中上演了一起悲惨的血案。类似的案例在现实生活中已不少见。

2. 导致信仰危机。调查显示，青少年与亲朋好友联系的通信工具排第一位的是手机，占49.5%，其次是固定电话和网络，但是目前在网络和手机上传递的垃圾信息泛滥，有76.1%的人曾收到过此类不良信息，这些信息的内容主要有广告、网聊、介绍异性、黄色信息、暴力视频等，这些信息传递给青少年的是一种错误的人生观、价值观，导致部分青少年的人生追求目标严重偏离正确方向，虽然有79%的人会置之不理或删除，但是仍有21%的人存在好奇心而受不良影响。

网络上言论的"随心所欲"使得有益的、有害的信息得以快速传播和发展，广大青少年群体在缺少辨别能力的条件下，有可能树立错误的人生观和价值观，使青少年功利化、世俗化，这种有害信息通过网络媒体等手段和途径不断传播和放大，会使广大青少年背离社会的主流价值体系，从而产生严重的社会问题和信仰危机。

3. 道德素质滑坡。由于一些网络空间的虚拟性，使得大家不用自己的真实身份就可以自由地沟通和联系，既可以真实地交流自己的内心世界，又可以畅快地发泄自己内心的郁闷，这就使得面对面交流中的那种信任不复存在，不可避免地会出现欺诈和诚信问题，滋生虚伪、猜忌和种种疑问，而网络上一些欺诈信息的泛滥更是加深了网络中人与人交往的信任危机，长此以往，势必会造成青少年的道德素质滑坡，甚至引发社会整体的信任危机。网络上流行的一句话是："不见面，坐在电脑前面没人知道对面是条狗！"

4. 身体及心理素质下降。科学研究表明：长时间上网会造成情绪低落、眼花、双手颤抖、疲乏无力、食欲不振、焦躁不安、血压升高以及睡眠障碍，严重者会消极自杀，嘈杂、烟雾缭绕的上网环境也会损害人的身体健康，尤其对正在成长发育期间的青少年伤害更深。另外，长时间上网会引发人际交往淡漠，对现实社会产生不认可甚至逃避心理，使人变得孤单、敏感、忧郁，同时，依靠抽象符号、数字等进行交流的网上交际，将造成个体对社会的适应和行为能力下降，减少其对社会角色的获得能力，这将严重影响涉世不深青少年的社会化成长。安徽庐江 16 岁少年连续 11 天沉迷网游后精神崩溃自杀，自杀前说的最后几句话是："有妖怪过来了。杀光！杀光！"

### （二）问题的成因

1. 监管不力。一是管理手段陈旧。网络虚拟社会作为一种新的社会存在与传播方式，深刻地改变了人们的生存方式和思维方式。而我国目前的网络管理属于典型的政府主导型管理模式，内容管理属国务院新闻办，文化管理属文化部，安全管理属公安部，设备管理属信息产业部，这样多角度的管理结果就是令出多门，管理交叉或是互相推诿。二是法规不健全。尽管我国出台了上百个有关互联网的法规，但由于立法主体多、系统性和协调性较差，使得现有网络违法犯罪认定缺乏可操作性，同时，有些立法模糊，界定不清，缺乏可操作性，例如：对于博客管理，主要还是参照网站管理模式，对知识产权的保护问题还没有专门的立法。三是技术准备不足。联想起在网上大量存在的游戏账号被盗现象和屡屡曝光的假冒银行网站实施的诈骗案件，人们突然间发现，互联网上甚至还出现了出售病毒、代人勒索、诈骗和恐吓，按件取酬的有组织团伙。更让人惊慌的是，曾经的一小部分如今正在因为利益的驱动而迅速膨胀。流窜于网间的各种病毒木马、频繁出现的网络黑帮敲诈、层出不穷的流氓软件，都一再证明了网络安全的紧急程度。但事实上，在面对这样的威胁时，我们并非一点办法都没有。瑞星科技公司市场网络部副总经理马刚指出，国内银行对网银用户的保护不足，网银用户要想取得高等级保护，往往需要支付费用，也迫使一些网上银行用户采用不安全的保护方式。在香港地区，银行会为普通用户提供免费的电子证书、手机随机密码认证等安全措施。四是行业自律与规制存在较大差距。目前包括一些商业网站在内的网络平台提供商和网络内容提供商缺少社会责任，为了吸引人们的眼球，不择手段地在娱乐节目和社会新闻上大做文章，八卦新闻、虚假报道、有偿新闻充斥其间，极大地阻碍了网络虚拟社会的有序健康发展。2011 年 6 月新浪微博发生的炫富女一事说明，现有大型知名网站的身份审核都是可以用钱买通的，更何况那些只为利益生存的小型网站。五是监督不到位。第一，网络色情、暴力以及不良信息泛滥，缺少相应的强力监管。第二，对"另类"价值观念以及一些西方国家的"反动"观念的传播缺少相应的监管。第三，网络媒体的道德建设缺少相应的监管。《我们错了》，是广西日报传媒集团的一本内部读物，书中集中了其下属的都市类媒体——《南国早报》近 10 年来曾经出现的各类虚假新闻，失实报道，共 57 个案例。作为政府宣传喉舌需经过重重审核的日报也以近乎 2 个月一起的虚假爆料面向读者，更何况"言论自由"的互联网络。

2. 青少年自制力不强。青少年是最容易接受新生事物的人群，他们思维活跃、兴趣广泛、追求新奇，迫切希望了解五彩缤纷的网上世界。但由于他们生理、心理的不成熟和非稳定性，缺乏自制力，对各种新生事物的优劣本质还缺乏足够的识辨能力，往往被万花筒般的网络世界搞得眼花缭乱，容易被一些暴力、色情等不健康的东西所迷惑。同时，青少年有着特有的叛逆心理，当在网络中不受现实社会规范限制时，就不会满足于被灌输的教育，会主动去寻找那些被正面教育讳莫如深的资讯。

3. 生活环境相对单一。在教育环境上，青少年的学习压力较大，为宣泄心中的苦闷，逃避不愿面对的现实社会，往往会在网络社会中寻求安慰、刺激和快乐。在家庭环境中，青少年多属独生子女，且城镇居民以楼房式独门独户的家居结构为主，这在某种程度上不利于与同龄伙伴交流。加上父母极有可能因忙于工作和生计而忽略了与子女的情感沟通，在现实生活中缺少情感交流的中学生，便会在网络中寻找可归依的群体，迷恋于网络社会的互动生活，网络社会成为青少年心目中展现自我、交流情感的最好平台。在现实社会中适合青少年健康成长的活动场所极为单一而欠缺，远远满足不了未成年人活动的需要。而现有的大多数中小学校在节假日对学生都是封闭的，适合青少年的公共活动场所较少，缺少活动阵地，一些不健康的场所乘虚而入，使得相当一部分孩子业余时间纷纷走进网吧、歌厅、舞厅等本不应涉足的娱乐场所。

而本应是青少年假日休闲娱乐的青少年宫、青少年活动中心，却被人为地将活动空间以"合作"的名义出租给冠着"XX文化学校"的公司或企业进行经营，向青少年收取高额培训费用，同时，很多文化馆、体育馆与文化体育公司或私人合作大搞文化、艺术、学科培训，致使青少年绝大部分没有享受到公益服务。

## 三、消除网络媒体对青少年负面影响的对策

如何解决青少年网络问题？从理想的角度来说，青少年公共治理的理想体系应该是政府调控机制同社会协调机制互联、政府行政功能同社会自治功能互补、政府管理力量同社会调节力量互动的社会管理网络，从而形成对全社会进行有效覆盖和全面管理的体系。

（一）进一步健全、完善互联网管理的法律、法规。加快互联网上网服务管理的立法工作步伐，逐步以法制取代行政管理。各级地方政府应结合本地实际出台地方法规，对互联网进行规范，约束网络运营商自律。要对利用网络腐蚀青少年的犯罪行为从重处罚。

（二）加强互联网的行政监管。一是加强对网络运营商的监管与合作。严格执行"谁接入谁负责"的管理规定，加强对网络运营商及下游企业的监管力度。二是加大互联网上网服务营业场所的管理力度。协调各职能部门之间的监管内容和形式，建立科学、严格的网吧监管机制，对网络入线严格管理，强制要求所有网吧使用各地市政府指定网线，全面推行零点断线。强制要求所有网吧安装色情、暴力等不良网页的拦截和屏蔽软件，监控网吧的经营行为。严格落实网吧上网实名登记制度，对违反规定接纳未成年人的网吧实行接纳未成年人即取缔制度。三是加大对社会教育培训机构的监管力度。按照"谁审批谁监管"的原则，各地教育行政部门对各自审批的社会教育培训机构，定期进行检查清理。

（三）加强对青少年网络教育的引导。坚持正确引导，形成学校、家长及社会教育的合力。学校要加强对青少年网络教育，将网络教育列为学校德育工作的重点，定学分定课时纳入学校授课计划，渗透到学校教育的各个环节，教育引导青少年正确上网、文明上网。加快向家长普及网络知识，帮助家长指导孩子正确上网，随时关注孩子上网行为，严格控制孩子上网时间，引导孩子把互联网作为获取信息，培养创新能力的工具。同时，充分发挥社会各界的力量共同关心关注青少年网络教育，包括充分发挥人大代表、政协委员的作用，给予人大代表、政协委员一定的权利对网络运营单位进行有效监督，建立一支青少年网络管理的社会监督队。

（四）加快青少年公益性文化设施建设。一是加快建立一批主题鲜明、特点突出的青少年的主旋律网站，并发挥这类网站的主导作用和示范作用，用正确、积极、健康的内容占领网络阵地，挤压不良信息的空间。二是加快青少年校外教育活动场所的建设步伐，广泛建立小型多样、青少年能够就近就便参与的社区青少年活动阵地。三是要充分用好学校和社会已有的阵地资源，以满足孩子们业余时间的精神文化需求。

（五）发挥全社会在健康网络构筑过程中的作用。加强法制宣传教育，使公民充分了解网吧管理的法律法规，形成社会舆论监督。同时，加强网络管理人才的培养，加强对网吧经营者的专业技能培训及法律、法规和职业道德等方面的培训。要鼓励社会各方面共同努力营造一个文明的网络社会环境，特别是媒体，作为信息社会中影响青少年思想的最重要媒介之一，尤其要担负起维护文明网络环境的责任。

总之，青少年网络媒体问题的治理要形成政府掌舵，学校、家庭、社会共同治理的局面，充分发挥各自的优势，形成合力，既为网络发展提供宽松的政策条件，又要以社会主流价值观、精神氛围和文化精神予以导航，把政府及组织的意志转化为网民的自觉行为。

（孔祥龙　黑龙江省青少年研究所助理研究员）

# 香港游学（修学）旅游与青少年文化传承

近年来，香港的游学旅游发展迅速，效果显著，不但为青少年创新研究在旅游文化方面开辟了新的路径，也为游学旅游业的深入发展、创新转型积累了丰厚资源。从分析香港游学旅游的发展历史、规模结构，可以探寻出游学旅游与文化传承的隐性的、动态的相互关系，为旅游与文化的深入融合开辟相应的场域和路径。

## 一、香港游学旅游的历史沿革

香港游学旅游发展经历学校组织旅游、校外活动、境外游学三个阶段，游学活动从贵族化政治化向大众化多样化迈进，承办单位由学校、教育协会转向旅行社，作为旅游业务而进一步发展壮大。

香港早期都是学校旅游为主，形式多是海外夏令营、留学服务计划等方面。当时，这些海外夏令营、留学服务计划等活动因为费用不菲，多为国际学校或是贵族学校所举办，学生以学院的学生为主，目的地多是欧美、新加坡、澳洲等国家和地区，全部或部分旅费及行程安排则由各国领事馆赞助和补助，宣传其国家形象和文化，学习内容多是英语，或计划留学为主旨。香港学生联会在1970年成立学联旅游，属于最早的学生旅游，但较多灌输欧美留学、西方民主文化，近年多支持学生向学校和政府抗争。

此后，香港教育署规定学校每学期必须有一天校外活动日，部分较富裕的津贴中学便把校外活动日加公众假日延长为两日，活动延伸至香港离岛、澳门等地，这便是初期的游学。此阶段一些社会团体或教育中心承办这些校外活动，例如，香港教育专业人员协会（简称教协）和香港教育工作者联会（简称教联）分别成立旅游部门，因为两者都有较浓烈的政治取向，组织的学生旅游都带有政治任务的色彩。

香港回归祖国后，与内地学校交流、普通话学习、内地扶贫、黄埔军训、薪火相传、同根同心等活动大大丰富了游学内容，游学概念开始逐渐形成，大型旅行社也开始加入游学市场。例如康泰旅行社推出的夏令营以"文武兼修"为卖点，除学习英语及普通话外，还加入武术、外展锻炼、国防教育等活动；永安旅游推出的游学团以美、英、澳、加及新加坡等地为主，以学习英语为主要目标；东瀛游特别成立"跳出校园"计划，每年举办日本游学团，内容为体验日本文化、团体户外活动、野外训练等；港中旅则承办了薪火相传大型内地交流活动，让学生游学祖国，认识祖国；其他中小型旅行社主要是承接学校的包团服务。

这个阶段，学校方面则以香港教育局安排交流活动为蓝本，要求旅行社作包团服务，并严格按照《境外游学活动指引》来执行。《境外游学活动指引》标明，境外游学活动是指由学校策划、组织，并以校方委任领队负责带领学生到香港以外地区作探访、交流、研习或服务等活动。而香港各大旅行社视其为主体业务的旁枝，开始茁壮成长。

## 二、香港游学旅游市场的规模及结构

（一）香港游学市场规模较大，结构稳定。政府资助与社会资助相得益彰，多采用社会化市场化运营方式。

教育作为提升社会流动的重要因素和青年一代应对知识型经济的重要保障，已在香港社会达成普遍共识。教育一直是占政府经常开支最多的政策范畴，2012/13年度的经常开支近600亿港元，较07/08年度增加28%。

香港小学有568间，小学生322，881人；中学有524间，中学生467，087人；大学生有75，761人，适合游学的学生人数高达86.6万之众（如表1所示），加上教育局游学指引10位未成年学生必须配1位老师或成年领队，即可增加8.6万成人市场，游学市场总人数约可达95.2万人。

表1 2011－2012学年香港学校及学生情况

| 学校类别 | 数量（间） | 在校学生 | 政府经费（亿HKD） | |
|---|---|---|---|---|
| | | | 所占比例 | 数额 |
| 小学 | 568 | 322，881 | 21.1 | 118.27 |
| 中学 | 524 | 467，087 | 39.3 | 220.28 |

| 学校类别 | 数量（间） | 在校学生 | 政府经费（亿 HKD） | |
| --- | --- | --- | --- | --- |
| | | | 所占比例 | 数额 |
| 高等教育（大学） | 8 | 75，761 | 24.4 | 136.77 |
| 总计 | 1100 | 865，729 | 84.6 | 475.32 |

数据来源：http：//www. edb. gov. hk/index. aspx？ nodeID = 1032&langno = 2

香港中学的游学市场份额在上述三种类别的学校中最大。2011/12 学年，香港政府在教育方面的开支 682.74 亿，相当于政府开支总额的 18.6%，相当于 GDP 的 3.6%，政府这一学年用于小学中学大学的经常开支达 560.52 亿港元。其中，中学开支所占比例最高为 39.3%，约合 220.28 亿港元。

香港游学事业得到香港政府各类基金的大力支持。关爱基金是香港特区前行政长官曾荫权 2010 至 2011 年度施政报告中提出、筹划的一个慈善信托基金，由政府出资 50 亿港元，同时向商界筹募 50 亿港元，为基层市民提供社会安全网（如综援）不能提供的多方面支援。目的是希望减低香港社会上的仇富情绪，同时发挥先导作用，识别措施是否应纳入常规援助中。并于 2011 年下半年开始运作，督导委员会主席的工作由政务司司长率领。督导委员会的成员包括 20 名来自商业、社会福利、教育、医疗、劳工、政界、地区等不同界别的非官方成员以及 4 名官方成员。下辖执行委员会及教育、民政、医疗、福利 4 个小组委员会。

在已落实的计划当中，校本基金（境外学习活动）即为支持游学的计划，资助的对象是清贫学生，包括就读官立、资助、按位津贴学校及直接资助计划下本地学校小一至中七，及领取综合社会保障援助、学生资助办事处全额津贴或半额津贴的学生，时间从 2011 年 7 月至 2014 年 6 月（为期三年）。

按照香港中学设置情况（参见表 2）共有官立学校 32 间、资助学校 441 间、按位津贴学校 3 间、直接资助学校 61 间，共 537 间中学有资格申请关爱基金，实际参与申请的为 524 间。

表 2 香港中学设置情况

| 中学性质 | 数量（间） | 备注 |
| --- | --- | --- |
| 官立学校 | 32 | |
| 非官立学校 | 611 | |
| 其中：私立学校 | 89 | |
| 私立独立学校 | 6 | 私立独立学校须确保最少70%的学生为本港儿童。私立独立学校的学生均不合资格接受学生资助办事处根据现行计划所提供的学生资助。 |
| 直接资助学校 | 61 | 按1991年9月起推行的直接资助计划（直资计划），政府透过提供资助，鼓励那些已达到相当高教育水平的非官立中学加入直资计划，以提高私校教育的素质。 |
| 资助学校 | 441 | |
| 按额辅助学校 | 3 | |
| 英基学校协会学校 | 7 | 于1967年成立的香港非牟利教育组织，营办的20间教育机构以国际小学、中学为主，现为全亚洲最大的国际学校协会。 |

数据来源：香港教育局网站

　　按关爱基金3000元的准则和游学市场约95.2万的总人数，则有约28亿的市场，而实际游学成本可达4,000—5,000元左右，所以，由关爱基金带动的游学市场价值可达约38亿至48亿之间。

　　除关爱基金外，还有设立于1998年1月的优质教育基金为游学提供资助。1997年10月，行政长官在施政报告中宣布设立优质教育基金（下称基金），用以资助各项有助推动香港优质教育的计划。基金获得政府拨款50亿元，为教学界所提出有意义的计划提供有效的资助安排。基金主要资助属于基础教育范围内（即幼稚园、小学、中学及特殊教育）值得推行的非牟利创新计划。

　　青年内地考察团资助计划由香港青年事务委员会设立。该会旨在协助制定及推动有关香港青年发展的计划及相关活动，就青年事务向行政长官提供意见。青年内地考察团资助计划的目的，是透过资助小区团体举办青年往内地的考察活动，促进香港青年人认识和了解中国国情，以及与内地人民的交流，提高他们的国民身份认同。除了青年事务委员会的资助外，此项计划亦获华人永远坟场管理委员会的慈善捐款资助。资助计划的审批工作由青年事务委员会辖下的青年国民教育工作小组处理。每项计划的最高资助额为港币 60 万元，2012 至 2013 年度共有 142 家包括学校、社团在内的单位获得资助，共涉及金额约 8520 万港元。

由香港教育局资助的游学旅游活动包括"同根同心——香港初中及高小学生内地交流计划"和"赤子情·中国心"计划。

"同根同心——香港初中及高小学生内地交流计划"自 2008 年开始举办，目的是为学生提供交流经验，加深认识广东省的历史文化、风俗特色、城乡建设等各方面的发展，并让学生体会粤港两地的关系。交流计划自举办以来普遍受学校及家长欢迎，认为能配合学与教，同时有助开拓学生视野。为增加学生参加内地学习及交流活动的机会，《2010—2011 施政报告》宣布政府会提供机会，让学生于中、小学阶段内获资助参加至少一次内地交流计划。每团师生人数最少 88 人，最多 220 人，教育局资助额为团费的 70%。

教育局举办"赤子情·中国心"资助计划，目的是希望提高学生对国家的认识。学校可选择在内地进行课程学习、参访及交流活动（可包括在本港进行的培训活动），或在本港境内（包括校内及校外）进行一系列的活动，以达到本计划的目的。全港中小学均可申请，受众者包括校长、教师及学生。教育局资助额为团费的 70%。

（二）香港游学市场社会参与程度高，市场化运作较为成熟。除了政府提供的基金外，社会资助较为广泛，其中赛马会全方位学习基金资助面更为广泛。

"赛马会全方位学习基金"由香港赛马会慈善信托基金于 2002 年成立，为期 5 年。该笔基金共约 1 亿 3 千万港元，目的是资助财政上有困难的学生参与学校举办或认可在本港举行的全方位学习活动。每所中、小学获得的拨款，是按该校就读小四至小六或中一至中三，而又符合领取学生资助办事处全额资助或综合社会保障援助的学生人数计算。学校除了考虑上述两类学生对基金的申请，也可使用拨款资助经审定符合学校规定有财政困难的学生参与全方位学习活动。由 2005 年 9 月开始，学校使用拨款帮助有财政困难学生的上限，由 10% 增至 100%。

由于基金得到学校、家长及学生的普遍欢迎，香港赛马会慈善信托基金同意拨出 2 亿 6 千万港元，将"香港赛马会全方位学习基金"计划延长 5 年至 2012 年，同时将受助学生的年级伸展至整个中小学阶段。在基金推出的第一个 5 年，每年均有超过 1000 所学校接受基金资助，推行全方位学习活动，学校参与率近九成，平均每年约有 10 万名符合资格学生受惠。

2007—2012 年度基金捐款额 2 亿 6 千万港元，资助对象为全港小一至中七学生，每年受惠人数约 20 万人，受资助活动为学校举行或认可的各类型全方位学习活动，活动的举行地点除香港外，更扩大至内地或海外。因此符合资格的活动包括学生交流计划、考察活动等。

亚洲旅游交流中心的《香港青少年赴内地游学兴趣调研报告》显示，香港青少年赴内地游学团申请经费资助已是常态，申请比例高达 59.8%，在为数众多的各类基金中，政府关爱基金所占比例最高，为 29.4%；香港赛马会基金所占比例为 26.5%，居次位。香港对青少年游学的社会资助较为完善，各项基金运营多年，也较为成熟。政府资助在所有类别的资助中所占比例最高，成为香港青少年游学的重要保障。

（三）香港青少年游学旅游目的地分布广泛，但近年来，内地成为香港青少年游学最主要的目的地，而前往广东省的游学旅游人数所占比例最大。在香港学生最想去的修学旅游目的地中，英国、日本、中国内地分别列前三位。

据香港教育工作者联会（简称教联）数据显示，香港青少年游学主要前往台湾地区、新加坡、韩国、澳洲、中国内地、美国、加拿大、日本、马来西亚、英国等地，而就游学旅游的数量而言，内地成为香港青少年游学最主要的目的地，而前往广东省的游学旅游人数所占比例最大（如图 1 所示）。

表3 2010－2012 年游学团情况

| | 中国以外 | | 去内地团数 | 总人数 | 去广东团数 | 人数 |
|---|---|---|---|---|---|---|
| | 游学团数 | 总人数 | | | | |
| 2010 年 | ／ | ／ | ／ | ／ | 243 | 8500 |
| 2011 年 | 33 | 980 | 19 | 567 | 372 | 14030 |
| 2012 年 | 48 | 1425 | 33 | 982 | 32 | 1120 |

注：数据来源于香港教育工作者联会（简称教联）。

　　亚洲旅游交流中心的《香港青少年赴内地游学兴趣调研报告》显示，香港青少年游学旅游主要目的地仍在中国内地，且以广东省所占比例最高，广东以外的远途地区正在逐步增长。香港周边国家及地区、欧美地区和中国台湾地区成为继中国内地之后的主要目的地，分居其后。

　　在香港学生最想去的修学旅游目的地中，英国、日本、中国内地分别列前三位。前往中国内地游学主要集中于大中型城市，未来旅游资源与文化教育较为发达的中国内地部分地区会在香港游学旅游市场占到较多份额（如图1 所示）。

图1　香港青少年最想去的游学旅游目的地分布（%）

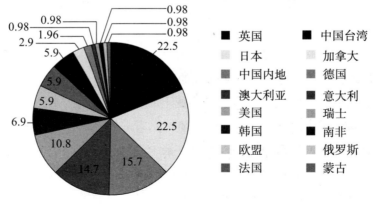

　　（四）香港青少年赴内地旅游花费低于市场平均价格。一方面，由于所去目的地大多集中于广东省，为短途旅游，故花费相对较少；另一方面由于受到政府及社会的资金支持，学生本身需要支出的费用较低。

　　亚洲旅游交流中心的《香港青少年赴内地游学兴趣调研报告》显示，

香港青少年到内地旅游花费主要集中于 1000 至 2000 元区间，总体花费大幅低于市场平均价格，政府及社会资助较为普遍（如图 2）。

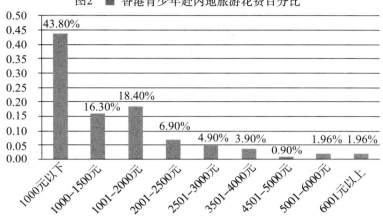

图2　█ 香港青少年赴内地旅游花费百分比

## 三、游学旅游作为文化传承的重要载体

**（一）游学旅游是全球化进程中实现文化认同的重要手段。**

全球化进程引发的民族认同问题早已进入学术视野，甚至可以说，这也是全球化带来的主要问题之一，民族国家对此争讼不已。一方面，全球化通过打破民族认同中的文化同质，从而达到对民族认同进行限制的目的；另一方面，全球化也为某些独特文化通过利用新技术进行文化重塑提供了可能，并且为文化获得延续、发展和繁荣的权利打开了新的渠道。在这两个方面中，旅游文化借全球化之势与民族文化认同发生了联系，而游学旅游正是承载了旅游文化传播与兴盛重任的载体。

一方面，旅游对民族文化认同形成了冲击。在"文化全球化"浪潮袭卷下，全球文化正处于变革之中，这种变革是世俗的、普遍的、深刻的。远方行为对本地生活体验的冲击和挑战，不是消极被动的事实，而是积极主动的扩张，是一个有目的、有规划、有意识的进程，不断加深全球性与地方性的矛盾和冲突，使"文化全球化"更多地表现为文化的单向流动。面对西方强势文化的侵蚀，保持一个民族国家的文化主体性成为关键而急迫的问题。在强势文化的输出和主导下，我国独有的旅游观念、旅游文化可能被同化、改造，进而向西方观念贴近。

外来的旅游及旅游文化中的消极因素对原有历史文化传统和承载这一传统的历史遗留形成实质性的毁灭，特别是对我国旅游文化本身，包括核心价值观念、信仰、风俗、习惯、语言等民族认同的文化要素进行渗透和蚕食，旅游文化承载的民族认同的文化同质将受到破坏。应该说，旅游成为全球化与民族文化认同之间的悖论的极好诠释，也是全球化对民族文化认同两个相反方面影响的现实载体。

在民族国家的文化战略中，文化受众群体最受关切的当然是青少年群体，而游学旅游的主体青少年则同时也是旅游文化接受和传播的主体。因此，旅游文化与青少年文化在全球化进程中的民族文化重建中相遇了。青少年文化与旅游文化在全球化的语境下均受到规制。

**（二）游学旅游承载了中国"游文化"的精神，是文化传承、寓教于游的典型形式，是教育机构实现教育效果的重要手段。**

游学（Study Abroad），是世界各国、各民族文明中，最为传统的一种学习教育方式。现代教育意义上的游学，是 20 世纪随着世界和平潮流和全球化发展进程而产生，并逐渐成熟的一种国际性跨文化体验式教育模式。

游学指离开自己熟悉的环境，到另一个全新的环境里进行学习和游玩，既不是单纯的旅游，也不是纯粹的学习，在学习之中放松，在游玩当中学习。游学的本质是文化的融合，游学是协助学员开阔视野，培养国际观的一种绝佳方式。

我国从春秋末年到战国末年，在社会上兴起的越陌度阡，投师问学、切磋学问的学子旅行活动，在我国旅游史上称之谓游学之旅，或学旅。先秦游学是中国旅游史上发生最早的民间文化旅游活动。春秋战国时期，士的崛起、诸侯争霸、列国争战与诸子百家争鸣的形势下而崛起的游学之旅，打上了时代的烙印，形成了自己的特色。一是游学阶层复杂，人数众多，地域广阔，形式多样。二是君子固穷，游学条件差，悬殊大。三是游学之旅突破了游不及庶人、乐仅限于大夫的局面，提高了旅游的文化层次和审美意识。

游学虽是一种功利性质的旅游活动，但它以文化思想作为基础，艰辛和坎坷的旅途作为活动形式，是锻炼和造就人才的好方法。旅游者游观事物的渊博学说、文化思想和审美情趣，无疑丰富和提高了旅游的文化内涵。

**（三）游学旅游还是以柔性方式进行国民教育的必要手段。**

香港的国民教育历来是社会关注的热点，如何进行有效合理平稳的国民教育是目前香港教育界的重要问题，通过游学旅游强化国民教育的一个绝好例子，即是红色旅游。

红色旅游是把红色人文景观和绿色自然景观结合起来，把革命传统教育与促进旅游产业发展结合起来的一种新型的主题旅游形式，其打造的红色旅游线路和经典景区，既可以观光赏景，也可以了解革命历史，增长革命斗争知识，学习革命斗争精神，培育新的时代精神，并使之成为一种文化。

首先，红色旅游的发展前提是提高精神质素，丰富道德内涵。红色旅游是新形势下精神文明建设的重要载体，在推进旅游产业发展的同时，也推进了精神文明的建设，满足了公众对"红色文化"的需求，寓教于游，寓教于乐。

其次，红色旅游精神基础是弘扬爱国主义。红色旅游为革命历史传统教育及爱国主义教育找到了最佳的结合点，发挥着第二课堂的巨大教育作用。红色旅游是培育"红色"下一代的重要课堂。通过开展"红色旅游"活动，可以将革命历史知识、革命传统和革命精神以旅游的方式传输给广大青少年，潜移默化，行之有效。

从社会学视角看，青年作为富有生命力和创造力的群体，是社会承前启后、充满活力的主要力量，其发展程度往往是衡量一个社会发展程度的重要指标。而红色旅游则以吸引广大青少年前往革命圣地旅游，并进行革命传统教育为目的。可以说，红色旅游为文化的传播提供了必要的对象和载体。

目前，香港众多的游学线路中也包含一定数量的红色旅游产品及文化的展示。但据亚洲旅游交流中心的《香港青少年赴内地游学兴趣调研报告》显示，香港青少年对"红色旅游"的认知程度较低，红色旅游作为具有特定内涵的概念在香港青少年中较为生僻，"红色旅游"的总体吸引力较弱。对于红色旅游，香港青少年总体了解较少，其中，"不了解，没听过"的占57.8%，"了解一些情况"的所占比例为27.5%，"知道基本内容"的所占比例为11.8%，"非常熟悉"的所占比例为2.9%。有48%的人认为"基本没有吸引力"，37.3%的人认为"有一般吸引力"，只有2.9%的人认为"有较强吸引力"。作为国民教育的重要方式，红色旅游目前在香港地区的吸引力和认知度还需提升。

游学旅游作为旅游业务的一个分支正在逐步壮大，各大旅行社纷纷涉足游学旅游业务，竞争日趋激烈。游学旅游成为旅游市场拓展的重要方向。香港游学旅游市场深具潜力，赴内地游学旅游市场广阔，具有带动旅游、文化、教育等产业协同发展的潜质，对促进香港经济繁荣、社会发展有强劲的推动力。游学旅游与青少年有密切的联系，只有明晰这种联系，并将之强化为实际活动，才能有效地为青少年文化创新实践加强推动力。

（杨晶　北京青少年研究所副研究员）

# 职场小说中的青年形象

从文学形象的典型意义来看，职场小说中的人物形象无疑是不够的，但作为强调真实性的畅销书中的主人公，职场小说中的人物无疑又是极具意味的。因为小说中的人物塑造，不可能原封不动地记录真实生活中的某人或某些人，必然是客观世界与作家心灵碰撞而成的结晶体。因此，分析职场小说作品中的人物形象，既可以探求社会生活和时代精神的变迁，还可以触及身为职场精英的作者们的内心世界。阅读职场小说，仿佛走进了一座职场与人生的培训学校，迎面而来的小说人物就是这培训讲台上的讲师，他们授课的风格各异，但无一例外都豪情满怀，活力四射，极力地吸引你的注意。为了叙述和对比的简便，本文将职场小说中的人物形象按性别分为两个系列分别阐述。

男性系列：洪钧 方威 陆帆

洪钧是王强《圈子圈套》的主人公，方威是付遥《输赢》的主人公，陆帆则是崔曼莉《浮沉》的主人公，三部作品在职场小说中的知名度都很高，其人物形象也常被粉丝在网上热议。把这三个个性并不完全相同的人物并列起来，是因为他们在作品中的处境及"成就"有着惊人的相似。

处境：都是在大型跨国公司任 IT 界的销售，都面临着市场与职场的严峻挑战。

人物：历经没有硝烟的巅峰对决之惊险离奇，最终又出人意料地将输赢成败视若浮云。

故事框架：与极其高明又彼此熟悉的竞争对手争夺一个销售大单；与国内外利益观点不一致者角力，角逐跨国公司在中国区的高管职位；同时，还将与一至两位女性发生情感纠葛。最终结局往往是男主人公获得了订单，在公司中获得了提升，并不约而同地抛弃现代职业型而选择了传统温柔型的女子。

先看洪钧。在《圈子圈套》中，洪钧的打单故事有稀里糊涂的失败，更有力挽狂澜的决胜；在跨国企业本土化过程中的权力斗争中，洪钧也曾运筹帷幄、斗智斗勇、纵横捭阖，几度大起大落。当他春风得意之时，在饮食上以吃大餐为主，在女人上，"一直是吃快餐"或者说是"快餐中的上品"，但当他掉入与他同样是在跨国企业 IT 界呼风唤雨，锋芒毕露的昔日好友、今日劲敌的俞威所设计的圈套后，坠入职场与情场的双重深渊，被公司开除，从即将成为世界 500 强企业首席代表变成了失业者，职位和女友尽归对手所获，"虽然没有硝烟，却比战场更血腥；虽然并未战死，却比死亡更痛苦"。当然，最终的结局是洪钧在新东家兼并老东家之际，再次成为中国区的首席代表，并将与那个在深夜的寒风中久等自己甚而落泪的女子菲比牵手浪漫婚礼。

再看方威。方威是就职于一个顶尖跨国企业的销售天才，不仅在销售战场上所向无敌，言传身教带出了一个优秀销售团队，并且将自己的超级销售方法——摧龙六式用于爱情大战。方威对美丽的空姐赵颖一见倾心，由此展开了一场与商业利益相缠绕的感情追逐。方威是一个没有任何权利背景的销售人员，却要凭着自己无敌的销售技巧和目标大客户经信银行行长的儿子竞标爱情。方威受到了致命的打击：他所主攻的经信银行大单，在已经中标的情况下，却被对手轻松翻盘；与此同时，赵颖即将与男友完婚并双双飞往加拿大。方威在经历了失去赵颖的锥心痛苦后，又在登山中经历了命悬一线的危险，顿悟到"人生只有过程，结果只是勾勒人生过程的记号。我以前却执著于结果的输赢之中，忽略了欣赏人生的精彩过程"。① 在《输赢》故事的另一版本《输赢之摧龙六式》中，方威在周锐即将解职，行业又将风云再起之际，留下一纸告假条，飞往加拿大追随赵颖而去。其实，在《输赢》中的周锐与方威是二位一体的人物形象。方威是周锐一手培养出来的顶级销售高手，在工作中两人密切配合，在生活中彼此又是知心朋友，方威对赵颖的深情正如周锐对骆伽，方威的摧龙六式之上的人生感悟与周锐在小说结尾时的培训中的谆谆教诲如出一辙。

--------

① 付遥：《输赢》，北京大学出版社 2010 年 8 月第 1 版。

陆帆是《浮沉》的男主人公，在小说中是超级跨国公司赛思的销售总监，是年收入上百万的新锐海归，并且是一个备受瞩目的钻石王老五。陆帆深受外企文化的影响，在激烈的斗争、残酷的竞争中总是能够保持一份从容稳重，对待女性——即使是女性下属，有着浓厚的西方绅士派头。在职场新人乔莉从前台转入销售时，是他别出心裁地将晶通7亿元的大单挂在了她的名下。在以后与竞争对手的明争暗斗中，又是他直接向乔莉发出指令，也是他在困难重重中给予乔莉支持与帮助，因为他说他们"是一个团队，要荣辱与共，同进共退"。但最终陆帆却将他的关注与爱恋给了脸色很白、身材纤弱的车雅尼。

以上三部小说均以大型项目的销售商战为主线，填充了商战里的众多要素：跳槽、回扣、公司政治、跨国企业的文化冲突；在刻画商战的胜利和失败的同时，书中也满缀着人生的众多要素：阴谋与爱情、利用与被利用、背叛与被背叛、物欲横流和尔虞我诈。故事情节环环相扣，机变迭出，计谋重重，扑朔迷离，精彩迭出，但最出彩的地方，是基于作者令人称奇的商海经历，能就职场风云道出常人所不能道的惊人之语，令人信服。因此，众多读者将其誉为"职场胜经"、"销售培训教材"、"最激励人心的职场生存小说"，更有读者认为"有白领处必有……"。可以说三位小说作者都有着不凡的职场资历，是在实际工作中非常有才能、对现代职场规则十分熟悉的人，却竟然不约而同地以不同的笔调叙述着相似的故事，在人物塑造与情节安排上如此一致，这不可能是偶然，而是一个值得深入探讨的现象：为什么职场商战小说中的主人公都是大型外企的销售总监。

职场商战小说总是会反复地强调，小说中的"人物、企业、项目、事件，甚至时间场所都是以现实中的真实原型为基础的"①，职场小说可以说都是作者的自传性小说。由于三位作者都有着令人称羡的职场资历：写作《圈子圈套》的王强清华大学硕士毕业，在十年的职业生涯中，传奇般地从一名联想的销售代表，升至美国系统软件联合（SSA Global）公司的销

---

① 王强：《圈子圈套1》，清华大学出版社2010年1月第1版。

售经理，转任西门子中国公司行业应用服务部门执行经理；曾任美国客户关系管理（CRM）软件厂商 SIEBEL 公司中国区的首任总经理，后担任美国商业智能软件厂商 SAS 公司中国区总经理。《输赢》的作者付遥，是实战派销售专家，天涯社区专栏作家，曾从事软件开发，担任过 IBM 公司销售客户经理，后负责戴尔公司培训部门，为 IBM、联想、中国移动、诺基亚、中兴通讯等企业提供培训和咨询服务。《浮沉》的作者崔曼莉毕业于南京大学中文系，曾为电视节目主持人、策划营销，有在知名企业工作的经历，现为某高科技公司执行总裁。所有这些对小说真实性的强调，无疑会将读者引向尽可以从小说中看到职场真相的想象，而且应当是顶级的销售人员与团队的智慧与魄力的大决战。在一个销售决定生产甚至决定一切的市场经济体系中，大型外企的销售总监无疑是这大决战的最好的不二人选，但作者是怎样让这些销售总监得到读者的热捧，进而在职场小说热中实现商业利益的？

在这样相似的动机与背景下，三位作者不期然地采取了相同的策略：极力将政治主导价值观与精英价值观、大众文化价值观糅合在一起，既吻合了主流意识形态的需求，又照顾了精英的诉求，同时还兼顾了大众消费文化的需求。《圈子圈套》、《输赢》与《浮沉》等职场商战小说的策划，在本质上都是以标榜精英文化为卖点的大众文化市场的商品，他们的目标读者群都明确定位于都市中的外企白领或即将要成为外企白领的人群，在写作营销过程中都非常重视满足读者的要求。

不约而同地将大外企的销售总监塑造成一个时代英雄，不是因为主流意识形态的要求，而是由于巧妙隐蔽的商业运作的要求，很大程度上也可视为迎合消费文化的结果：在当下这个商业资本话语霸权时代，由资本的"丛林法则"和"成功神话"主宰的经济理性时代，以销售总监为代表的创富先锋成为渴望成功和致富的大众心目中最耀眼的偶像和明星，以"财富精英"的传奇故事迎合读者的社会理想和普遍的价值认同，使这些策划在先的职场小说大获成功。职场商战小说以"财富精英"准确迎合读者受众的需求，究其实也是为了实现自身的出版销售量及最终的商业利益。

但这些销售总监的精神气质与传统的青年才俊相比毫无疑问是异质

的：他们锐意进取，不按常规出牌，是极端灵活善变和极端坚韧清晰的结合体，有一种义无反顾的坚定，在困难与挫折面前百折不挠，迅速创造着属于自己的财富、地位；与传统道德相比，他们的身上无时无刻地散发出一种不羁的个人主义、自由主义者气质。作者是如何将其整合成吻合主流意识形态需求的时代精英的呢，笔者认为其主要途径有两个，一是通过反抗外企上司和同事在办公室政治中对自己的排挤，并将其巧妙移位修饰而表达为对国家、民族的认同，把一个原本并无大是大非的办公室政治问题，上升到了一个关乎民族感情立场的道德制高点上。另一个是，作者让笔下的这些人物以精英青年的身份，就自己的价值取向、人生态度、思维方式等多种层面发表深刻独到的见解，对读者推心置腹、循循善诱，在逃离假大空的同时，将他们塑造成不仅自己已取得了显著的成就，而且还具有引导同时代的年轻人共同进步的高尚人格、时代风范。

同时，作者在塑造人物时又照顾了精英的诉求：主人公要么在海外学成归来，要么已打拼成让同行闻风丧胆的销售奇才，最不济也正直接主攻着一个又一个以亿计的销售大单。他们崇尚理想主义和富裕的价值观，他们对市场体制、自由主义和个人主义有更深的认识，他们对现存的社会秩序，拥有更加卓越的市场竞争力。他们都是依凭自己卓尔不群的智慧与胆识获得了令人惊叹的财富与地位的时代精英。整个社会盛行的竞争奋斗和消费主义价值观迅速使他们成为了新理想的代表、新经济的代言人和新财富的象征，成为了当代英雄，当然，这种英雄气质中还包括那么一点"狂傲"与"霸气"。洪钧费尽心思、几经周折，让（国务院）"三号"对自己的外企大老板说出了"外企本土化的过程中，在管理上也应当本土化"，从而使自己最终坐上了大中国区的首席代表职位；国务院总理也曾征询方威的意见，并与他交换自己的特制名片——如此高端的精英英雄必然为俗人所敬仰钦佩。

同时这些销售总监们无不是 35 岁左右，英俊潇洒，重感情有风度，并且都一定是单身未婚，极具通俗小说中爱情故事不可或缺的"所有女人都想嫁"的男主人公的条件。惊心动魄的职场商战小说就这样在不经意之间掺进了或是催人泪下或是浮想翩翩的情感大戏，把都市青年群体中令人好奇、令人羡慕的外企高薪青年打造成了有偶像潜质的大众情人，在标榜人物"精英"特质的同时，兼顾消费文化的需求，适宜地迎合普罗大众的欣赏口味，借鉴通俗小说的方法和手段，赋予主人公偶像崇拜的时尚性元素：在公司里一言九鼎举足轻重，坐在商务舱满世界飞来飞去，偶尔还要陪伴家人或朋友漫步在泰国、马来西亚的海岸边。难怪有人说："一阵风吹过，也是吹的销售总监。"

回顾男性系列的一组人物，不由使人感叹，出版发行商不遗余力地包装宣传作者们傲人的职场资历，小说作者们也极尽所能地将作品中的主人公打造成大众偶像、时代精英，实质上无不是市场经济中商业利益的驱使，当然，也体现了读者的阅读取向，尽管不一定自觉，更不一定愿意承认。但明星偶像固然炫目，总是有些不接地气，因此，才会有粉丝在网上抗议，比土鳖更土的范宇宙（《圈子圈套》中的一个灰色小人物）写得太少了。

女性系列：杜拉拉、乔莉、米娅

在正统的文学评论家看来，无论杜拉拉、乔莉还是米娅都欠缺个性化的语言风格、细致传神的细节描写，都算不得成功的人物形象，但心有灵犀的读者，在文本与现实的互文中，却从杜拉拉、乔莉和米娅的身上，既能体会到历史的积淀，更会感到潮流的激荡，他们甘愿热捧杜拉拉们。

杜拉拉是女作者李可的小说《杜拉拉升职记》中的女主人公，是当今"典型的中产阶级的代表，姿色中上，没有特殊背景，受过良好的教育，靠个人奋斗取得成功"。杜拉拉刚一入职，就通过同事海伦了解到公司员工以职位和薪酬划分的等级差别：经理级以下级别叫"小资"，就是"穷人"的意思，一般情况下利用公共交通工具上下班，不然就会影响还房贷；经理级别算"中产阶级"，特征就是他们买第一个房子不需要贷款，典型的一线经理私家车是宝来，公司提供的交通补贴能涵盖部分用车费用，二线经理则开帕萨特，公司提供的交通补贴基本能涵盖用车费用；总监级别是"高产阶级"，高产们不止有一处房子，房子都是在好地段的优质房产或者别墅，可以自愿选择享受公司提供的商务车，或者拿相当于公司商务车型的价格的补贴额度自己买车，和车相关的费用完全由公司承担；VP 和 president 是"富人"，家里有管家和门房，公司配给专门的司机，出差坐头等舱。① 杜拉拉立刻想到，自己不能一直做销售助理，否则只有当"小资"了。事实上，"社会经济地位的高低，直接决定着女性的独立程度，决定其对各类资源的控制能力，进而决定其在社会中的自主性和独立性；妇女只有在社会公共劳动中才能确立自身的人格尊严和价值。"②

杜拉拉不仅有升职的成功，还曾与公司大客户部总监王伟有过浪漫恋爱。在这场风花雪月的恋爱中，杜拉拉身上值得关注的不仅有她的艰苦打拼的精神，还有她身为女性的自尊与独立。杜拉拉希望从行政管理调整到人力资源管理的岗位上，为此，她在繁忙的工作之余，主动自费进修学习HR 知识，即使大声嚷嚷太累太累，但又坚决不许王伟利用职权给她半点照顾，后来杜拉拉事先已知王伟将在公司新一轮人事调整中被离职，杜拉拉也恪尽职守，并不曾向王伟透露半分，公私分明，她对他的感情也并不因为他的职位的变化而有变化。

李可敏感地意识到女性在现实中面临的性别与经济的双重困境，并在不自觉中将笔伸入这个领域，以她的生活直觉真实地反映了中西方两种文明的撞击下女性心理的痛苦与困惑，但她最终由于迎合读者大众的阅读趣味，以畅销书的题材和情节替代了对作品原本可能有的深刻丰富的内涵追求。在全球经济一体化的历史语境中，经济体制的改革导致了社会结构的转型，社会的转型又导致了传统价值观的解体，消费主义文化的价值观念和生活方式被大众广泛接受。因为全方位世俗化的市场经济社会，在带来财富的同时也加剧了贫富分化，"房奴"、"蚁族"与天价别墅、豪华汽车同时并存，倍感压力的李可与杜拉拉们很容易认同认定，成功幸福都应有物质财富的支撑，因此，寻求个人出路的过程也必将是追逐财富和地位的过程，物欲横流成了全社会公认的价值观。但杜拉拉的特别之处在于她的选择：在追逐财富的过程中，没有追随"高产阶级"的王伟而去，而是独

---

① 李可：《杜拉拉升职记》，陕西师范大学出版社 2008 年 1 月第 2 版。
② 徐丽红、颜华、徐雁闽：《就业水平：妇女地位提高的重要标志》，《中国职工教育》2003年第 7 期。

自留在 DB，利用难得的机会在工作中发展自己。她应当知道，若得不到王伟的理解与支持，不一定会幸福；但若是放弃自己职业发展的机会，追随王伟，与他结婚，则一定会不幸福。因为对她而言，相爱是有条件的，可借用舒婷《致橡树》中的诗句表达："我必须以树的形象和你站在一起。"理当分担分享，理当有心灵的共鸣，但分担与分享都需要深切的理解，女性既要与男性完全平等，又要自觉保持个人独立的意愿。因此，在杜拉拉的天平上，自我价值的实现是先于爱情美满的，因此，她是痛苦然而理性地做出了自己的选择。这样的女性形象，在当代小说中尚属首次出现，女主人公也因此在读者中大受追捧，被改编成电影、电视、话剧，因为它为同样处境与身份的读者唱出了一首女性自己的歌，是一场女性表达自己的欲望和追求的梦——反映了当代青年的一种新的价值趋向，绝非李可苦思冥想可以杜撰出来的。

工作与爱情是青年人生活的两大主题，《浮沉》中的女主人公乔莉也不例外。与别的作者将职场小说定位为职场教科书不同，崔曼莉写《浮沉》有着追求作品文学性的自觉，并且，作者此前有着多部短篇与长篇小说创作的经历，[①] 因此，作为人物形象，乔莉比杜拉拉有着更为丰富的、个性化的精神内涵。

乔莉从一个前台做到在华最大外企之一的赛思中国区的总裁秘书，后来又成功转型成为一名销售，不期而遇一个价值 7 亿的大单。在你死我活的商场搏杀中，她一面承受着没有销售经验的压力，一面又备受办公室政治的困扰，既是一颗悲壮的棋子，又是一名无畏的勇士。

《浮沉》与一般的职场小说最大的不同在于，《浮沉》中的人物没有一个把职场成功视为终极目标，他们思考的不仅是安身问题，更是如何立命，立一个什么样的命的问题——他们面对的是自己内心深处对人生价值观的追问。小说通过乔莉与她父亲的沟通，既让读者看到了她内心的脆弱与坚强，幼稚与成熟，又让读者理解了乔莉的精神资源，乔父可以说就是中国传统哲学精神的化身，他总能适时地告诫勉励乔莉："君子自强不

---

① 崔曼莉：《浮沉 2》，陕西师范大学出版社 2009 年 11 月第 1 版。

息"、"君子不立危墙之下"、"己所不欲，勿施于人"、"事缓则圆"、"有所为有所不为"，也正是有乔父的指导，聪明的乔莉才能在复杂叵测的情境中见招拆招，以见习销售的身份经历一场波诡云谲、玄机重重的职场商战风云。

乔莉也正因为这"君子自强不息"的精神，使她一方面受到读者的热爱，另一方面也引起广泛争议。究其实，之所以有争议，不在于她的行为本身是否正确，而是在判定这是否是一个"正确"的女性行为时发生了分歧，因为"君子自强不息"的完整版本应是"天行健，君子以自强不息；地势坤，君子以厚德载物"。她身为女性，应相应于"地"，应当装愚守拙，应当厚德载物，而不应当争，不应当强。《浮沉》里的人物与别的职场商战小说主人公相比，少了几分偶像明星的浪漫传奇，多了一点在困境中突围的英雄气概，都是被现实困扰，受理想制约的英雄，女主人公乔莉也是如此，她为自己的职责一往无前，很坚强，但她和他们一样，都有各自的缺点与各自的孤独无奈，都面临着各种各样的问题。崔曼莉的智慧与自信使她笔下的女主人公乔莉理所当然、不容置疑地迈进了这英雄的行列。

关于乔莉爱情的结局也很出乎一般读者的意料。乔莉的上司陆帆美国商学院学成归来，大外企的销售总监，非常有绅士风度，两人在工作中"是一个团队"，接触很多，陆帆是在乔莉工作上给予帮助与支持最大的人。按说聪明的乔莉应当将其作为一个不逊于7亿元的情感大单掌握手中，但小说中的乔莉似乎在情感的天平上倾斜向了并不那么常见面的周雄。因为乔莉以一个女性的细腻敏感，觉察出陆帆对自己与对车雅尼的关心是不同的，陆帆关心自己主要是出于工作的原因，是彼此的职位使然，陆帆并不理解乔莉的伤心和徘徊；相反，外刚内柔的陆帆见到车雅尼则会情不自禁地目光追随，神情举止顿失往常的洒脱自如，对这个脸色很白、身材纤弱的女子总是牵挂不已关怀备至。乔莉可以出奇制胜地解决职场性骚扰，但面对爱情的抉择，她却尊重自己的内心而不是头脑，因为车雅尼的出现，她意识到自己与陆帆之间的女性社会性别角色定位的矛盾与差异，在感情上主动远离了近在咫尺的"机会"。可见，乔莉是一个有着鲜明的女性自我意识的女性形象，也可以说是女作者崔曼莉在职场浮沉中的人生思考与回答，身为女性如何安身立命？如何面对自己内心深处对人生价值的追问。

米娅是稍后出现在秦与希的小说《米娅，快跑》中的女主人公。米娅身上无疑有着作者的影子，秦与希毕业于北京大学，曾任职世界500强公司，欧洲留学归国后任职媒体。米娅也是毕业于国内最高学府，进入知名外企宝洁公司，7年后辞职去法国巴黎高商学习。米娅是一个快乐的、鬼灵精怪的姑娘，上学考试、毕业求职、职位晋升、爱情选择……米娅总是能"混"得很幸运。

"混"是米娅最突出的个性特点，但米娅的"混"不是浑浑噩噩、随波逐流，而是一个聪明女性在洞悉了现存的各式规则的约束与缝隙后，所采用的"投入产出比"最高的应对方式。她曾说："我觉得天下的女人分两类，一类是生下来就知道自己要什么，一类是在不断摸索和碰壁之中慢慢知道自己要什么。晓含属于前者，我则属于后者。当然，肯定还有活了一辈子都不知道自己要什么的，我就把她们排除在外了，我认为她们基本上不算女人，她们属于男人和女人之外的第三类：糊涂人。"① 可见，米娅对于社会性别差异、对于自我的内心价值取舍绝不糊涂；米娅的"混"表明了身为第二性的女性的反抗，不一定要用眼泪和暴力，她可以迂回、从容甚至骄傲地消解压迫。事实上，该小说中的三位女性中，正是能"混"的米娅和最没有事业心的晓含成为升职最快的人，而说话很冲，高智商的工作狂苏则落于下风。

米娅的"混"还伴有一种难得的洒脱与大气，也可以说是一种大智慧、大勇气。在一个被拜金主义的人潮裹挟拥的时代，幸运的她若是顺势而为，很可能会得到更高的职位、更多的薪资报酬，但米娅却选择了自行离去，她那洒脱远去的美丽背影使我们回想起了她的职业理想：要有一间有门的独立办公室，因为唯有如此才能保有隐私，才能有尊严。这让人很自然地就会想到女性主义者弗吉尼亚·伍尔夫的主张：一个想拥有尊严

---

① 秦与希：《米娅，快跑》，北京大学出版社2010年3月第1版。

与自我的女性，应当有一个自己的房间。米娅在宝洁历经了 7 年的蜕变，从冒失犯傻到心有城府，但当同事 Helen 患癌症去世之后，她用自己的视角，平静地审视着别人心目中殿堂般的外企，认真严肃地思考企业与人、资本的秉性等问题，认定"生活不是走向坟墓的一段旅途"，并且对于男人来说，事业的成功无疑会让他在生活中游刃有余，但对于女人来说，事业的发展与女性生命的完美是分裂的，发展的女人往往陷入特有的困境。因此，每顿饭都吃 KFC 的物质优裕并不能成为她的职场动力。她要去追寻自己内心的宁静，要过自己想要过的生活，米娅的离去实质上是对生活方式的自我选择、对人生价值的取舍，离开是为了回归自我。身为女性的米娅敢于听从自己内心的愿望，反思自己"幸运的"生活道路并急流勇退的勇气，正是她不同于其他女性形象的新的精神气质。

可以说，女性作家笔下的女性形象虽然面临的是各自不同的困难和诱惑，但在她们身上，除了惯常歌颂的执著追求理想、不慕荣华富贵的传统高贵品格，也有着鲜明的时代色彩，那就是她们的价值取向重心移向了自我，以自我价值实现、自我人格完善代替对浪漫爱情的梦想。刘慧英曾总结文学中的女性形象，说："绝大多数的女人是在爱情中寻找自我，最后又在爱情中迷失自我一样，女性文学本身涉足最多和最深的也是爱的主题，这一主题至今仍然陷于困惑之中，它没能找到一个终极的完满答案，这也是女性未趋于完全解放的一个标志和象征。"① 但是，在女性作家笔下的职场新女性形象是一系列出现在新的环境，带有诸多新的特质因素的人物。她们身上新的特质因素是在市场经济时代，在外企这个中西文化碰撞最为激烈的环境中，女作者们敏锐而真实地感受到并借助笔下的女性人物形象反映出的新的女性价值观念、生活方式，以及新的理想人格。

当我们审视职场小说时，不难发现"在高度发达的工业社会中，读者的阅读需求由娱乐、审美需求向实用性需求转变，读者阅读小说的目的主要的不再是接受教育和熏陶，不再是娱乐和审美（因为发达工业社会借助技术手段提供了更多更具吸引力的娱乐方式，如电影、电视、游戏等等），

---

① 刘慧英：《走出男权传统的樊篱——文学中男权意识的批判》，生活·读书·新知三联书店 1996 年 4 月第 1 版。

而是从中寻找生存与生活的经验和智慧，以帮助个体自我更好地在现实中立足"。① 职场小说的致力方向也正是全方位地向你提供人际技巧、竞争意识、商场规则等培训。人物塑造并不突出，但由于职场资历非凡的作者们的生活经验书写及自我投射的文学想象，使作品中的这些青年形象准确把握住了时代脉搏，折射了都市青年读者当下现实的矛盾与困惑，因而作品中的人物形象引起读者的共鸣。

（黄岚　北京青年政治学院副教授）

---

① 周丽娜：《繁华背后是什么》，《文艺评论》2011 年第 7 期。

# 流动人口未成年子女
# 在京学习状况与期望调查报告

## 一、前言

流动人口是在中国户籍制度条件下的一个特有的概念，指离开了户籍所在地到其他地方暂住的人口，但目前在国内的学术界、政府文件中尚无精确和统一的定义。国际上，类似的群体被称为"国内移民"。

2010 年第六次人口普查数据显示，北京市共登记常住人口 1961.2 万人，与 2000 年第五次全国人口普查相比，十年共增加 604.3 万人，增长44.5%。平均每年增加 60.4 万人，年平均增长率为 3.8%。全市常住人口中，外省市来京人员为 704.5 万人，与 2000 年第五次全国人口普查相比，外省市来京人员增加 447.7 万人，平均每年增加 44.8 万人，年平均增长率为 10.6%。外来人口在常住人口中的比重由 2000 年的 18.9% 提高到 2010 年的 35.9%。外来人口增长是北京市常住人口增长的主要因素。[①]

流动人口尤其是以进城务工为目的的农民工为城市建设作出了重要的贡献，城市需要流动人口，需要农民工，但城市并没有很好地接纳他们。不少的研究发现，以农民工为主体的进城务工流动人口普遍存在着劳动合同签订率低、社会保险参与率低、工资水平总体偏低现象。80 后、90 后新生代农民工普遍感到社会对他们的歧视、不公正，现实生活与自己的"城市梦"存在很大的差距。

2010 年 6 月 15 日，温家宝总理在北京考察工作时说："农民工是当代中国产业工人的主力军，我们的社会财富、高楼大厦都凝聚着你们的辛勤

---

[①] 北京市第六次全国人口普查领导小组办公室、北京市统计局、国家统计局北京调查总队：《北京市 2010 年第六次全国人口普查主要数据情况》，数据来源 http://www.bjstats.gov.cn/rkpc_6pcdttztg/201105/t20110504_201368.htm。

劳动和汗水，你们的劳动是光荣的，应该得到全社会的尊重。要关心农民工、爱护农民工、尊重农民工，尤其是年轻一代的农民工。通过座谈，使我感到，你们富有朝气、热爱学习、积极向上，你们都掌握了一定的技能，工作也很努力，不少已成为单位骨干。政府以及社会各界都应该像对待自己的孩子一样对待年轻农民工。"①

2011 年 10 月 11 日召开的优秀来京务工人员代表座谈会上，时任北京市委书记的刘淇说："没有广大来京务工人员的参与和努力，就不会有如今处处充满生机和活力的北京。""要把来京务工人员作为北京的新市民，在政治上尊重、生活上关心、工作上支持，解决好他们普遍关心的问题。"② 刘淇强调，要解决好广大来京务工群众普遍关心的问题。一是加强对来京务工人员劳动权益的保护，特别是要严格执行劳动合同制度，切实解决拖欠工资的问题。二是保障来京务工人员享受到基本公共服务，特别是教育、卫生、安全等方面的公共服务。三是着力解决来京务工人员社会保险问题，重点解决好工伤、医疗和养老等保险问题。努力将稳定就业的农民工纳入城镇职工基本医疗保险和养老保险。同时，要在来京务工群众中加强文化建设，保障他们的基本文化权益，丰富他们的精神文化生活。

流动少年儿童是跟随父母双方或者其中一方到城市里生活和学习，居住半年以上的不具有流入地户籍的未成年人。由于农民工是流动人口的主体，因此这些流动少年儿童大多数来自农村。随着我国经济的快速发展，越来越多的流动人口尤其是农村剩余劳动力流入城市，流动儿童的数量也在逐年增加。根据第六次人口普查资料，在北京市常住外来人口中，0—14 岁人口48.4 万。③

流动使这些少年儿童的生活发生了重大的变化，一方面，尽管他们的父母在城市从事的是次属劳动力市场中地位比较差的职业，收入也比较低，但相对于在家务农要好，他们在城市里的物质生活环境比在家乡时更

---

① 2010 年 6 月 15 日《新京报》，转引自中国网络电视台 http：//news. cntv. cn/china/20100615/100492_ 1. shtml

② 杨滨：《外来工是北京新市民》，《北京晚报》2011 年 10 月 12 日 02 版。

③ 北京市统计局、国家统计局北京调查总队编：《北京统计年鉴 2011》，中国统计出版社 2011年版。

丰富，城市拥有丰富的科技、信息和人文资源以及良好的生活秩序等，开拓了流动少年儿童的视野，促进他们的认知发展。另一方面，虽然政府采取了许多措施，让更多的流动儿童与同龄的都市孩子一样"同在蓝天下，共同成长进步"，然而流动儿童在城市属于弱势群体、边缘人群，他们面临着入学难、升学难、甚至受歧视等境况。相对于城市少年儿童，流动少年儿童经历了生活环境的重大变化，他们所拥有的教育资源和物质财富与城市儿童相比仍有很大差距。流动使他们的生活缺乏安定感，漂泊的感受使他们在城市里很难获得归属感。作为适龄的流动少年儿童，他们正处于学习、发育身体的时期，但他们却远离了熟悉的生活环境来到一个陌生的地方，这样的流动将对他们的成长产生深刻的影响。流动少年儿童在流入地接受学校教育情况，不仅事关他们的成长与发展问题，而且也关乎到社会的公平、公正，更关乎到社会的和谐稳定大局。

如何解决流动人口面临的各种生活实际困难，如何帮助他们融入城市，如何解决流动人口子女入学与教育问题，是摆在北京市委、市政府面前的一个重大课题。在这一背景下，北京市人口与计划生育委员会于2011年10月适时提出以流动人口最多的朝阳区、海淀区、丰台区和大兴区作为重点，委托北京青年政治学院北京青少年研究所开展"北京市流动人口生存状况与未来预期"的调查课题，以便及时、准确地把握在京流动人口的生存、生活、就业、社会保障、子女教育等基本状况与未来预期，为北京市委、市政府制定流动人口的相关政策提供决策咨询，更好地创新流动人口的社会管理与服务机制，促进流动人口融入城市并成为新的市民。

该研究报告即是这次课题的成果之一。有关抽样、调查实施等情况，可以参阅课题组完成的《北京市流动人口生存状况与未来预期调查总报告》的前言部分。本次课题组对流动少年儿童的年龄限制在10—18岁之间，随父母或其中的一方流动到北京，并且目前在北京上小学或中学，也即是说，本次课题组研究的对象流动少年儿童是流动人口中的未成年的中小学生。对这些未成年的中小学生的访问，采取两种形式进行，一是在入户访问成年人时，同时对符合条件的未成年中小学生进行访问，二是到学校对流动人口子女进行集中访问。其中，在大兴区的调查是采取第一种形式进行，在朝阳、海淀和丰台三个区的调查是采取第二种形式进行，由各区计生科与所在区的教委联系，确定被访问的学校，再确定访问的年级和班级，由课题组负责人和各区计生科负责人或工作人员到所抽选的班级对学生进行集中访问，并当场收回调查问卷。

本次共对朝阳区、海淀区和丰台区 10 所打工子弟学校的 25 个班级的中、小学生进行了访问，加上大兴区的随机访问，总共访问了 1296 名学生，剔除 51 份无效问卷，有效问卷为 1245 份，有效回收率 96.1%。其中，朝阳区 592 人，占 47.6%；海淀区 318 人，占 25.5%；丰台区 174 人，占 14.0%；大兴区 161 人，占 12.9%。朝阳区小学生、初中生和高中生分别占 34.5%、51.2% 和 14.4%，海淀区小学生和初中生分别占 26.1% 和 73.9%，丰台区小学生和初中生分别占 52.9% 和 47.1%，大兴区小学生、初中生和高中生分别占 76.4%、17.4% 和 6.2%。海淀区和丰台区没有调查高中生。

本报告主要描述与分析流动少年儿童在学校的学习与适应情况、与老师同学的沟通与互动情况、自我肯定与期望。除特别注明之外，本报告中的数据都是本次课题调查所采集的数据。

## 二、调查主要结果

### (一) 个人基本情况

1. 性别构成中男学生高于女学生。在本次对流动未成年中小学生的调查中，男学生多于女学生，分别占 53.9% 和 46.1%，其中，朝阳区分别是 55.4% 和 44.6%，海淀区分别是 55.3% 和 44.7%，大兴区分别是 52.2% 和 47.8%，而丰台区男学生的比例低于女学生，分别占 47.7% 和 52.3%。

2. 13—15 岁年龄的学生占一半以上。在全部被调查学生中，10—12 岁学生 448 人，占 36.0%；13—15 岁学生 640 人，占 51.4%；16—18 岁学生 157 人，占 12.6%。其中，10—12 岁男学生的比例低于女学生，16—18 岁男学生的比例则高于女学生。朝阳、海淀、丰台三个区以 13—15 岁学生为主，分别占 49.3%、66.0% 和 52.9%。大兴 10—12 岁学生占 60.2%，高于朝阳、海淀、丰台三个区 10—12 岁学生的比例。

3. 大多数的中小学生在北京有多年的生活经历。89.8% 的学生在 2010

年及之前就随父母或其他家人来北京，9.3%的学生在 2011 年来的北京，1.0%的学生（12 人）2012 年刚来北京。男女学生 2010 年及之前来北京的比例非常接近，分别占 89.3% 和 90.3%。10—12 岁和 13—15 岁学生 2010 年及之前就来北京的分别占 92.5% 和 95.0%，高于 16—18 岁学生（60.4%）。海淀和丰台的学生 2010 年及之前就来北京的分别占 96.2% 和 99.4%，高于朝阳和大兴的学生（分别占 83.7% 和 89.0%）。

4. 一半以上的中小学生在目前就读的学校至少上过两年以上的学。51.2%的学生 2010 年以前就读于目前所在的学校，44.7%的学生 2011 年就读于目前所在的学校，4.1%的学生 2012 年就读于目前所在的学校。海淀、丰台和大兴的学生 2010 年以前就读于目前所在的学校的分别占 66.1%、68.6% 和 76.9%，高于朝阳的学生。朝阳的学生 2011 年就读于目前所在的学校的占 65.8%，明显高于其他三个区的学生。10—12 岁学生 2010 年及之前就读于目前所在的学校的占 73.6%，高于 13—15 岁和 16—18 岁的学生。13—15 岁和 16—18 岁的学生 2011 年就读于目前所在的学校的分别占 56.1% 和 67.7%，高于 10—12 岁学生。

**（二）学校学习与适应情况**

**1. 三分之二的被调查学生每次都能自觉主动地完成功课**

自觉主动地完成功课是学生学习主动性的重要体现，也是所谓"好学生"的一个重要标志。调查显示，66.7%的被调查学生"每次都能"自觉主动地完成功课，29.6%的学生"多数情况下能"自觉主动地完成功课，仅少数的学生难以自觉主动地完成功课。可以说，大多数流动人口子女的学习主动性还是不错的。

朝阳、丰台和大兴的学生"每次都能"自觉主动完成功课的分别占 68.9%、72.1% 和 76.1%，高于海淀的学生（占 55.1%）。海淀的学生"多数情况下能"自觉主动完成功课的占 40.2%，高于朝阳、丰台和大兴的学生。

男学生"每次都能"自觉主动完成功课的要低于女学生，分别占 60.4% 和 74.1%。男学生"多数情况下能"自觉主动完成功课的则要高于女学生，分别占 35.6% 和 22.7%。

小学生"每次都能"自觉主动完成功课的要高于初中生和高中生，分别占79.1%、58.7%和56.5%。初中生和高中生"多数情况下能"自觉主动完成功课的分别占36.8%和38.0%，高于小学生。

2. 近三成的被调查学生在平时上课时每次都会积极参加课堂发言或讨论

29.4%的学生在平时上课时"每次都会"积极参加课堂发言或讨论，38.6%的学生"多数情况下会"积极参加课堂发言或讨论，27.0%的学生"偶尔会"参加课堂发言或讨论，少数学生很少或从不参加课堂发言或讨论。

大兴的学生在平时上课时"每次都会"积极参加课堂发言或讨论的占38.1%，高于朝阳、海淀和丰台的学生。朝阳的学生"多数情况下会"积极参加课堂发言或讨论的占43.8%，高于海淀、丰台和大兴的学生。丰台的学生"偶尔会"参加课堂发言或讨论的占35.1%，高于朝阳、海淀和大兴的学生。

小学生在平时上课时"每次都会"积极参加课堂发言或讨论的高于初中生和高中生，分别占38.0%、24.0%和21.5%。初中生"多数情况下会"积极参加课堂发言或讨论的占41.0%，高于小学生和高中生。初中生和高中生"偶尔会"参加课堂发言或讨论的分别占29.3%和33.3%，高于小学生。

3. 八成以上的被调查学生能跟上学校老师的上课进度

81.0%的学生能跟上学校老师的上课进度，17.7%的学生表示有一定的困难，1.3%的学生表示完全跟不上老师的上课进度。

丰台的学生能跟上学校老师上课进度的占90.2%，高于朝阳、海淀和大兴的学生，其中，海淀的学生占67.9%。海淀的学生跟上学校老师上课进度"有一定的困难"的占30.2%，高于朝阳、丰台和大兴的学生。这种现状可能与海淀区中小学的整体教学水平比较高存在着关系。

小学生和初中生能跟上学校老师上课进度的分别占85.6%和79.8%，明显高于高中生（占65.6%）。高中生跟上学校老师上课进度"有一定的困难"的占34.4%，明显高于小学生和初中生。

4. **绝大多数的被调查学生听得懂老师上课所讲的内容**

对学校老师上课所讲的内容，45.7%的学生"全部听得懂"，50.8%的学生"大部分听得懂"，3.5%的学生"只部分听得懂"。

朝阳、丰台和大兴的学生对学校老师上课所讲的内容"全部听得懂"的分别占50.7%、53.4%和51.6%，高于海淀的学生（占29.2%）。海淀的学生对学校老师上课所讲的内容"大部分听得懂"和"只部分听得懂"的分别占63.8%和6.9%，高于朝阳、丰台和大兴的学生的相应选择。

小学生对学校老师上课所讲的内容"全部听得懂"的占65.3%，明显高于初中生和高中生（分别占35.0%和15.1%）。高中生对学校老师上课所讲的内容"大部分听得懂"和"只部分听得懂"的分别占74.2%和10.8%，高于小学生和初中生对这两项的相应选择。

5. **绝大多数的被调查学生适应学校老师讲课的方式**

对学校老师讲课方式的适应情况，53.9%的学生表示"完全适应"，37.7%的学生表示"比较适应"，7.2%的被调查学生表示"一般"，仅有极少数的学生不适应。

朝阳、丰台和大兴的学生对学校老师讲课方式的适应程度要比海淀的学生好。朝阳、丰台和大兴的学生"完全适应"学校老师讲课方式的分别占60.3%、62.6%和56.0%，明显高于海淀的学生（占36.2%）。海淀的学生对学校老师讲课方式"比较适应"和"一般"的分别占50.6%和11.9%，高于朝阳、丰台和大兴的学生的相应选择。

男学生对学校老师讲课方式的适应程度要比女学生差。男学生和女学生"完全适应"学校老师讲课方式的分别占48.7%和60.0%，"比较适应"的分别占41.0%和33.7%。

小学生对学校老师讲课方式的适应程度要比初中生和高中生好。小学生"完全适应"学校老师讲课方式的达72.9%，初中生和高中生分别占42.4%和32.3%。初中生和高中生对学校老师讲课方式"比较适应"的分别占47.2%和53.8%，"一般"的分别占9.4%和11.8%，高于小学生对这两项的相应选择。

**6. 五成以上的被调查学生在平时上课时出现过"上课不专心、注意力不集中，容易分心"现象**

调查发现，对在平时上课时是否出现"上课不专心、注意力不集中，容易分心"这种现象，5.6%的学生回答"经常出现"，51.1%的学生回答"偶尔出现"，34.2%的学生回答"很少出现"，9.1%的学生回答"从来没有出现"。对流动青少年学生表现出来的这种心理焦虑、紧张、注意力不集中的症状需要学校、家庭、社会给予关注。

海淀和大兴的学生出现"上课不专心、注意力不集中，容易分心"这种现象的频率要高于朝阳和丰台的学生。海淀和大兴的学生"经常出现"这种现象的分别占7.6%和6.9%，"偶尔出现"的分别占57.8%和54.4%，要高于朝阳和丰台的学生对这两项的相应选择。丰台的学生"从来没有出现"这种现象的占15.5%，高于朝阳、海淀和大兴的学生。

男学生出现"上课不专心、注意力不集中，容易分心"现象的频率要高于女学生。男学生"经常出现"和"偶尔出现"这种现象的分别占6.3%和53.7%，女学生的相应选择分别占4.7%和48.2%。男学生和女学生"从来没有出现"这种现象的分别占7.2%和11.3%。

初中生和高中生出现"上课不专心、注意力不集中，容易分心"现象的频率要明显高于小学生。其中，高中生"经常出现"和"偶尔出现"这种现象的分别占11.8%和63.4%，初中生的相应选择分别占6.8%和56.8%，而小学生的相应选择分别占2.8%和41.4%。

**7. 近五成的被调查学生每次都会参加班上或学校举行的集体活动**

对班上或学校举行的集体活动，47.6%的被调查学生"每次都参加"，38.1%的学生"多数情况都参加"，12.1%的学生"偶尔参加"，仅有极少数的学生表示一般不会参加这类活动。大多数的被调查学生对集体活动还是比较热心与支持的。

朝阳和丰台的学生参加班上或学校举行的集体活动比海淀和大兴的学生更积极。朝阳和丰台的学生"每次都参加"班上或学校举行的集体活动的分别占50.5%和59.9%，海淀和大兴的学生分别占38.0%和42.5%。海淀和大兴的学生"偶尔参加"的分别占17.9%和18.8%，高于朝阳和丰台的学生。

初中生和高中生参加班上或学校举行的集体活动比小学生更积极，但小学生"每次都参加"班上或学校举行的集体活动的占55.2%，要高于初中生和高中生（分别占42.4%和43.5%）。初中生和高中生"多数情况都参加"的比例分别占45.1%和46.7%，高于小学生（27.5%）。

8. 五成以上的被调查学生自我评价学习成绩在班上名列前茅或处于中上水平

当要求自我评价一下自己的学习成绩在班上的水平时，11.0%的学生的评价是"名列前茅"，41.4%的学生的评价是"处于中上水平"，33.5%的学生的评价是"中等水平"，10.6%的学生的评价是"中下水平"，3.5%的学生的评价是"下游"。总的来说，多数流动青少年学生对自己的学习成绩还是比较自信的。

朝阳、丰台和大兴的学生对自己的学习成绩的评价要高于海淀的学生。朝阳、丰台和大兴的学生评价学习成绩"名列前茅"的分别占11.4%、14.5%和15.6%，评价"中上水平"的分别占41.2%、45.3%和46.9%，海淀的学生对这两项的选择分别占6.0%和36.9%。

女学生对自己的学习成绩的评价要高于男学生。尽管男学生评价学习成绩"名列前茅"的略多于女生（分别占11.4%和10.5%），但男学生评价"中上水平"的要明显低于女生，分别占37.0%和46.6%。

小学生和初中生对自己的学习成绩的评价要高于高中生。小学生和初中生评价学习成绩"名列前茅"的分别占10.3%和12.4%，高中生占5.4%。小学生评价"中上水平"的占44.8%，初中生和高中生分别占38.9%和40.9%。

（三）对就读学校的认同与评价

1. 七成以上的被调查学生认同"学校给了我家的温暖"

调查显示，对"学校给了我家的温暖"的认同，40.3%的学生表示"完全认同"，31.7%的学生表示"比较认同"，19.2%的学生表示"一般"，4.5%的学生表示"不太认同"，4.4%的学生表示"完全不认同"。

朝阳和丰台的学生对"学校给了我家的温暖"的认同程度高于海淀和

大兴的学生。朝阳和丰台的学生"完全认同""学校给了我家的温暖"的分别占43.0%和41.4%,海淀和大兴的学生分别占37.7%和33.8%。朝阳和丰台的学生"比较认同""学校给了我家的温暖"的分别占35.0%和37.9%,海淀和大兴的学生分别占28.4%和18.8%。海淀和大兴的学生不认同("不太认同"和"完全不认同"之和)"学校给了我家的温暖"的分别占10.7%和14.4%,高于朝阳和丰台的学生。

高中生对"学校给了我家的温暖"的认同程度高于小学生和初中生。高中生"完全认同""学校给了我家的温暖"的达到63.4%,小学生和初中生分别占43.8%和34.2%。小学生和初中生不认同"学校给了我家的温暖"的分别占7.0%和11.1%,高于高中生。

2. 七成以上的被调查学生认同"我觉得学校的生活很有意义"

对"我觉得学校的生活很有意义"的认同,46.7%的学生表示"完全认同",28.2%的学生表示"比较认同",18.5%的学生表示"一般",2.8%的学生表示"不太认同",3.7%的学生表示"完全不认同"。

朝阳和丰台的学生对"我觉得学校的生活很有意义"的认同程度高于海淀和大兴的学生。朝阳和丰台的学生"完全认同""我觉得学校的生活很有意义"的分别占53.1%和57.5%,海淀和大兴的学生分别占32.8%和38.8%。海淀的学生对"我觉得学校的生活很有意义"持"一般"认同的占32.1%,高于朝阳、丰台和大兴的学生。大兴的学生不认同"我觉得学校的生活很有意义"的占12.7%,高于朝阳、海淀和丰台的学生。

高中生对"我觉得学校的生活很有意义"的认同程度高于小学生和初中生。高中生"完全认同""我觉得学校的生活很有意义"的达到73.1%,小学生和初中生分别占45.5%和43.9%。初中生不认同"我觉得学校的生活很有意义"的占8.6%,高于小学生和高中生。

3. 七成以上的被调查学生认同"我感受到学校对我的关心"

对"我感受到学校对我的关心"的认同,47.5%的学生表示"完全认同",27.0%的学生表示"比较认同",17.8%的学生表示"一般",3.7%的学生表示"不太认同",3.9%的学生表示"完全不认同"。

朝阳和丰台的学生对"我感受到学校对我的关心"的认同程度高于海

淀和大兴的学生。朝阳和丰台的学生"完全认同""我感受到学校对我的关心"的分别占58.4%和48.9%，海淀和大兴的学生分别占30.0%和39.4%。海淀的学生对"我感受到学校对我的关心"持"一般"认同的占28.7%，高于朝阳、丰台和大兴的学生。大兴的学生不认同"我感受到学校对我的关心"的占13.2%，高于朝阳、海淀和丰台的学生。

高中生对"我感受到学校对我的关心"的认同程度高于小学生和初中生。高中生"完全认同""我感受到学校对我的关心"的达到69.9%，小学生和初中生分别占53.0%和39.9%。初中生不认同"我感受到学校对我的关心"的占10.3%，高于小学生和高中生。

4. 七成以上的被调查学生认同"能够成为这个学校的学生，我感到自豪"

对"能够成为这个学校的学生，我感到自豪"的认同，54.0%的学生表示"完全认同"，21.6%的学生表示"比较认同"，17.8%的学生表示"一般"，2.4%的学生表示"不太认同"，4.2%的学生表示"完全不认同"。

朝阳和丰台的学生对"能够成为这个学校的学生，我感到自豪"的认同程度高于海淀和大兴的学生。朝阳和丰台的学生"完全认同""能够成为这个学校的学生，我感到自豪"的分别占63.7%和57.2%，海淀和大兴的学生分别占39.0%和44.4%。海淀和大兴的学生对"能够成为这个学校的学生，我感到自豪"持"一般"认同的分别占27.3%和25.0%，高于朝阳和丰台的学生。大兴的学生不认同"能够成为这个学校的学生，我感到自豪"的占11.3%，高于朝阳、海淀和丰台的学生。

高中生对"能够成为这个学校的学生，我感到自豪"的认同程度高于小学生和初中生。高中生"完全认同""能够成为这个学校的学生，我感到自豪"的达到80.6%，小学生和初中生分别占61.9%和44.1%。初中生不认同"能够成为这个学校的学生，我感到自豪"的占8.5%，高于小学生和高中生。

5. 被调查的学生认为目前在北京就读的学校在很多方面都要强于老家的学校

流动人口之所以将未成年子女带到北京，一方面是便于照顾子女的生活，另一方面也是希望子女能够享受北京优越的教育资源。尽管流动人口的子女大多在农民工子弟学校就学，难以充分享受到本地优越的教育资源，但从被调查的学生反映的情况看，即便是在农民工子弟学校上学，相比老家上学的学校，很多学生给予目前就读的学校较好的评价，认为在很多方面都要强于老家的学校。除了一些被调查学生"一直在北京上学，无法比较"外，"学校硬件设施更好"、"老师更有责任心"、"老师教学水平更高"、"老师教学方法更好"和"老师对学生更有耐心"是被调查学生认为目前就读的学校强于老家的学校的几个主要方面，选择率分别占41.4%、41.2%、39.5%、39.4%和35.3%。此外，一些学生还认为目前就读的学校各方面的管理更规范、同学更热爱学习和有更多的课外活动时间等（图1）。

除"一直在北京上学，无法比较"、"升学压力更大"和"功课/作业更多"之外，对问卷中所列的其他九个方面，朝阳的学生认为它们都要好于老家的学校的评价都高于海淀、丰台和大兴的学生，其中，对"学校硬件设施更好"、"老师更有责任心"、"老师教学水平更高"、"老师教学方法更好"、"老师对学生更有耐心"的评价分别占47.6%、48.5%、49.3%、47.0%和43.2%。海淀的学生认为，与老家的学校相比，目前就读的学校"升学压力更大"和"功课/作业更多"的分别占13.5%和18.2%，高于朝阳、丰台和大兴的学生对这两项的相应评价。

男学生与女学生对目前学校与老家学校相比的优势的评价差异主要体现在两个方面，即"学校硬件设施更好"和"老师教学水平更高"，男学生的评价分别占44.3%和43.7%，女学生的评价分别占38.2%和34.7%。

除"一直在北京上学，无法比较"、"升学压力更大"和"功课/作业更多"之外，高中生认为其他九个方面都要好于老家的学校的评价都高于小学生和初中生，其中，对"学校硬件设施更好"、"老师更有责任心"、"老师教学水平更高"、"老师教学方法更好"、"老师对学生更有耐心"的评价分别占80.6%、80.6%、82.8%、79.6%和73.1%。初中生对"升学压力更大"和"功课/作业更多"的评价分别占14.1%和13.7%，高于小学生和高中生对这两项的相应评价。

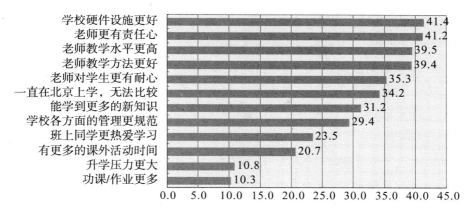

图1　被调查中小学生对目前就读的学校相比老家的学校不一样的评价（N＝1245）

6. 被调查的学生在目前所在的学校学习感到的两个主要困扰是"升学压力太大"和"学习成绩不理想"

调查显示，被调查的学生目前在北京上学遭遇很多的困扰，其中，"升学压力太大"和"学习成绩不理想"是两个最大的问题，选择率分别占38.8%和34.5%。6.9%的学生遭遇"同学相处不好"的困扰，5.4%的学生遭遇"其他"困扰（从他们的回答看，主要是对前途感到迷茫、户口、作业太多、家庭经济状况等），3.5%的学生遭遇"同学家境优越带来的压力"困扰，2.5%的学生因"得不到老师的关注"而感到困扰。仅有8.3%的学生表示没有什么困扰。

丰台的学生在目前学校学习感到最大困扰是"升学压力太大"的占58.5%，明显高于朝阳、海淀和大兴的学生。海淀的学生感到最大困扰是"学习成绩不理想"的占47.2%，明显高于朝阳、丰台和大兴的学生。大兴的学生"没有困扰"的占18.7%，明显高于朝阳、海淀和丰台的学生。

男学生感到最大困扰是"升学压力太大"的低于女学生，分别占33.6%和45.0%。男学生感到最大困扰是"学习成绩不理想"的高于女学生，分别占39.4%和28.7%。

小学生和初中生感到最大困扰是"升学压力太大"的高于高中生，分别占40.9%、39.7%和21.7%。初中生和高中生感到最大困扰是"学习成绩不理想"的分别占40.9%和46.7%，高于小学生（占24.3%）。高中生遭遇"其他"困扰（主要是对前途感到迷茫、由户口所涉及的高考问题等）的占19.6%，明显要高于小学生和初中生。

7. 大多数的被调查学生喜欢目前就读的学校

对目前就读学校的喜欢程度，44.2%的学生表示"非常喜欢"，41.6%的学生表示"比较喜欢"，12.0%的学生表示"一般"，2.1%的学生表示不喜欢（"不太喜欢"和"很不喜欢"之和）。总的来说，大多数的被调查学生还是喜欢目前就读的学校的。

朝阳、丰台和大兴的学生"非常喜欢"目前就读学校的分别占51.4%、52.6%和49.1%，明显高于海淀的学生（占23.8%）。海淀的学生"比较喜欢"就读学校的占56.5%，高于朝阳、丰台和大兴的学生。朝阳和丰台的学生对就读学校的喜欢程度（"非常喜欢"与"比较喜欢"之和）要高于海淀和大兴的学生。

小学生和高中生"非常喜欢"目前就读学校的分别占50.5%和63.4%，明显高于初中生（占36.7%）。初中生"比较喜欢"就读学校的占46.2%，高于小学生和高中生。小学生和高中生对就读学校的喜欢程度要高于初中生。

**（四）与学校老师的交往、互动**

1. 八成以上的被调查学生在校园遇到任课老师时每次都会主动向老师问好

尊重老师是对每个学生的基本要求，而碰到并主动问好老师是尊重老师的重要表现之一。调查显示，在校园遇到任课老师时，85.6%的学生"每次都会"主动向老师问好，13.9%的学生"偶尔会"主动向老师问好，极少数的学生表示"从来不会"主动向老师问好。可以说，大多数的流动青少年学生在尊重老师方面做的是不错的。

朝阳的学生在校园遇到任课老师时每次都会主动向老师问好的占91.0%，高于海淀、丰台和大兴的学生（分别占78.7%、83.8%和81.3%）。海淀和大兴的学生偶尔会主动向老师问好的分别占20.0%和18.8%，高于朝阳和丰台的学生。

男学生在校园遇到任课老师时每次都会主动向老师问好的低于女学

生，分别占 83.2% 和 88.5%。男学生偶尔会主动向老师问好的高于女学生，分别占 16.2% 和 11.1%。

高中生在校园遇到任课老师时每次都会主动向老师问好的占 94.6%，高于小学生和初中生。小学生和初中生偶尔会主动向老师问好的分别占 12.1% 和 16.4%，明显高于高中生。

2. 二成以上的被调查学生在学习遇到困难时每次都会主动向老师请教

当学习遇到困难时，22.2% 的学生"每次都会"主动向老师请教，71.1% 的学生"偶尔会"主动向老师请教，6.6% 的学生"从来不会"主动向老师请教。流动人口青少年学生的父母文化程度普遍都比较低，一般难以从父母那里获得很多的学习上的帮助。遇到学习困难时向老师请教是解决问题的重要手段，因此，流动青少年学生在这方面还有待进一步加强。

大兴的学生在学习遇到困难时"每次都会"主动向老师请教的占 45.9%，明显高于朝阳、海淀和丰台的学生（分别占 20.4%、14.1% 和 21.4%）。海淀的学生在学习遇到困难时"从来不会"主动向老师请教的占 9.3%，高于朝阳、丰台和大兴的学生。

3. 当学习上遇到问题向老师请教时，近七成的被调查学生认为老师的态度是非常耐心的

当在学习上遇到问题向老师请教时，老师的态度是怎样的呢？69.3% 的被调查学生的评价是"非常耐心"，24.6% 的学生的评价是"比较耐心"，5.4% 的学生的评价是"一般"，极少数学生认为老师的态度是不耐心。总的而言，大多数的老师对学生的问题还是会耐心地给予回答的。

朝阳和丰台的学生在学习上遇到问题向老师请教时认为老师的态度"非常耐心"的分别占 74.2% 和 72.5%，高于海淀和大兴的学生（分别占 62.9% 和 60.0%）。海淀的学生认为老师的态度"一般"的占 9.4%，高于朝阳、丰台和大兴的学生。

被调查的男学生在学习上遇到问题向老师请教时认为老师的态度"非常耐心"的要低于女学生，分别占 65.6% 和 73.5%。男学生认为老师的态度"一般"的占 6.4%，高于女学生。

**4. 大多数被调查学生能接受老师对自己的批评并吸取教训**

当犯了错误，老师当着全班同学对自己进行严厉的批评时，81.0%的学生能坦然接受老师的批评并认为"老师批评得对，今后一定会吸取教训"，8.7%的学生"会感到特别丢面子，心里对老师不满"，5.8%的学生会"特别伤心，觉得今后没法进步了"，4.5%的学生感到"无所谓，挨批评惯了"。从这里可以看到，大多数的学生对老师的批评是持接受态度的，并从中吸取教训，改进错误。

当犯了错误受到老师的严厉批评，朝阳和丰台的学生认为"老师批评得对，今后一定会吸取教训"的分别占85.4%和86.0%，高于海淀和大兴的学生（分别占71.4%和77.8%）。海淀的学生对老师的批评"会感到特别丢面子，心里对老师不满"、"特别伤心，觉得今后没法进步了"和"无所谓，挨批评惯了"的分别占10.9%、9.3%和8.4%，高于朝阳、丰台和大兴的学生对这三项的相应选择。

男学生认为"老师批评得对，今后一定会吸取教训"的要低于女学生，分别占79.4%和82.9%。男学生对老师的批评"会感到特别丢面子，心里对老师不满"和"无所谓，挨批评惯了"的分别占9.9%和7.7%，高于女学生的相应选择。女学生对老师的批评"特别伤心，觉得今后没法进步了"的占9.0%，高于男学生的选择。

小学生和高中生认为"老师批评得对，今后一定会吸取教训"的分别占86.6%和83.9%，高于初中生（占76.4%）。初中生对老师的批评"会感到特别丢面子，心里对老师不满"和"特别伤心，觉得今后没法进步了"的分别占10.8%和7.6%，高于小学生和高中生对这两项的相应选择。

**5. 五成以上的学生认为当自己在考试中取得比以前更好的成绩时，老师每次都会在班上表扬鼓励自己**

老师对学生取得的成绩、进步给予表扬鼓励，对培养学生的自尊心、自信心具有重要的促进作用。调查显示，当在考试中取得比以前更好的成绩时，51.7%的学生表示老师"每次都会"在班上表扬鼓励他们，44.1%的学生表示老师"偶尔会"表扬鼓励他们，4.2%的学生表示老师"从来不会"表扬鼓励他们。对于流动人口的子女在学习上取得的成绩，学校老师应给予他们更多一些的表扬、鼓励，以培养他们的自尊心、自信心。

大兴的学生认为当考试取得比以前更好的成绩时老师"每次都会"在班上表扬鼓励自己的占62.3%，高于朝阳、海淀和丰台的学生（54.9%、45.9%和41.6%）。海淀和丰台的学生认为取得更好的成绩时老师"从来不会"表扬鼓励自己的分别占5.1%和5.2%，高于朝阳和大兴的学生（2.3%）。

**6. 四成以上的被调查学生认为老师对自己是表扬多于批评**

教育理论强调，对青少年学生要多给予表扬，少一些批评，这样更有助于青少年的身心健康发展。调查显示，43.0%的学生认为老师对自己是"表扬多于批评"，41.2%的学生认为老师对自己是"表扬与批评差不多"，11.7%的学生认为老师对自己是"批评多于表扬"，4.1%的学生认为老师对自己"既不表扬也不批评"。

丰台和大兴的学生认为老师对自己"表扬多于批评"的分别占53.8%和55.0%，高于朝阳和海淀的学生（分别占42.7%和31.6%）。海淀的学生认为老师对自己"批评多于表扬"的占18.2%，明显高于朝阳、丰台和大兴的学生。

男学生认为老师对自己"表扬多于批评"的明显低于女学生，分别占34.1%和53.3%。男学生认为老师对自己"批评多于表扬"的明显高于女学生，分别占16.8%和5.8%。

小学生认为老师对自己"表扬多于批评"的高于初中生和高中生，分别占48.0%、40.8%和32.3%。初中生认为老师对自己"批评多于表扬"的占15.2%，明显高于小学生和高中生（分别占7.9%和7.5%）。初中生认为老师对自己"既不表扬也不批评"的占11.8%，高于小学生和高中生。

**7. 近七成的被调查学生认为老师对自己和班上其他同学的态度一样**

当问及老师对自己和班上其他同学的态度是否一样时，67.6%的被调查学生的回答是"一样"，14.0%的学生回答"不一样"，18.4%的学生回答"没有在意这个问题"。可以说，多数的学生感觉老师对班上同学是一视同仁的。

朝阳、丰台和大兴的学生认为老师对自己和班上其他同学的态度"一样"的分别占 78.0%、72.5% 和 68.8%，高于海淀的学生（占 52.4%）。海淀的学生认为老师对自己和班上其他同学的态度"不一样"和"没有在意这个问题"的分别占 19.4% 和 28.3%，高于朝阳、丰台和大兴的学生对这两项的相应选择。

男学生认为老师对自己和班上其他同学的态度"一样"的低于女学生，分别占 65.0% 和 70.5%。男学生认为老师对自己和班上其他同学的态度"不一样"的明显高于女学生，分别占 18.1% 和 9.2%。

小学生认为老师对自己和班上其他同学的态度"一样"的高于初中生和高中生，分别占 75.6%、62.3% 和 61.3%。初中生和高中生认为老师对自己和班上其他同学的态度"不一样"的分别占 16.8% 和 14.0%，高于小学生（占 10.3%）。

**（五）与学校同学的交往、互动**

1. 当学习遇到困难时，近五成的学生认为班上同学"每次都会"主动帮助自己

学生之间的互相帮助对培养学生之间的团结协作和互助友爱精神以及班集体的建设都会产生积极的影响。调查显示，当学习遇到困难时，49.2% 的学生认为班上同学"每次都会"主动帮助自己，46.6% 的学生认为班上同学"偶尔会"主动帮助自己，4.1% 的学生认为班上同学"从来不会"主动帮助自己。

当学习遇到困难时，丰台和大兴的学生认为班上同学"每次都会"主动帮助自己的分别占 62.4% 和 65.4%，高于朝阳和海淀的学生（分别占 49.5% 和 33.2%）。海淀的学生认为班上同学"偶尔会"主动帮助自己的占 60.7%，高于朝阳、丰台和大兴的学生（分别占 46.1%、35.3% 和 33.3%）。

当学习遇到困难时，男学生认为班上同学"每次都会"主动帮助自己的低于女学生，分别占 45.8% 和 53.1%。男学生认为班上同学"偶尔会"主动帮助自己的高于女学生，分别占 49.0% 和 43.9%。

2. 当班上同学学习遇到困难时，五成以上的学生"每次都会"主动帮助同学

与同学帮助自己一样，被调查的学生在班上同学遇到学习困难时，也

会主动帮助同学。在同学遇到学习困难时，56.0%的被调查学生认为自己"每次都会"主动帮助同学，42.4%的学生认为自己"偶尔会"主动帮助同学，1.6%的学生表示"从来不会"主动帮助同学。

当班上的同学在学习上遇到困难时，大兴的学生认为自己"每次都会"主动帮助同学的占71.2%，明显高于朝阳、海淀和丰台的学生（分别占54.0%、50.2%和59.0%）。朝阳、海淀和丰台的学生认为自己"偶尔会"主动帮助同学的分别占44.3%、47.3%和41.0%，高于大兴的学生（占27.2%）。

男学生认为自己"每次都会"主动帮助同学的低于女学生，分别占53.5%和58.8%。男学生认为自己"偶尔会"主动帮助同学的高于女学生，分别占44.1%和40.5%。

3. 七成以上的被调查学生认为班上同学每次都会主动与自己一起玩

互相一起娱乐、玩耍可以促进学生之间的交流、感情、融合，能够培养学生的乐观性格，避免孤独甚至孤僻性格的出现。74.1%的学生认为班上同学"每次都会"主动与自己一起玩，24.9%的学生认为班上同学"偶尔会"主动与自己一起玩，1.1%的学生认为班上同学"从来不会"主动与自己一起玩。

朝阳、丰台和大兴的学生认为班上同学"每次都会"主动与自己一起玩的分别占74.5%、78.0%和77.4%，高于海淀的学生（占69.4%）。海淀的学生认为班上同学"偶尔会"主动与自己一起玩的占29.0%，高于朝阳、丰台和大兴的学生（分别占24.4%、21.4%和22.0%）。

4. 三成以上的被调查学生认为班上同学过生日或其他聚会时每次都会邀请自己参加

班上同学过生日或其他聚会时，34.4%的被调查学生表示"每次都会"受到同学的邀请，48.1%的学生表示"偶尔会"受到邀请，17.5%的学生表示"从来不会"受到邀请。

丰台和大兴的学生认为班上同学过生日或其他聚会时"每次都会"受到邀请的分别占42.0%和38.0%，高于朝阳和海淀的学生（分别占30.3%和35.7%）。朝阳和海淀的学生认为"偶尔会"受到邀请的分别占

50.0%和49.0%，高于丰台和大兴的学生（分别占42.1%和45.6%）。

男学生认为班上同学过生日或其他聚会时"每次都会"和"偶尔会"受到邀请的都低于女学生，其中，"偶尔会"受到邀请的分别占45.9%和50.7%。男学生认为"从来不会"受到邀请的高于女学生，分别占21.1%和13.4%。

初中生认为班上同学过生日或其他聚会时"每次都会"受到邀请的占41.8%，高于小学生和高中生（分别占25.5%和29.0%）。高中生认为"偶尔会"受到邀请的占61.3%，高于小学生和初中生（分别占47.6%和46.6%）。小学生认为"从来不会"受到邀请的占26.9%，高于初中生和高中生。

5. 当同学问起自己父母的职业时，近四成的被调查学生每次都会告诉同学

流动人口多在次属劳动力市场就业，从事的多是一些"脏、累、苦、危"的职业。但不少的流动人口子女并不介意让同学知道自己父母的职业，反映他们具有良好的心态。调查显示，当同学问起自己父母的职业时，38.7%的学生表示"每次都会"告诉同学，50.3%的学生表示"偶尔会"告诉同学，11.0%的学生则"从来不会"告诉同学。

丰台和大兴的学生"每次都会"告诉同学的分别占46.2%和43.0%，高于朝阳和海淀的学生（分别占36.1%和37.1%）。朝阳和海淀的学生"偶尔会"告诉同学的分别占53.6%和51.7%，高于丰台和大兴的学生（分别占42.2%和44.3%）。

男学生"每次都会"告诉同学的低于女学生，分别占36.0%和41.8%。男学生"从来不会"告诉同学的高于女学生，分别占13.0%和8.7%。

初中生和高中生"每次都会"告诉同学的分别占45.4%和51.6%，明显高于小学生（占27.3%）。小学生"偶尔会"和"从来不会"告诉同学的分别占55.9%和16.8%，高于初中生和高中生对这两项的相应选择。

6. 当受到老师批评时，超过五成的被调查学生认为班上同学通常的态度是鼓励被批评者

当受到老师批评时，51.4%的被调查学生认为班上同学对被批评的同

学通常的态度是"鼓励"，18.9%的学生认为同学的态度是"嘲笑"，23.7%的学生认为同学的态度是"漠不关心"。这一结果反映出一些学生的心态需要调整，对被批评的同学更多的是要关心、帮助、鼓励，而不是漠视，更不应该冷嘲热讽。

当受到老师批评时，朝阳和丰台的学生认为班上同学通常的态度是"鼓励"的分别占57.4%和55.0%，高于海淀和大兴的学生（分别占40.5%和46.9%）。海淀和大兴的学生认为通常的态度是"漠不关心"的分别占30.9%和26.3%，高于朝阳和丰台的学生（分别占21.2%和16.6%）。

当受到老师批评时，男学生认为班上同学通常的态度是"鼓励"的低于女学生，分别占45.8%和57.9%。男学生认为通常的态度是"漠不关心"的高于女学生，分别占23.1%和13.9%。

当受到老师批评时，初中生和高中生认为班上同学通常的态度是"鼓励"的分别占54.0%和54.3%，高于小学生（占47.6%）。小学生和初中生认为通常的态度是"嘲笑"的分别占18.7%和20.0%，高于高中生（占12.0%）。小学生认为通常的态度是"漠不关心"的占28.9%，高于初中生和高中生（分别占20.0%和21.7%）。

**7. 六成以上的被调查学生没有感受到被班上同学排斥**

对于是否受到班上同学的排斥问题，64.2%的被调查学生表示"没有感受到"，21.2%的学生表示"没有注意这个问题"，14.6%的学生表示"感受到"被一些同学排斥。从这里可以看到，不仅一些成年的流动人口要遭受排斥、歧视，就连一些流动人口未成年子女也受到排斥，可以说，实现流动人口的社会融入是一个艰巨的过程。

大兴的学生"没有感受到"被班上同学排斥的占75.9%，高于朝阳、海淀和丰台的学生（分别占64.5%、58.1%和63.6%）。朝阳、海淀和丰台的学生"没有注意这个问题"的分别占22.1%、24.8%和20.8%，高于大兴的学生（占10.8%）。

小学生和初中生"没有感受到"被班上同学排斥的分别占66.9%和63.4%，高于高中生（占55.1%）。高中生"没有注意这个问题"的占

32.6%，高于小学生和初中生（分别占17.8%和22.2%）。

8. 三成以上的被调查学生对自己和班上同学之间关系的总体评价是"非常好"

当要求被调查的学生对"自己和班上同学之间关系"作一个总体性的评价时，34.4%的学生的评价是"非常好"，47.4%的学生的评价是"比较好"，15.1%的学生的评价是"一般"，少数学生的评价是不好（"比较差"和"非常差"）。

丰台和大兴的学生对自己和班上同学之间关系总体评价"非常好"的分别占41.9%和38.0%，高于朝阳和海淀的学生（分别占31.9%和33.1%）。朝阳的学生评价"比较好"的占52.0%，高于海淀、丰台和大兴的学生（分别占46.3%、37.8%和43.0%）。

（六）对自我的肯定

1. 近四成的被调查学生对"我觉得自己有很多的优点"给予肯定性的评价

对"我觉得自己有很多的优点"这一说法与自己的符合程度，10.6%的学生的评价是"完全符合"，29.1%的学生的评价是"比较符合"，46.5%的学生的评价是"一般"，10.2%的学生的评价是"不太符合"，3.6%的学生的评价是"完全不符合"。总的看，有39.7%的学生对"我觉得自己有很多的优点"给予了肯定性（"完全符合"和"比较符合"）的评价。

朝阳、丰台和大兴的学生对"我觉得自己有很多的优点"给予肯定性评价的分别占41.2%、46.2%和40.3%，高于海淀的学生（占32.8%），其中，大兴的学生对"我觉得自己有很多的优点"评价"完全符合"的占15.7%。朝阳和海淀的学生对"我觉得自己有很多的优点"给予否定性（"不太符合"和"完全不符合"）评价的分别占14.7%和16.0%，高于丰台和大兴的学生（分别占9.8%和10.7%）。

小学生和初中生对"我觉得自己有很多的优点"给予肯定性评价的分别占45.1%和37.9%，高于高中生（占23.7%）。初中生和高中生对"我觉得自己有很多的优点"给予否定性评价的分别占16.3%和17.2%，高于小学生（占9.9%）。

2. 超过七成的被调查学生对"我能像大多数同学一样把事情做好"给予肯定性的评价

对"我能像大多数同学一样把事情做好"这一说法与自己的符合程度，31.2%的学生的评价是"完全符合"，39.9%的学生的评价是"比较符合"，22.4%的学生的评价是"一般"，3.7%的学生的评价是"不太符合"，2.9%的学生的评价是"完全不符合"。可以看出，多数的学生对自己的能力比较自信。

朝阳和丰台的学生对"我能像大多数同学一样把事情做好"给予肯定性评价的分别占74.3%和78.0%，高于海淀和大兴的学生（分别占64.5%和64.3%），其中，丰台的学生对"我能像大多数同学一样把事情做好"评价"完全符合"的达到35.8%。海淀的学生对"我能像大多数同学一样把事情做好"给予否定性评价的占9.8%，高于朝阳、丰台和大兴的学生（分别占5.9%、2.3%和7.0%）。

小学生对"我能像大多数同学一样把事情做好"给予肯定性评价的占77.6%，高于初中生和高中生（分别占66.2%和69.9%）。初中生对"我能像大多数同学一样把事情做好"给予否定性评价的占8.9%，高于小学生和高中生（分别占4.2%和2.2%）。

3. 近七成的被调查学生对"我对自己持肯定的态度"给予肯定性的评价

对"我对自己持肯定的态度"这一说法与自己的符合程度，36.1%的学生的评价是"完全符合"，32.7%的学生的评价是"比较符合"，23.6%的学生的评价是"一般"，4.9%的学生的评价是"不太符合"，2.9%的学生的评价是"完全不符合"。可以看出，68.8%的学生对自己有着积极的认识。

朝阳、海淀和丰台的学生对"我对自己持肯定的态度"给予肯定性评价的分别占71.1%、66.9%和69.9%，高于大兴的学生（占62.3%），其中，丰台的学生对"我对自己持肯定的态度"评价"完全符合"的达到40.5%。大兴的学生对"我对自己持肯定的态度"给予否定性评价的占

10.0%，高于朝阳、海淀和丰台的学生（分别占 7.7% 、8.2% 和 5.2%）。

小学生对"我对自己持肯定的态度"给予肯定性评价的占 76.0%，高于初中生和高中生（分别占 64.2% 和 61.3%）。初中生对"我对自己持肯定的态度"给予否定性评价的占 10.4%，高于小学生和高中生（分别占 4.9% 和 5.4%）。

4. 近六成的被调查学生对"总的来说，我对自己感到满意"给予肯定性的评价

对"总的来说，我对自己感到满意"这一说法与自己的符合程度，25.9% 的学生的评价是"完全符合"，33.8% 的学生的评价是"比较符合"，29.3% 的学生的评价是"一般"，8.2% 的学生的评价是"不太符合"，2.9% 的学生的评价是"完全不符合"。

大兴的学生对"总的来说，我对自己感到满意"给予肯定性评价的占 64.2%，高于朝阳、海淀和丰台的学生（分别占 59.2% 、58.2% 和 59.6%）。朝阳和海淀的学生对"总的来说，我对自己感到满意"给予否定性评价的分别占 11.4% 和 13.8%，高于丰台和大兴的学生（分别占 7.0% 和 9.4%）。

小学生对"总的来说，我对自己感到满意"给予肯定性评价的占 68.4%，高于初中生和高中生（分别占 54.9% 和 46.2%）。高中生对"总的来说，我对自己感到满意"给予否定性评价的占 18.3%，高于小学生和初中生（分别占 6.7% 和 13.3%）。

5. 五成以上的被调查学生对"总的来说，同学或老师都对我感到满意"给予肯定性的评价

对"总的来说，同学或老师都对我感到满意"这一说法与自己的符合程度，20.8% 的学生的评价是"完全符合"，33.6% 的学生的评价是"比较符合"，34.0% 的学生的评价是"一般"，7.8% 的学生的评价是"不太符合"，3.8% 的学生的评价是"完全不符合"。

大兴的学生对"总的来说，同学或老师都对我感到满意"给予肯定性评价的占 61.0%，高于朝阳、海淀和丰台的学生（分别占 53.7% 、52.0% 和 54.9%）。海淀和丰台的学生对"总的来说，同学或老师都对我感到满

意"给予否定性评价的分别占 16.1% 和 12.1%，高于朝阳和大兴的学生（分别占 9.9% 和 8.8%）。

小学生对"总的来说，同学或老师都对我感到满意"给予肯定性评价的占 59.8%，高于初中生和高中生（分别占 52.1% 和 41.3%）。初中生和高中生对"总的来说，同学或老师都对我感到满意"给予否定性评价的分别占 13.3% 和 18.3%，高于小学生（占 6.7%）。

### （七）对未来的期望

**1. 绝大多数的被调查学生珍惜父母为自己创造的学习条件**

成年流动人口之所以愿意将子女带到北京上学，一个重要的原因是北京教育资源的优越。不论是在软件方面，还是在硬件方面，北京的教育资源是流动人口原籍所无法比拟的。尽管流动人口的子女所上的多半是打工子弟学校，与本地学生所上的公办学校有较大的差距，但他们还是希望自己的子女能分享到北京优越的教育资源。对父母为自己创造的、来之不易的学习机会，绝大多数的被调查学生都很珍惜。调查显示，62.7% 的被调查学生表示"非常珍惜"父母为自己创造的学习条件，28.9% 的学生表示"比较珍惜"，7.5% 的学生表示"一般"，仅极少数的学生表示"不珍惜"。

朝阳、丰台和大兴的学生对父母为自己所创造的学习条件表示"非常珍惜"的分别占 68.1%、61.0% 和 70.9%，高于海淀的学生（占 49.4%）。海淀的学生对父母为自己所创造的学习条件表示"比较珍惜"和"一般"的分别占 37.8% 和 11.9%，高于朝阳、丰台和大兴的学生对这两项的相应选择。

男学生对父母为自己所创造的学习条件表示"非常珍惜"的低于女学生，分别占 60.0% 和 65.9%。男学生对父母为自己所创造的学习条件表示"一般"和"不珍惜"的分别占 8.8% 和 1.5%，高于女学生对这两项的相应选择。

小学生和高中生对父母为自己所创造的学习条件表示"非常珍惜"的分别占 76.2% 和 69.9%，高于初中生（占 51.5%）。初中生对父母为自己所创造的学习条件表示"比较珍惜"、"一般"和"不珍惜"的分别占

36.5%、10.8%和1.2%，高于小学生和高中生对这三项的相应选择。

**2. 近七成的被调查学生期望自己今后达到的最低文化程度是本科及以上**

对于自己今后期望达到的最低文化程度，13.4%的学生选择的是高中，17.3%的学生选择的是大专，44.5%的学生选择的是本科，10.0%的学生选择的是硕士，14.8%的学生选择的是博士，即69.3%的被调查学生期望达到的最低文化程度是本科及以上。而根据课题组对成年流动人口的调查看，在目前已婚且有孩子的流动人口中，84.6%的人期望他们的孩子将来最低文化程度至少要达到本科及以上。可以说，流动人口及其子女对文化程度的要求是比较高的。

丰台和大兴的学生对自己将来要达到的最低文化程度的期望高于朝阳和海淀的学生。丰台和大兴的学生期望达到本科及以上学历的分别占78.6%和81.6%，朝阳和海淀的学生分别占67.7%和61.2%。

男学生对自己将来要达到的最低文化程度的期望低于女学生。男学生和女学生期望达到本科及以上的分别占65.7%和73.6%。

小学生和初中生对自己将来要达到的最低文化程度的期望高于高中生。小学生和初中生期望达到本科及以上学历的分别占72.0%和69.2%，高中生占56.5%，其中，有18.5%的小学生对自己将来要达到的最低文化程度的期望是博士，高于初中生和高中生的期望。

**3. 六成以上的被调查学生更愿意在北京生活**

当问及更愿意在北京生活还是在老家生活，63.4%的学生表示"更愿意在北京生活"，10.7%的学生表示"更愿意在老家生活"，13.4%的学生表示"差不多，没有什么区别"，12.5%的学生表示"没有想过这个问题"。

朝阳、丰台和大兴的学生选择"更愿意在北京生活"的分别占65.0%、73.4%和70.2%，高于海淀的学生（占51.1%）。海淀和大兴的学生选择"更愿意在老家生活"的分别占12.5%和16.8%，高于朝阳和丰台的学生（分别占9.8%和5.2%）。海淀的学生选择"差不多，没有什么区别"的占24.0%，高于朝阳、丰台和大兴的学生。

2010 年及之前就随父母或其他家人流动到北京的学生选择"更愿意在北京生活"的高于 2011 年及之后才流动到北京的学生，分别占 65.2% 和 47.2%。2011 年及之后才流动到北京的学生选择"更愿意在老家生活"和"没有想过这个问题"的分别占 21.6% 和 20.8%，高于 2010 年及之前就流动到北京的学生对这两项的相应选择（分别占 9.6% 和 11.5%）。

小学生和初中生选择"更愿意在北京生活"的分别占 60.0% 和 67.1%，高于高中生的选择（占 54.8%）。小学生和高中生选择"更愿意在老家生活"的分别占 13.5% 和 14.0%，高于初中生的选择（占 8.1%）。小学生选择"差不多，没有什么区别"的占 17.4%，高于初中生和高中生的选择。高中生"没有想过这个问题"的占 21.5%，高于小学生和初中生。

**4. 近八成的被调查学生希望自己将来能在北京定居**

对自己将来是否希望能在北京定居这个问题，53.4% 的学生选择的是"非常希望"，25.5% 的学生选择的是"比较希望"，5.9% 的学生选择的是"不希望"，15.2% 的学生表示"没有想过这个问题"，即有 78.9% 的学生希望将来能在北京定居。而课题组对成年流动人口的调查显示，70.2% 的成年流动人口希望他们的子女将来能在北京定居。

丰台和大兴的学生希望（"非常希望"和"比较希望"）能在北京定居的分别占 87.3% 和 82.0%，高于朝阳和海淀的学生（分别占 77.9% 和 74.8%），其中，丰台的学生表示"非常希望"在北京定居的达到 62.4%。大兴的学生"不希望"在北京定居的占 13.0%，高于朝阳、海淀和丰台的学生，反映大兴的流动人口的分化或差异更大。

2010 年及之前就随父母或其他家人流动到北京的学生希望能在北京定居的高于 2011 年及之后才流动到北京的学生，分别占 81.1% 和 59.2%。2011 年及之后才流动到北京的学生选择"不希望"和"没有想过这个问题"的分别占 15.2% 和 25.6%，高于 2010 年及之前就流动到北京的学生对这两项的选择（分别占 4.9% 和 13.9%）。

小学生和初中生希望能在北京定居的高于高中生的选择，分别占 79.6%、80.0% 和 67.7%。高中生选择"不希望"和"没有想过这个问题"的分别占 12.9% 和 19.4%，高于小学生和初中生对这两项的相应选择。

## 三、主要结论与政策思考

### （一）主要结论

1. 流动青少年学生年龄以 10—12 岁和 13—15 岁、目前正在就读小学和初中的学生为主。男性青少年学生多于女性青少年学生，89.8% 的人在 2010 年及之前就随父母或其他家人流动到北京，在北京有多年的生活经历，一半多的学生在 2010 年以前就在目前所在的学校上学。由于受国家中、高考政策的限制与影响，目前北京流动人口未成年子女在京上学的主要以处于小学阶段和初中阶段的学生为主，相当多的学生一直在北京上学。这些学生多在打工子弟学校上学，32.2% 的学生班上全部由非京籍的外地学生组成，42.5% 的学生班上非京籍的外地学生占全班学生的一半以上。

2. 流动青少年学生在校学习与适应情况良好。多数的青少年学生学习的主动性不错，每次都能自觉主动地完成功课，在平时上课时能积极参加课堂发言或讨论。大多数的学生能跟上学校老师的上课进度，对老师上课所讲的内容大部分都能听得懂，能够适应老师的讲课方式，对自己的学习成绩比较自信，对班上或学校举行的集体活动比较热心与支持。

3. 流动青少年学生对所就读的学校认同度和满意度比较高。多数的青少年学生认为学校给了他们家的温暖，学校的生活很有意义，感受到学校对他们的关心，为自己能够成为就读学校的学生而感到自豪。85.8% 的学生喜欢目前就读的学校。

4. "升学压力太大"和"学习成绩不理想"是流动青少年学生在目前所在学校学习中遭遇的最主要的困扰。

5. 流动青少年学生与老师的交往、互动比较好。多数的青少年学生在校园遇到任课老师时会主动向老师问好，在学习遇到困难时会向老师请教，并会得到老师耐心的解答。当犯了错误受到老师严厉批评时，多数的青少年学生能接受老师对自己的批评并从中吸取教训。51.7% 的学生在考试中取得比以前更好的成绩时每次都会得到老师的表扬与鼓励，67.6% 的学生认为老师对自己和班上其他同学的态度一样，对班上同学都能做到一视同仁。

6. 流动青少年学生与同学的交往、互动比较好。多数青少年学生在自己遇到学习困难时能得到班上同学的帮助，而在班上同学遇到学习困难时也会主动帮助同学。多数青少年学生与班上同学相处良好，会主动地一起玩乐，受邀请参加同学的生日或其他聚会，心态比较好，不介意让同学知道自己父母的职业。当自己受到老师批评时，班上同学给予更多的是关心、帮助、鼓励，而不是漠视或冷嘲热讽。多数学生没有感受到班上同学对自己的排斥，对自己和班上同学之间关系给予肯定性的评价。

7. 流动青少年学生对自我有积极的认识，对自己的能力充满信心。近四成的青少年学生认为自己有很多的优点，超过七成的学生认为自己能像大多数同学一样把事情做好，对自我持积极、肯定的态度。多数学生对自己感到满意，并且认为同学或老师对自己也感到满意，对自己有着较大的信心。

8. 流动青少年学生对自己的未来充满期望。多数的青少年学生期望自己今后达到的最低文化程度是本科及以上，其中14.8%的学生期望达到的最低文化程度是博士。多数的青少年目前更愿意在北京生活，而不是在老家生活，并希望自己将来能在北京定居。

**（二）政策思考**

对流动青少年学生的心理、精神、行为、社会适应等方面有着大量的研究文献，也提出了很多的建议、对策，这里不再赘述。这里主要针对流动人口子女接受（义务）教育问题提出一些政策性的思考。

1. 充分认识流动人口子女义务教育问题的重要性，制定关于流动人口子女教育长远发展的规划，把流动人口子女的教育问题纳入到国民教育的整个系统之中，让流动人口子女享受到与城市人口子女同等的教育机会。在北京市常住外来人口中，0—14岁人口达到48.4万（《北京统计年鉴2011》），这些人口都处于学前教育和义务教育阶段。从义务教育的本质而言，义务教育既是基础性的教育，也是强迫性的教育。从宏观上说，义务教育是关系到国家兴旺和国民素质提高的重大战略；从微观上说，义务教育奠定了一个人终身的资历、学习能力和参与社会竞争的基础。如果常住外来人口中的大量未成年青少年得不到良好的教育，必将影响到北京今后劳动力市场上的劳动者的整体素质，从而对北京未来经济、社会的发展产生不利影响。更为重要的是，如果这些适龄青少年不能如期接受义务教育，他们将提前走向社会，从而增加社会的不和谐和不稳定因素。本课题以及其他相关课题的研究都表明，相当多的流动人口及其子女希望在北京生活、定居。因此，政府必须立足于贯彻科学发展观的战略高度，制定关于流动人口子女教育长远发展的规划，把流动人口子女的教育问题纳入到国民教育的整个系统之中，切实解决北京市流动人口子女义务教育的问题。义务教育是一种公共服务，政府有义务、有责任加强对这种公共服务的供给。外来流动人口为北京的城市建设、城市发展作出了巨大的贡献，与户籍居民一样，有权利享受包括义务教育在内的城市各项公共服务。如何确保常住流动人口子女与本地户籍人口子女一样能在京接受九年义务教育是关系到教育的公平、社会的稳定的全局性的问题。当政府提供的公共产品不能满足或人为排挤流动人口的需求时，对流动人口为满足子女入学、上学而创办的打工子弟学校，政府要积极地加强引导、管理，而不是简单地关停了事。2011 年 8 月海淀、大兴等关停部分打工子弟学校，出发点是消除潜在的安全隐患，但所引发的社会关注值得深思。

2. 通过税收、转移支付或专项经费划拨等手段，统筹解决流动人口子女义务教育问题，尽快建立公平合理的流动人口子女义务教育转移支付制度，构建外来工子女义务教育经费的合理分担机制，明确教育投入责任。2001 年《国务院关于基础教育改革与发展的决定》（国发［2002］1 号）指出，"要重视解决流动人口子女接受义务教育问题，以流入地区政府管理为主，以全日制公办中小学为主，采取多种形式，依法保障流动人口子女接受义务教育的权利"，这"两个为主"的政策对于各省市解决农民工子女教育问题起到了积极的导向作用。落实"两个为主"政策的关键是落实经费投入问题，而这恰恰是"两个为主"政策最受诟病之处，即事权与财权的严重不对称性。流动人口子女之所以不能或难以享受到本地户籍人口子女一样的教育，主要就是流入地政府担心接纳流动人口子女入学需要增加教育投入，在财政上存在巨大的压力，而如果不增加投入则会挤占本地户籍人口子女的教育资源，影响教育质量与水平，遭受本地居民的抵制。因此，要以中央政府为主，实行全国一盘棋的策略，通过税收、转移支付或专项经费划拨等手段，统筹解决流动人口子女义务教育问题，尽快建立公平合理的流动人口子女义务教育转移支付制度。为了使（北京市）流动人口子女能够在流入地享受到与户籍人口子女一样的教育，中央政府应尽快建立中央、省级、流入地与流出地政府之间公平合理的经费分担机制，以减轻流入地政府过重的财政负担，并调动流入地政府加大财政投入的积极性。从长远着眼，国家应通过教育立法方式，明确规范中央政府、省级政府、流入地政府和流出地政府在非户籍的常住外来流动人口子女义务教育中的财政责任，从而将流动人口子女义务教育的经费投入纳入规范化、制度化和法制化的轨道。

3. 市政府要促进市教委、市财政局等职能部门协作，强化对公办学校接收流动人口子女的激励措施。2008 年国务院《关于做好免除城市义务教育阶段学生学杂费工作的通知》（国发〔2008〕25 号）规定，"对符合当地政府规定接收条件的进城务工人员随迁子女，要按照相对就近入学的原则统筹安排在公办学校就读，免除学杂费，不收借读费。地方各级人民政府要按照预算内生均公用经费标准和实际接收人数，对接收进城务工人员随迁子女的公办学校足额拨付教育经费。对接收进城务工人员随迁子女较多、现有教育资源不足的地区，政府要加大教育资源统筹力度，采取切实有效措施，改善学校办学条件，加大对校长和教师配备工作的支持力度，保证学校教育教学的基本需要。中央财政将对进城务工农民工随迁子女接受义务教育问题解决较好的省份给予适当奖励。"当年 9 月 1 日，北京市对在京农民工子女义务教育免除了学杂费。目前，北京市已取消了借读费与学杂费，在财政上对接收流动人口子女的公办学校给予补贴，但是依然存在一些现实的情况使公办学校不愿意接收流动人口子女入学。这就要求政府加强对政策执行的力度与监督，使政策得到落实，并与现实衔接。在实际的政策执行过程中，市政府要促进市教委、市财政局等职能部门协作，强化对公办学校接收流动人口子女的激励措施，对公办学校接收流动人口子女在数量上实行硬性指标的比例控制，根据学校的人数和规模每年确定其接收流动人口子女的数量，对于接收流动人口子女较多和对流动人口子女管理较好的公办学校增加生均财政补贴，并通过对接收流动人口子女较多、管理规范的学校的示范、激励作用，以带动更多的学校接受流动人口子女入学。

4. 政府与社会多方配合，加强正面舆论宣传，引导社会公众对流动人口及其子女进行再认识，积极营造解决流动人口子女教育问题的有利环境。有效解决流动人口子女的义务教育问题，是一项综合性的社会系统工程。一方面，政府各相关部门应分工协作，密切配合，构建一种共同解决流动人口子女义务教育问题的协作平台，尤其需要构筑一种流动人口的动态监测和数据采集系统，以便准确掌握6—15周岁非户籍常住流动人口及其子女的数量和身份变动情况，确保政府及相关职能部门能够全面掌握非户籍常住流动人口及其子女的人口和教育信息。另一方面，要建立有效的社会救助机制并形成正面的、支持性的社会舆论环境，积极营造全社会都来关心帮助解决流动人口子女教育问题的良好氛围。2004年1月，中央一号文件强调："进城就业的农民工已成为我国产业工人的重要组成部分。"这说明政府承认了农民工的工人阶级属性和重要地位。中央领导人也在多种场合的讲话中，充分肯定了农民工为我国农村发展、城市繁荣和现代化建设作出的重要贡献。但是长期以来中国城乡二元结构给一些人带来严重的思维定式：总认为以农民工为主体的流动人口给城市带来了诸多的负面影响，诸如没有教养、有损市容、扰乱城市的治安等等。其实，以农民工为主体的流动人口也是城市财富的创造者，为城市的建设和发展贡献了自己的一份力量，他们已逐渐成为城市生活中不可或缺的一部分，对他们的歧视与偏见是不公平的。政府应积极引导各类媒体，对流动人口的辛勤劳动、为城市的建设与发展进行正面的宣传，对他们的生存状态给予关注。近年来，党和政府不仅制定了一些保障农民工利益的法律政策，提高了农民工社会生存竞争力，也出台了一系列针对农民工子女教育的政策，完善了农村义务教育经费保障机制。这些政策措施不仅保障了流动人口子女的受教育权，也促进了我国义务教育的均衡发展及教育公平和社会公平。但也必须看到，已出台的这些政策并没有得到有效的执行，一些不合理的政策仍然存在，以农民工为主体的流动人口仍然处于弱势地位，被边缘化，整个社会对于流动人口及其子女的认同感依然不高，歧视流动人口及其子女的事件时有发生。目前，中国很多城市的非户籍常住流动人口子女长期生活在父母务农经商的城市，他们对于农村的印象和归属感，没有父母那样强烈，城市生活的影响和诱惑又使他们不可能如他们的父母一样只是把城市当成打工的漂泊之地，他们更愿意成为城市人。如果城市不能很好地接纳这些非户籍常住流动人口子女，解决他们的教育问题，令他们无法打开真正通往城市的道路，他们将成为中国城市中的边缘人、无根的人。在外部诱因或其他因素的影响下，极容易成为城市、社会的不稳定因素。2005 年发生在法国巴黎、主要由非洲移民的第二代和第三代所引发的大规模骚乱值得政府高度重视。因此，政府有责任通过媒体的舆论宣传，引导人们尤其是城市居民对流动人口子女面临的教育问题形成积极的看法及关心支持的态度，在全社会形成一种基本的共识，即流动人口子女的教育问题不是流动人口个体的问题，而是事关国家经济和社会发展的全局性问题，为解决流动人口子女的教育问题创造良好的社会氛围。

本文为北京市人口与计划生育委员会委托北京青年政治学院北京青少年研究所承担的"北京市流动人口生存状况与未来预期"研究项目成果之一。

（纪秋发　北京青少年研究所研究员）

# 城市化进程中新生代
# 农民工精神文化生活融入探讨

城市化进程是指人们的生产和生活方式由农村型向城市型转变的历史过程。伴随着改革开放后大量的农民工群体的进城务工，我国的城市化进程也拉开了序幕。

从 80 年代中期开始，随着农村经济的发展与农村劳动生产率的提高，农村劳动力开始大规模地进城务工，经历 30 多年的发展，农村外出劳动力的规模不断扩大。据国家统计局的调查，截至 2009 年全国外出农民工的数量已经达到 14533 万人。而且农民工的构成也出现了代际更替，80 年之后出生的外出农民工，即我们现称的"新生代农民工"，逐渐成为外出农民工的主体并且在整个经济社会中发挥着越来越大的影响。根据 2009 年对全国 31 个省的农民工监测调查，在所有外出农民工中，80 年之后出生的新生代农民工的比例超过了一半，占到 58.4%。按照 2009 年外出从业 6 个月及以上的外出农民工数量为 14533 万人来推算，新生代农民工的数量已经达到 8487 万人。

与传统意义上的农民工相比，新生代农民工绝大多数基本完成九年义务制学校教育，因而其文化素养相对较高，视野较为开阔；他们中的大部分人不熟悉农业生产，许多新生代农民工从小跟随其在城市务工的长辈生活在城市中，因而易于融入城市，易于接受现代城市的生活方式；新生代农民工已经不再单纯地追求物质生活水平上的城市融入，更多地向往精神文化生活上的城市融入。关注新生代农民工精神文化生活的城市融入，已成为我国城市化进程中不可忽视的重要因素。

## 一、丰富的精神文化生活是城市化建设的重要内容

党的十八大报告指出："让人民享有健康丰富的精神文化生活，是全面建成小康社会的重要内容。"不断满足人民群众日益增长的精神文化需

求，已成为我国城市化建设的重要内容之一。丰富的精神文化生活应该包括以下内容：

### 1. 社会主义核心价值观为统领的价值取向

每一个国家和民族在其长期的实践发展过程中，都会形成自己的核心价值体系，成为这个社会系统得以运转、社会秩序得以维持的基本精神依托。它不仅在这个国家的经济、政治、文化和社会生活的各个方面发挥作用，也影响着每个社会成员的世界观、人生观、价值观。当前，我国正处在经济体制、社会结构深化改革，利益格局、生活方式等深刻调整变化的重要时期。人们思想活动的独立性、选择性、多变性和差异性不断增强，人们的价值观念也呈现出多样化趋势。在价值的多元并存中形成价值共识，确立得到多数社会成员公认的核心价值观，是维护社会形态的统一性和思想文化的统一性的基本前提。党的十八大提出，要"倡导富强、民主、文明、和谐，倡导自由、平等、公正、法治，倡导爱国、敬业、诚信、友善，积极培育和践行社会主义核心价值观"。也就是说社会主义核心价值观具体体现在要建立富强、民主、文明、和谐的社会主义国家，要形成自由、平等、公正、法治的社会环境，要培育爱国、敬业、诚信、友善的公民素质。它提供了现代城市化建设中所需要的文化认同和价值追求，具有高度的凝聚力和感召力。通过社会主义核心价值体系的引领和主导，有助于使生活在其中的人们超越民族、城乡、地域等方面的差异，消除彼此之间的分歧和隔阂，增强全体社会成员的归属感和向心力。

### 2. 不断提升的公民道德素养

城市建设发展的目标和成果不仅体现在经济增长、居民收入增加等物质方面，还表现为建立在良好的道德水准和共同的思想道德基础上的居民生活文明、快乐、幸福等精神层面。建设符合时代要求的城市文化精神，培育和提升城市公民的道德文化素养，是解决城市发展中的问题、促进城市可持续发展的首要选择。改革开放以来，我国的城镇化速度发展迅速，城市的高楼大厦、道路、桥梁等基础设施建设不成问题，但城市的管理水平与城市发展速度还不太适应。进入城市的新生代农民工渴望成为新市民，但他们的许多知识需要从头学起，许多生活习惯需要改变，许多社会关系需要重新建立。

而对于城市的原住民来说，他们也面临着以怎样的心态和行为去接受新加入者，他们之间需要相互融合。而在这相互融合的过程中，特别需要道德力量的支撑，社会公德、职业道德、家庭美德和个人品德都是形成一座和谐文明城市必不可少的因素。从我国城市化建设的实践看，城市的发展为市民思想道德水准的提高、文明行为的养成提供了物质条件和良好的环境。而广大市民思想道德水准的提高、文明行为的养成又为城市品位的提高、城市发展软环境的改善、城市吸引力的增加起到了促进作用。

3. 惠及全民的公共文化设施与全民参与的各类文化活动

要让人民享有健康丰富的精神文化生活，必须要有惠及全民的公共文化设施，包括提供面向社会免费开放的图书馆、展览馆、博物馆、体育馆等各类场馆，创作以人民为中心的各类文艺演出，出版各种促进人民精神健康的书刊、音像产品，开展丰富多彩的、便于全民参与的文化娱乐和全民健身活动等。

近年来，随着我国城市化的发展，人民群众的精神文化生活需求已越来越多地得到各级政府的重视，在城市居住的本地居民也更多地享受到了丰富多彩的各类精神文化生活。但对于已在城市生活的新生代农民工来说，还难以在精神文化生活方面享受与城市本地居民同等的待遇，新生代农民工在精神文化生活的城市融入方面还存在着一定的困境。

## 二、新生代农民工精神文化生活城市融入的困境

新生代农民工精神文化生活的城市融入，是指新生代农民工在城市社会生活中对精神文化的占有度或自由度，包含新生代农民工的思想意识、价值观念、生活方式、文化娱乐、社会心理、情感生活等方面的内容。从目前状况看，新生代农民工在精神文化生活方面，存在着整体上的贫困化、程度上的分层化、互动上的孤岛化、需求上的趋弱化等特点。据共青团浙江省委对浙江省情况的调查，主要存在以下问题：

1. 社会对新生代农民工精神文化生活的关注度不高

这主要表现在社会舆论对新生代农民工的认识存在着误区。调查中发现，参加志愿（义工）服务也能成为新生代农民工丰富精神文化生活的重要方式。在服务过程中，他们可以不在乎物质奖励，可以牺牲休息时间，

他们要的只是一种精神层面的享受和回报。但在我们的社会舆论中，报道关注更多的是农民工群体在违法犯罪、不守秩序等方面的内容，对农民工群体的正面宣传报道较为缺乏。新生代农民工在生活方式上希望能与城市人看齐，但在身份认同上又处于"农民"和"市民"之间的尴尬境地。大部分的新生代农民工并不认为自己是城里人，在身份认同上更倾向于自己是"老家的人"甚至是"农民"。当新生代农民工感受到与城市人群生活和地位有差距时，强烈的不安和迷茫时常笼罩着他们的内心，"城市边缘人"的社会角色更让他们面临着巨大的心理落差。但新生代农民工的心理健康教育却并没有引起社会的重视。

2. 满足新生代农民工精神文化需求的文化设施匮乏

近年来的城市化建设中，满足人民群众精神文化生活需求的公共文化设施越来越多，但在实际生活中，一方面大量分布在城市社区、企业等已有的文化设施利用率不高，另一方面大多数新生代农民工又无法享受这些公共文化设施。调查数据显示，使用过周围文化设施的新生代农民工所占比例不到总数的20%，有49%的人未参加过社区活动。产生这样结果的原因，一是公共文化设施的开放时间和新生代农民工文化活动的时间存在显著的差异性。大多公共文化设施的开放时间都在白天，而这一时间段正是新生代农民工的主要工作时间。二是新生代农民工居住地远离市区，难以便利享受市区的公共文化设施。新生代农民工大多从事的是劳动强度大且劳动时间长的工作，受工资收入低、市区房价高等的影响，他们大都居住在城乡结合部或工业园区，这些居住点往往远离市区，不方便去市区享受公共文化设施中开展的文化生活活动，而居住地的公共文化设施又相对较少。三是新生代农民工的收入相对不高，城市生活的成本又在日益上涨，许多公共文化设施场所、文娱体育活动的参与所需要支付的费用，也超出了他们可以接受的范围，使他们只能望而生畏。

3. 满足新生代农民工精神文化需求的活动载体缺乏

调查显示，新生代农民工日常交往的最主要对象依次是同乡（31.19%）、同事或雇主（24.8%）、同学（16.65%）以及亲戚（10.6%），而平时交往的主要对象为"当地人"的仅占8%，这些"本地人"通常也仅限于同事同学中的本地人和出租房房东等狭小的空间范围。这表明新生代农民工的交往平台和活动空间十分有限，交往以业缘和地缘为主，与所在地人员的交往关系密切程度不高。狭小的交往平台和活动空间，难以开展适合新生代农民工参与的各类文化娱乐体育活动。另一方面，新生代农民工精神文化生活的供给也较为单一。在企业工作的新生代农民工，多数企业不能提供足够的精神文化活动和活动场所。他们所居住地的社区，既存在着社区活动忽视面向新生代农民工的问题，也存在着新生代农民工自身主动参与社区活动少的问题。

4. 新生代农民工自身的精神文化素养欠缺

新生代农民工相对于上一代农民工，受惠于义务教育的普及率，大多接受过初中以下文化教育，其文化程度高于上一代农民工。但相对于城市居民，其平均学历程度还是普遍偏低。据浙江省有关部门统计，截至2011年6月底，全省共有登记在册流动人口2215.1万人，其中初中及初中以下学历的有1639.2万人，占总数的74%。而在这些流动人口中，新生代农民工占60%以上。因此，相对较低的学历水平在很大程度上制约了他们自身素质的提升和向上的发展空间。由于受教育程度不高，新生代农民工的职业道德、职业技能和安全生产意识等相对较弱。虽然大多数新生代农民工渴望得到更多的知识学习和技能培训，但企业和社会能提供给他们的各种学习培训机会不多。

## 三、城市化进程中应关注新生代农民工的精神文化生活融入

进城务工的新生代农民工用他们自己的辛勤劳动，为城市建设、财富创造、提供税收、促进城市的繁荣和发展作出了不可磨灭的重要贡献。因此，城市各级党委和政府部门，必须重视新生代农民工精神文化生活的城市融入，加大对新生代农民工精神文化生活扶持的力度，丰富他们的精神文化生活。

1. 要努力为新生代农民工的精神文化生活营造良好的舆论环境

全社会都要积极关注新生代农民工的精神文化生活。首先，要大力倡

导树立新生代农民工的先进典型。通过挖掘新生代农民工在生产生活中的先进事迹和先进典型，扭转当前社会对他们的一些偏见和误解，增强市民对他们的认同感和接受程度，在全社会营造"人人关爱农民工、人人尊重农民工"的良好社会风气，从根本上拉近双方在情感心理上的距离。

其次，广播、电视、报纸等媒体要广泛开设有关新生代农民工文化生活及其文艺创作的专栏。通过专门阵地，大力宣传推广丰富新生代农民工精神文化生活的好经验、好做法、好点子，充分展示新生代农民工精神文化生活的全新风采。

第三，各相关部门要积极为新生代农民工综合素质的提高搭建平台、创造条件。政府要利用各种教育培训机构加强对农民工的市情教育、城市适应性教育、城市文明礼仪教育、市民守则教育等，引导新生代农民工树立现代市民意识；在新生代农民工中广泛开展普法宣传教育，引导他们增强法治观念和权利意识；积极开展职业道德和社会公德教育，提升他们的职业素养；设立专门面向新生代农民工的职业培训机构，引导新生代农民工积极参加各类技能培训，不断提高自己的职业能力。

第四，社会各界都要关爱新生代农民工的身心健康成长。要注重加强对新生代农民工的心理疏导和行为矫正服务，加大对他们心理健康的关注和投入；关心新生代农民工的恋爱婚姻问题，为他们组织开展交友联谊活动；加强计划生育宣传，引导他们树立优生优育理念。

2. 要切实为新生代农民工提供更多更好的文化产品和活动

首先，要为新生代农民工提供丰富多彩的文化产品。政府应当关心和重视新生代农民工在精神文化生活方面的需求，为他们提供各种各样丰富多彩、文明健康的文化大餐。要大力引导文艺工作者创作贴近农民工生活的优秀文艺作品，鼓励新生代农民工参与文化创作；要切实通过各种途径调节文化产品的分配，保障新生代农民工的文化生活权益；要考虑新生代农民工的消费能力和生活习惯，大量提供符合新生代农民工需求的精神文化产品。

其次，经常开展新生代农民工喜闻乐见的文化活动。企业、社区以及社会组织和文艺团体要经常为新生代农民工组织一些形式多样的、便于新生代农民工主动参与的群众性文体活动，如农民工文艺晚会、农民工联谊会、十佳农民工歌手选拔、露天电影、纳凉晚会、广场演出、趣味运动会等，让他们时时处处都能接触到群众性的精神文化活动，满足他们多层次、多元化的文化需求，让他们在共享城市文化生活中感受文明、接受熏陶、推动融入。

**3. 要大力改善新生代农民工精神文化生活的基础条件**

首先，加强基层公共文化基础设施建设和已有公共文化设施的综合利用率。城市社区要加大阅览室、娱乐室、健身室、运动场等公益性文化活动场所的建设，方便新生代农民工参加文体活动。要进一步加大偏远城区、城郊结合部等新生代农民工集聚地的文化设施投入力度，通过建立文化俱乐部或文化活动中心，服务新生代农民工文化生活的需要。社区、企业等现有的公共文化设施要调整开放时间，使更多的新生代农民工能够享受公共文化设施，提高精神文化生活水平。图书馆、阅览室、电脑房等场所要科学安排开放时间，保证新生代农民工在闲暇时间能够真正利用这些设施。

其次，政府要加大对新生代农民工文化设施的财政投入。各级政府应该将满足新生代农民工公共文化需求的资金纳入财政预算，建立新生代农民工文化专项经费，从根本上保证新生代农民工精神文化活动的资金支持。

第三，要创新有利于丰富新生代农民工精神文化生活的载体和手段。各级共青团组织要从新生代农民工的特点和兴趣爱好出发，借助手机、电视媒体、QQ群、网络论坛、电子杂志等新媒体，加强与新生代农民工的交流与互动。在新生代农民工中建立各种志愿服务、文化娱乐和体育锻炼等社团和队伍，不断拓宽新生代农民工精神文化生活的参与渠道。

第四，要多种形式培育新生代农民工文化队伍。各级群众团体要加强与文化艺术团体的合作，在新生代农民工相对集中的工业园区、工业城镇和聚居区建立农民工文艺社团，培养新生代农民工文化艺术骨干人才。各专业文艺团体在坚持文艺下基层服务的同时，要转变服务方式，把指导培训新生代农民工草根文化团体的成长作为重要内容。

新生代农民工作为我国城市化进程中的一支重要力量，他们在城市就业和生活，既是城市建设的参与者，也应该成为城市建设的受益者。因此，政府、社会各界都要关注新生代农民工精神文化生活的城市融入，让他们同城市居民一道共享我国改革发展和社会建设的成果。

## 参考文献

国家统计局住户调查办公室：《新生代农民工的数量、结构和特点》，www. stats. gov. cn

十八大报告辅导读本编写组：《新时期党的建设伟大工程》，国家行政学院出版社 2012 年版。

（汪茵　浙江省团校教授）

# 在浙新生代农民工社会融入状况与对策建议

新生代农民工是浙江省大力发展实体经济、促进经济转型升级中的重要人力资源,而这一群体在服务实体经济发展中还存在着就业专业素质不高、权益维护保障不够、精神文化生活匮乏等诸多问题,有效破解他们在融入实体经济发展中的困境具有重要的战略意义。政府须改革和完善配套政策,消除体制性障碍,缩小福利差距,缩小发展差距,加大培训力度,注重服务包容,为他们在城市发展提供保障,更好地促进浙江省经济转型升级,促进全面小康社会的实现。

## 一、研究方法

### (一)新生代农民工的界定

本报告研究的新生代农民工是指 1980 年后出生的、户籍在农村,离开原籍,现在外打工的青年。这些青年可能是在农村出生的,也可能是在城市出生的。新生代农民工的年龄在 16—30 岁。本报告的研究针对 16—28 周岁的在浙江的农民工。

农民工、外来务工人员、打工者、新市民等称谓随着时代的变化在演变。为了便于理解和全文统一,本报告采用默认的"农民工"称谓。

### (二)调查方法

本次调查在浙江省 11 个地市根据新生代农民工的行业分布、年龄分布、居住分布、文化程度等各种因素确定抽样,设计了相关项目开展实证研究。

本次调查的问卷根据社会融入的有关范畴,依据课题组对在浙新生代农民工的生存状态,对在浙新生代农民工的发展,对浙江的人文社会环境,接纳农民工的情况作了梳理之后,提炼出了几个方面,进行调查,调查主要集中在在浙新生代农民工的就业情况、经济收入、职业提升、文化娱乐、社会交往、婚姻家庭、子女培养、文明意识等生存状态。

书面问卷按 11 个地市发放，回收问卷 2661 份。对数据分析采用社会科学普遍使用的 SPSS 统计软件，建立数据库，力求达到准确科学。

本次调查还在全省进行了 20 多次的座谈，个别访谈由调查组织成员根据不同的对象，采用不同的访问方法进行。

本次调查的资料收集是分层面进行的。省委省政府发布的法规政策、政府职能部门颁布的条例等由团省委协调发文调用。各地市的法规条例主要利用政府网络平台查找。历史文献和数据主要来于两个方面，一个来源是网络资讯，一个来源是杭州青少年成长监测网近 5 年的监测数据和专项调查数据。

（三）理论依据

目前研究农民工的理论涉及的主要有社会排斥理论、社会融入理论、托达罗理论、城乡推—拉理论等。

本报告借用并综合以上各种研究的视角，从新生代农民工的工作环境、生活状况、经济收入、社会接纳、政策扶植、组织支持等方面开展了分析研究，提出了加快在浙新生代农民工融入当地社会的对策建议。

## 二、调查数据

根据对全省 11 个地市回收的 2661 份有效问卷进行统计，在浙江的新生代农民工的基本状况如下。

1. 年龄：在浙新生代农民工中，16—28 岁年龄段 2190 人，占调查总数的 82.3%；16 岁以下和 29—30 岁年龄段分别占 0.37% 和 17.33%。

2. 性别：男性 1520 人，占 57.1%；女性 1141 人，占 42.9%。

3. 文化程度：初中高中最多，分别占 28.9% 和 27.2%；小学及以下占 9.6%；大专和大学本科及以上分别占 20.4% 和 13.9%。

《中国农民工调研报告》显示，在 20 世纪 80 年代从农村外出务工经商的劳动力中，小学教育水平的比例分别高于文盲、半文盲、初中、高中、大专的比例。而从 20 世纪 90 年代起，则是初中教育水平所占比例最高。本次调查显示，被调查对象中高中以上学历者比例最高，占 61.52%，其中大学本科及以上的占 13.90%。新生代农民工与上一代农民工相比，受教育水平有了提高。

4. 婚姻：未婚青年多于已婚青年。具体情况是未婚占 61.6%，同居未婚没有子女占 6.1%，同居未婚有子女占 3.0%，已婚尚无子女占 10.9%，已婚并有子女占 18.1%，离异或丧偶占 0.4%。特别应该关注的是新生代农民工中的同居情况，在调查中同居未婚没有子女和有子女两类合计达 9.1%。这部分人的婚姻稳定状态、同居子女的权益问题如果不能够很好地处理，是家庭稳定、社会稳定的隐患。

5. 户籍：省外户籍略超过省内

在浙的新生代农民工来自于全国各地。来自省内的为 1305 人，占全部的 49.03%；来自其他各省直辖市的为 50.7%，跨省份打工的超过一半以上。

样本中在浙的跨省新生代农民工前 10 位依次为来自于：安徽省为 346 人，占 13.0%；江西省为 128 人，占 4.81%；河南省为 119 人，占 4.47%；四川省为 99 人，占 3.72%；贵州省为 88 人，占 3.31%；湖北省为 85 人，占 3.19%；湖南省为 63 人，占 2.37%；江苏省为 48 人，占 1.8%；重庆市为 46 人，占 1.73%；山东省为 42 人，占 1.58%。

女性户籍省内较多。在男性中，省内男性 712 人，占 46.86%；省外男性 808 人，占 53.17%。女性中，省内 593 人，占 51.97%；省外 540 人，占 47.96%。

6. 收入：2010 年月平均收入 1001—2000 元的最多，占总数的 62.53%，2001—3000 元的占 16.69%，3001 元及以上的占 7.74%。500 元及以下和 501—1000 元分别占 2.37% 和 10.67%。

收入和年龄有关。按年龄分析，年纪较大的收入较高。从 23 岁开始，收入有了明显提高。

表 1　平均月收入 2001－3000 元年龄分布

| 年龄（岁） | 样本（人） | 百分比 |
| --- | --- | --- |
| 30 | 40 | 9.01 |
| 29 | 36 | 8.11 |
| 28 | 39 | 8.78 |

| 年龄（岁） | 样本（人） | 百分比 |
|---|---|---|
| 27 | 51 | 11.49 |
| 26 | 45 | 10.14 |
| 25 | 38 | 8.56 |
| 24 | 50 | 11.26 |
| 23 | 55 | 12.39 |
| 合计 | 444 | 79.74 |

收入和职业有关。501-1000 元收入的 284 人中，农、林、牧、渔业人员 37 人，占 13.03%；采矿业、制造业、建筑业人员 85 人，占 29.93%；商贸及服务人员 38 人，占 13.38%。

收入和性别有关。2001-3000 元月收入的男性多于女性。2001-3000 元收入的男性有 20.33%，女性仅 11.83%。月收入越高，女性比例越少。

7. 初次打工：16—20 岁是外出务工高峰年龄，占总数的 65.81%；16 周岁以下的占 3.49%，21 周岁的占 7.25%，22 周岁的占 9.62%，23 周岁的占 6.09%。

8. 代际之间：60.58% 的新生代农民工的父母有打工经历，其中父母"短暂打工，累积不足一年"的占 16.95%，"打工一年以上"的占 43.63%；父母没有打工经历的占 39.42%。这与第一代农民工不同。父母辈的打工经验可能对于他们有积极作用。新生代农民工所表现出来的行为和观念更接近城市，在和城市的融入上要容易些。

9. 就业：行业分布主要在二、三产业。本次调查依据在浙江新生代农民工打工分布状况和国家统计部门对行业分类情况做了统计，在浙江新生代农民工在采矿业、制造业、建筑业的人员占 33.97%，批发和零售业、住宿和餐饮业、租赁和其他服务业人员占 14.96%，与浙江经济社会发展一致。

表2　行业分布

| 选项 | 样本（人） | 百分比 |
|---|---|---|
| 失业中 | 83 | 3.12 |
| 农、林、牧、渔业人员 | 154 | 5.79 |
| 采矿业，制造业，建筑业人员 | 904 | 33.97 |
| 电力、燃气及水的生产和供应业人员 | 91 | 3.42 |
| 交通运输、仓储和邮政业人员 | 101 | 3.80 |
| 信息传输、计算机服务和软件业人员 | 104 | 3.91 |
| 批发和零售业、住宿和餐饮业、租赁和服务业人员 | 398 | 14.96 |
| 金融业、房地产业人员 | 57 | 2.41 |
| 科学研究、技术服务和地质勘查业，水利、环境和公共设施管理业人员 | 29 | 1.09 |
| 教育、卫生、社会保障和社会福利，公共管理与社会组织 | 141 | 5.30 |
| 文化、体育和娱乐业人员 | 107 | 4.02 |
| 其他 | 492 | 18.49 |
| 合计 | 2661 | 100 |

10. 失业：曾经失业半年以上的16.23%，失业4—6个月的占10.52%，合计为26.75%。这是一个值得警惕的比例。失业1个月的占36.53%，失业2个月的占18.79%，失业3个月的占17.89%。

11. 居住：居住单位宿舍的占32.62%，居住工地的占9.36%，与别人合租的占19.32%，自己单独租房的占22.10%，自购房的占8.08%，其他居住形式的占8.53%。

住宿舍、合租是最经济的居住方法，主要群体是未婚者。未婚的41.45%住宿舍，20.27%与别人合租。单独租房群体主要是已婚和配偶一起打工的。

12. 打工目的：有29.35%的新生代农民工外出打工的目的是开阔眼界，寻求更好的发展契机，这是新生代农民工与老一代农民工显著不同的地方，由此也形成了新生代农民工融入城市的新特点。同时由于我国区域经济发展的不平衡，以提高家人和自我的生活水平为主要目的的新生代农民工仍然占到59.68%。为"改变务农的生活方式（务农转到非务农）"而外出打工的占10.97%。

13. 收入来源：新生代农民工的收入来源呈多样化，其中，银行利息占30.70%，原籍土地租金占6.16%，房租收入占3.87%，原籍的农业或其他收入占9.32%，股票、基金、国债收入占6.20%，父母给的补贴占16.76%。个别人有技术转让费、公司红利的收入。

# 三、在浙新生代农民工的社会融入状况分析

研究新生代农民的社会融入，借用的是国际移民研究中的概念。这一概念认为移民在接受国的融合要经历定居、适应和完全同化三个阶段。并且指出同化是一个相当长的过程，需要经过两代人甚至三代人的努力才可能完成。

新生代农民工在进入城市以后，人生将会有很大的转变，面临的考验很多，困惑很多。要适应城市，适应职业生活，要发展，这些和他个人的信念以及能力有关，也和他所接触的人群、社会有关，和社会之间的接纳融合有关。

新生代农民工的年龄主要集中在16—28岁，这个阶段的社会融入主要与人际交往、婚姻家庭、就业、教育培训、文化娱乐、社会参与、社会保障状况有关。而这些因素相互之间是千丝万缕地交织在一起的。

## （一）人际交往与社会融入

1. 人际交往对象：同乡、同事、同学

社会交往是从动态角度分析社会现象的基本概念，社会交往圈是个体与他人交流和互动的基本平台。社会交往，是指在一定的历史条件下，人与人之间相互往来，进行物质、精神交流的社会活动。新生代农民工的交往对象可以直接反映他们参与所在地域事务的广度和频率，从而考察他们的社会融入状况。

本次问卷调查显示，浙江省新生代农民工的交往对象主体为"三同"：同乡、同事和同学，即以学业关系、工作关系和乡亲关系为主，与所在的地缘关系密切程度不高。在2661名被调查对象中，浙江省新生代农民工平

时社会交往的最主要对象是"三同",依次是:同乡(830,31.19%)、同事或雇主(660,24.8%)、同学(443,16.65%),加上亲戚(282,10.6%),占总数的83.24%,逾八成。而平时交往的主要对象为"当地人"的仅占8%,不足一成。人际交往通常也限于同事同学的本地人以及出租房房东等狭小的空间范围。

**表3 您平时交往的对象**

|  | 亲戚 | 同乡 | 同学 | 当地人 | 同事或雇主 | 基本没有社交对象 | 其他 |
|---|---|---|---|---|---|---|---|
| 样本(人) | 282 | 830 | 443 | 226 | 660 | 81 | 139 |
| 百分比 | 10.6 | 31.19 | 16.65 | 8.49 | 24.8 | 3.04 | 5.22 |

调查显示,和同事或者老乡聊天是交流和了解新闻的一个重要渠道。新生代农民工的社会交往圈是以同事同学的业缘和同乡亲戚的亲缘群体为主的。其交往圈同质性较强,与当地居民的交往范围不广、程度不深,必然导致社会互动的不足,也就是两个群体在社会交往中的隔阂阻碍了新生代农民工的融入进程。如何促进新生代农民工与浙江80后90后的充分交往和社会互动,是青年工作面临的新课题。

2. 人际交往方法:亲情联动就近居住

在实地走访和座谈中发现,农民工呈现出一种同质性的聚居。由于信息的封闭性,农民工进城务工多是由亲戚、老乡或朋友等介绍和带动的,由此也就形成了以地缘、血缘和业缘关系为纽带的自发的农民工聚居地区。区内人口多来自同村、同乡、同族,语言相通,习惯相似,从事相同或相关的产业,区内的联系交流广泛,由此可见农民工的交往对象一般局限在同质圈内。这种同质性的聚居模式对于新生代农民工融入城市有利也有弊。有利的地方在于对内他们可以彼此交流和协助,依靠亲情的力量迅速地适应并立足于所在城市。而不利的地方在于他们可能更多地被局限在同乡的圈子内,减少与当地人的交往,从而不利于融入城市。

3. 人际交往程度:关系和谐

社会关系的和谐,是现代社会的基本要求。本次调查中,在工作的人际关系方面,在被调查的2661名新生代农民工中23.86%明确表示"满意"，而表示"不满意"的为 273 人，仅占总数的 10.26%，人际关系比较和谐。

其中，在 635 个"对现在的工作的人际关系"表示"满意"的样本中，男性为 336 个，占同类样本总数（人）的 22.11%；女性 299 个，占同类样本总数（人）的 26.21%。女性农民工的比例明显高于男性。

调查表明，对工作的人际关系的自我满意度与自身的文化程度成正比，文化程度越高，满意率越高。

表4 "对现在的工作的人际关系"选择"满意"样本的学历分布表

|  | 样本（人） | 同类样本总数（人） | 百分比 |
|---|---|---|---|
| 小学及以下 | 44 | 256 | 17.19 |
| 初中 | 140 | 768 | 18.23 |
| 高中（中专、中技、职高） | 146 | 724 | 20.175 |
| 大专 | 176 | 543 | 31.31 |
| 本科及以上 | 129 | 370 | 34.86 |

这些方面还可以从有了困难首先求助于谁来判断，在本次调查的样本中看到，有了困难首先求助的是同乡同事的有 35.74%，找政府组织机构的有 12.81%，找老板的有 3.01%。

4. 人际交往新渠道：网络使用上升

新生代农民工的生活单调，信息比较闭塞，生活缺少调剂。本次调查显示，有 52.35% 的人通过报纸、71.97% 的人通过电视、55.43% 的人通过同事或老乡来了解社会，获取信息和知识。

在网络普及的情况下，网络已经成为新生代农民工生活的重要组成部分。网络为新生代农民工能更好地融入城市提供了可能。在受访者中，有 66.07% 人通过网络进行人际交往，了解国内新闻，这成为他们学习文化、表达文化的出口。

（二）婚姻家庭模式和社会融入

农民工婚姻问题不仅关系个人的家庭幸福，也关系社会的稳定。新一代农民工的年龄特点使他们在融入城市的同时，也进入婚恋期。他们在择偶上的选择同样影响着他们的社会融入情况。

从调查结果看，新生代农民工的社会融入较第一代农民工有了很大进步，在婚姻家庭的表现上，主要是：异地配偶增加，异地打工的夫妻分居或离婚增加，未婚同居甚或生育子女的增加，未婚的新生代农民工社会交往面更狭窄。

1. 异地配偶增加

新生代农民工在选择配偶结婚时以老乡为主，与本地人结婚的女性多于男性。

表5　配偶的户籍情况

| 已婚男性的配偶 | 样本（人） | 百分比 | 已婚女性的配偶 | 样本（人） | 百分比 |
| --- | --- | --- | --- | --- | --- |
| 配偶是当地居民 | 201 | 13.22 | 配偶是当地居民 | 191 | 16.74 |
| 配偶也是外来务工青年 | 381 | 25.07 | 配偶也是外来务工青年 | 254 | 22.26 |

如果是单身外出务工，择偶就有了更多的选择。与当地居民结婚的比例，女性要超过男性。女性借助婚姻融入社会是一种较为快捷的方法。

在1202个独自离家外出打工的青年里，已婚的里面有161人即13.39%与当地居民结婚。和同样是打工者结婚的116人，占总数的9.65%；而其中只有一部分是与同乡结婚。

2. 婚内分居、离婚增加

已婚的新生代农民工中，配偶是农民工的比例占47.33%。根据一项研究，65.6%的夫妻都在杭州工作，20.0%的配偶在异地工作，6.7%的配偶在农村，7.8%的人选择"其他"。① 夫妻双方在同一地务工，夫妻关系没有受到太大影响，基本维持以前的家庭关系模式。如果夫妻一方在外打工，一方留在老家，就失去了完整的夫妻与家庭生活。

另外，新生代农民工已婚夫妻婚内交往减少，分居、离婚增加。民政部公布的全国及各省民政事业统计季报披露，2010年前三季度，我国共有131万对夫妻办理离婚登记。其中，四川离婚人数最多，共有102596对夫

---

① 《2010年度上城区新生代农民工生存现状及身份认同调查》，上城团讯2010年第十八期。

妻离婚，位居全国榜首。社会流动使得异地婚姻增加。四川每年有上千万年轻民工外出打工，夫妻两人必须有人外出挣钱，又要有人在家种地照顾老小，导致年轻夫妻两地分居。[①]

### 3. 未婚同居生育

社会交往意愿迫切，同居现象上升。新一代农民工的社会交往对象面狭窄，采用同居寻求社会融入的手段呈上升态势。

本次调查显示，同居未婚没有生育子女的161人，占2661人总数的6.05%。同居未婚有子女的79人，占2.97%。从社会融入的角度来看，新生代农民工融入社会的心情迫切，但是基于社会资源少、人脉关系少，往往会以最直接的方式缩短社会融入的过程，采用恋爱或同居的方式在城市逗留。

### 4. 未婚农民工社会融入不够

调查表明，婚姻状况的不同对交往对象产生一定影响，已婚者更喜欢与当地人交往。调查中未婚者（1878名）最主要的交往对象依次是同乡（581名，30.94%）、同事或雇主（457名，24.33%）、同学（360名，19.17%）；调查中已婚的新生代农民工（773名）的主要交往对象为同乡（248，32.08%）、同事或雇主（201名，26%）、当地人（94名，12.16%）。数据显示，已婚的新生代农民工日常以当地人为主要交往对象的比例大大高于未婚者。这说明，婚姻对于他们融入的程度产生一定的促进作用。

### 5. 子女教育将成融入阻碍

义务教育政策的限制会阻碍着已婚农民工家庭成员的社会融入。新生代农民工子女以学前教育、义务教育段为主。本次调查数据显示，有子女的夫妻，更倾向于将子女放在老家抚养，占8.27%，而子女在杭州的仅占3.64%。在座谈会中，多数有子女的访谈对象目前对于子女的教育存在较多的困扰。

---

① 杭州网，http://news.hangzhou.com.cn/gnxw/content/2010－11/07/content_ 3509858.htm.，2010－11－07。

表6　您子女的教育状况现在怎样

| 选项 | 样本（人） | 百分比 |
|---|---|---|
| 还没有孩子 | 1926 | 72.38 |
| 孩子未到入学年龄 | 355 | 13.34 |
| 在家乡上学 | 220 | 8.27 |
| 在务工地的民工子弟学校 | 56 | 2.10 |
| 在务工地的公办学校读书 | 29 | 1.09 |
| 在务工地的私立学校读书 | 12 | 0.45 |
| 其他 | 63 | 2.37 |
| 合计 | 2661 | 100 |

民工子女学校的教育质量还难以和公办学校一样得到保障，农民工子女较难融入城市儿童集体，对各种农民工子女学校监管力度还不够，由于需求旺盛而涌现出办学质量良莠不齐的非法办学机构，投入于农民工子女义务教育的经费缺乏有效监管，私立学校入学要求高，程序复杂，一般农民工子女很难进去等等。因此子女的教育成为目前新生代农民工的困扰，农民工子女上学的差别化对待，也阻碍了他们融入城市生活。

**（三）就业与社会融入**

1. 就业重发展

新生代农民工出生在改革开放的年代，他们成长的社会环境、时代背景与其父辈已经有了天翻地覆的变化。这些变化形成了新生代农民工的群体人生价值观特点，有52.43%新生代农民工对未来发展有信心，对工作的选择从经济为主向发展前景和专业转移（表7），而这些价值观特点又在他们融入城市社会的过程中得以体现。33.11%的新生代农民工对未来发展的信心一般，10.79%和3.68%的新生代农民工信心不足和完全没信心。

表7　您选择现在工作的主要因素

| 选项 | 样本（人） | 百分比 |
|---|---|---|
| 兴趣 | 75 | 12.73 |
| 工资 | 108 | 18.34 |

| 选项 | 样本（人） | 百分比 |
|------|--------|--------|
| 专业 | 192 | 32.60 |
| 发展前景 | 134 | 22.75 |
| 无奈的选择 | 73 | 12.39 |
| 合计 | 2661 | 100 |

在座谈中，来自杭州邮政局的一位投递员道出了他的工作目的："我喜欢杭州城市的高楼，喜欢繁华的街道，喜欢整洁的环境，我希望通过工作不仅实现自己的价值，也要为孩子的发展、杭州的建设、社会的发展做出自己的贡献。"这真实地反映了新生代农民工的心愿。

2. 跳槽次数多

与第一代农民工比较，新生代农民工对工作比较挑剔，愿意到工作轻松、收入多，社会地位高、有趣味的岗位，跳槽的频率高，从一个月到一年的流动人数占调查总数的35.75%。从事的最长一份工作的时间在1—2年和2年以上的分别占25.29%和38.97%。另一项调查①表明，新生代农民工职业流动率是最高的，平均每人每年换工作0.45次，而第一代农民工仅为0.08次，其跳槽频率是其父兄辈的近6倍。频繁的跳槽影响他们与社会交往的广度和深度，也影响社会对他们的评价。

除了因为工作辛苦，收入少而跳槽，还有些新生代农民工跳槽次数多，是因专业职业能力不够导致。因为个人能力不够引起的跳槽也是社会融入不足的表现。

3. 就业信息渠道不通畅

新生代农民工独自一个人外出务工的占45.17%，这从一个侧面反映了新一代农民工在社会融入中的孤独心理特点。和父母一起外出务工的占11.61%，和丈夫（妻子）一起打工的占15.56%，和亲戚一起外出务工的占8.68%，和同乡（或同学）一起外出务工的占18.98%。

① 《新生代农民工面临城市困境想当城市人门槛多多》，中国广播网，2010－11－04。

本次调查显示，新一代农民工在找不到工作的时间内得到招聘会帮助的占 29.54%；没有得到就业信息的占 67.12%。

表8　找不到工作的时间内您得到过哪些帮助吗

| 选项 | 样本（人） | 百分比 |
|---|---|---|
| 招聘会 | 786 | 29.54 |
| 得到过就业信息 | 875 | 32.88 |
| 就业指导 | 527 | 19.80 |
| 技能培训 | 461 | 17.32 |

独自外出务工的这部分人，有些在务工地有伙伴，有些没有。相比较与有同乡同学在一起打工者，这些人的伙伴群体人数越少，社会交往越少，可以获得的就业信息也就越少。

由此可见，多数新生代农民工在找工作过程中存在社会资源不足，信息来源不多，孤立无援的困境。在座谈会中，一些农民工也表示刚来城市的时候，举目无亲，感觉孤独无助。就业信息的不到位是阻碍新生代农民工融入城市的一个因素。

**（四）教育培训与社会融入**

本次调查显示，影响新生代农民工融入社会的因素较多，其中一项是农民工的教育培训。在本次调查中发现，目前新生代农民工整体受教育水平与城市人口仍有差距，新生代农民工的专业技术不高，学习资源利用少，教育培训不足，就业率还有待提高。

**1.专业技术不高**

本次调查显示，在外出打工前，新一代农民工没参加过任何技能培训的有 1355 人，占 50.92%；拥有中级技能证书的 161 人，占 6.05%。打工后参加过各种性质技术培训的有 35.55%，但仍然有 30.14% 没有想到参加技术培训，10.71% 不想参加。

而这些专业职业技术直接影响打工的收入和稳定性，也直接影响着新一代农民工的社会融入。在访谈中，大部分青年在阐述决定个人发展条件的根本原因时，明确地将其归结于自身的能力。

2. 学习资源利用少

本次调查数据显示，新一代农民工所从事的工作劳动强度大，没有时间参加学习，同时没有想到要参加培训学习的有 802 人，占 30.14%，不想参加者 285 人，占 10.71%。

因此，在被调查对象住所或工作地的周边有免费图书馆、博物馆、文化宫并能享受的占 37.51%，而真正付诸行动或者打算付诸行动的却并不多。可以看到在休息时看书的时间仅占 5.82%。农民工的业余文化生活普遍匮乏，精神文化需求得不到满足。

3. 就业培训不足

新生代农民工与上一代农民工所面临的经济社会发展形势发生了巨大变化。后者是在短缺经济时期进城或者到沿海地区打工，前者面临的则是"后危机时代"产业结构调整的复杂局面，新的产业结构需要他们尽快掌握新的技术。

浙江省在"腾笼换鸟"、产业转移的过程中，劳动密集型产业也在向技术密集型产业转型，这种发展新模式具有非常强的竞争力。同时，企业升级，结构性缺工、用工荒和找不到工作的局面也就出现了。由此可见，帮助在浙新一代农民工提高技术水平，使他们适应这种转型的需要就成为当务之急。

表9　您打工后参加过技术培训吗

| 选项 | 样本（人） | 百分比 |
| --- | --- | --- |
| 没有想到 | 802 | 30.14 |
| 不想参加 | 285 | 10.71 |
| 没时间参加 | 628 | 23.60 |
| 自费参加过 | 190 | 7.14 |
| 单位组织过培训 | 695 | 26.12 |
| 政府组织的培训 | 61 | 2.29 |
| 合计 | 2661 | 100 |

但是本次调查显示，参加工作以后只有 26.12% 的人参加过单位技术

培训，就业培训不足。

而另一方面，超过 90% 的新生代农民工表示愿意参加各类培训，其中职业技能培训约占 47%，创业知识培训约占 56%，学历提升培训约占 12%，法律知识培训约占 15%，职业安全卫生知识培训约占 21%，生活知识培训约占 14%，人文知识培训约占 9%，这就向各级组织提出了新的工作要求。

**（五）文化娱乐和社会融入**

社会交往是人与人之间在社会生产和社会生活中所进行的交互作用、活动，新生代农民工的社会交往直接影响他们在城镇的生活与工作。而文化娱乐活动是新生代农民工开展社会交往，融入社会的最有效的途径之一。

1. 闲暇时间看电视和上网

新生代农民工的业余活动主要是看电视和上网，分别占了 36.38% 和 26.64%，文化娱乐生活比较单调。

无论是看电视还是上网，都是一种比较孤立的文化娱乐方式，与外界接触少。主要原因还是因为收入低而无法进行其他娱乐，加上工作比较辛苦，这种方式是节约成本又能打发时间的方法，所以得到他们普遍的选择。在访谈中，大部分新生代农民工在述说自己的文化娱乐生活时表示，很少了解到当地组织、部门等开展的文化娱乐活动的信息，也很少参加这样的活动。

本次调查也显示，有 37.73% 的人从没参与组织开展的文化娱乐活动，有 24.46% 的人没听说过有这些文化娱乐活动。

表10　您休息时的主要文化娱乐活动

| 选项 | 样本（人） | 百分比 |
|---|---|---|
| 运动 | 230 | 8.64 |
| 看电视 | 968 | 36.38 |
| 打牌 | 230 | 8.64 |
| 看书 | 155 | 5.82 |
| 上网 | 709 | 26.64 |

| 选项 | 样本（人） | 百分比 |
|---|---|---|
| 闲聊 | 74 | 2.78 |
| 睡觉 | 122 | 4.58 |
| 逛街 | 82 | 3.08 |
| 其他 | 91 | 3.42 |
| 合计 | 2661 | 100 |

## 2. 生活满意度不高

一个人对于生活的满意度，取决于主观认识与客观条件。主观感受在一定程度上是受客观条件影响的。前面的分析中，既有生存条件的艰辛，也有对未来生活的信心。这样的双重现实让他们在感受生活时，满意度不是很高。选择满意的仅为 6.31%，比较满意的占 19.77%，52.20% 的人选择了一般。这个数字一方面反映出他们对于现状的不满足，另一方面反映出他们对于更好生活的内心渴求。这个矛盾的表现折射出，在他们走向幸福生活的路上，在他们努力融入城市社会生活的过程中，除了靠他们自身的努力外，还应有社会、政府的支持与帮助，这样，融入的体验才会更好，融入的进程才会更短，融入的结果才会更理想。

## 3. 消费心理从传统转向前卫

第一代农民工的消费支出是简单的食物和衣物、廉价的租房消费，能温饱就行。新生代农民工的消费结构发生了变化，过去没有的消费内容和形式出现了，比如：手机消费、时尚消费、购房消费、购车消费等等。消费心理从传统转向前卫。第一代农民工在消费上属于传统型，而新生代农民工大多想把自己变成城里人，消费心理开始转向前卫，表现为对高档商品、时尚商品的消费有较强的渴求，休闲消费等已列入消费计划。在面对面座谈中，100% 的农民工都有手机，有的有高档手机，多数人在居住的地方有电视机，同时多数人拥有自己的电脑等商品。

### （六）社会参与和社会融入

新生代农民工在社会融入方面所面临的排斥是客观存在的。与第一代相比，社会融入的环境优化，地位提高，但新生代农民工仍然处于理想与现实的矛盾中，他们希望能够融入城市，投身公益活动、热心社会活动、建言献策，但又认为自己不能完全融入城市。这种社会融入的困难，来自现实的户籍制度、就业制度、教育制度等，也有自身因素。

1. 投身公益活动融入社会

新生代农民工中有9.06%的人经常参加当地无报酬的志愿者等公益性组织并积极参加活动，22.85%的人加入公益性组织但很少参加活动，9.43%的人加入公益性组织但没参加过活动，58.66%的人没有加入过任何公益性组织。

2. 热心社会活动融入社会

新生代农民工比第一代农民工更活跃，更有兴趣参加各种娱乐活动，社会开放程度也奠定了他们开放的心态，主观意愿上更主动地融入社会。5.98%的新生代农民工经常参与当地政府或社区组织的各种晚会、比赛等活动，31.83%的人偶尔参与，37.73%的人从没参与，24.46%人表示没听说过有这些活动。

调查发现，主动参加各种活动的男性要略多于女性。参加活动的男性为38.95%，女性为36.28%。

3. 建言献策融入社会

在温州的调查中，对于自己的"社会地位满意度"，750名被调查对象中有240人表示不满意，340人表示一般，只有160人表示满意。①与第一代农民工比较，新生代农民工对自己生存状态的不满，会以更为主动的态度，建言献策，以求改善。3.46%的人经常为工作地的政府部门提建议或意见，22.28%的人偶尔提建议或意见，74.26%的人从未有过为工作地的政府部门提建议或意见的经历。

调查还发现，建言献策的男性要多于女性，男性为27.04%，女性为24.02%。在走访和座谈中，新生代农民工的参与态度十分明显。

4. 社会参与有待提高

在浙新生代农民工不同于第一代农民工，他们会用各种传播媒介和手

---

① 《解开新生代农民工的"幸福密码"》，http：//www.sina.com.cn.，2010－07－22。

段，积极关注国内外社会动态。但是他们参与社会的积极性有待提高，参与的渠道有待拓宽。

在2661名调查对象中，72.53%的人没有加入工会组织。在社区组织的各种活动如各种晚会、比赛中，有62.19%的农民工从没有参加过，24.46%的新生代农民工没听说过有这些活动。74.26%的被调查农民工从未"为工作地的政府部门提过建议或意见"。

除此之外，对于社区青少年服务中心、青少年维权联系点、职业技术学校、读书俱乐部、企业职工夜校等，新生代农民工参与率并不高。相关部门和青年组织为农民工推出的一些扶持政策、资源帮助和文体活动，农民工中也鲜有人知。

从另一个角度而言，参与率不高导致了政府、社会提供的社会融入资源的浪费。

**（七）社会保障和社会融入**

1. 社会福利没有全面覆盖

2010年两会《政府工作报告》中提出："维护劳动者合法权益，构建和谐的劳动关系"，"要积极推进农民工参加社会保险"。对于上述要求，签订劳动合同和享受社会保险是衡量工作绩效的一个重要标志。因为在这两个方面，农民工无疑是遭受更多的歧视和社会排斥的。本次调查发现，在浙新生代农民工所享有的福利和保障，没有全面覆盖。

表11　您享有哪些福利和保障

| | | 医疗保险 | 工伤保险 | 养老保险 | 失业保险 | 生育保险 |
|---|---|---|---|---|---|---|
| 有 | 样本（人） | 1430 | 1342 | 1201 | 839 | 623 |
| | 百分比 | 53.74 | 50.43 | 45.13 | 31.53 | 23.41 |
| 没有 | 样本（人） | 1044 | 1072 | 1242 | 1552 | 1704 |
| | 百分比 | 39.23 | 40.29 | 46.67 | 58.32 | 64.04 |
| 不清楚 | 样本（人） | 187 | 247 | 218 | 270 | 333 |
| | 百分比 | 7.03 | 9.28 | 8.19 | 10.15 | 12.51 |

五险为社会保险中的养老保险、医疗保险、工伤保险、失业保险和生

育保险，其中养老保险和医疗保险是劳动者社会保障方面最基本的社会保险，而调查发现在落实中存在不足。

新生代农民工在待业期间，没有得到失业救助的占71.44%。在投保频数分布①中，被调查者中未办理保险的情况是：养老保险46.67%、医疗保险39.23%、工伤保险40.29%、失业保险58.32%、生育保险64.04%。有些工人，虽然签了合同，但由于是派遣合同，无法保障基本生活。基本生活保障得不到是阻碍他们融入城市的主要原因。

### 2. 社会保障难兑现

人力资源和社会保障部有关部门负责人表示，新生代农民工对享受社会保障和城市公共服务的要求比较高，就业机会、工资水平等因素对于农民工的就业选择和流向都会产生直接的影响。

本次调查个案访谈中发现，新生代农民工的权利意识有所提高，但自身的权利和利益在受到损害时难以得到保护。浙江的各级政府都为新生代的外来务工者提供了相应的帮助，但是他们在遇到困难时，寻求帮助的比例不高，仅有8.49%的人在找不到工作的时间内得到过失业救助，71.44%的人没有得到失业救助，20.07%的人不知道从哪里得到失业救助。

这些调查数据表明，注重新生代农民工求职群体的诉求，原有救助模式亟待创新突破。要为找不到工作的农民工提供更加直接便利的综合服务，保障其合法权益。

### 3. 市民意识未建立

浙江各地赋予了农民工"准市民"的身份。调查显示，这种身份往往未被有效利用，许多新生代农民工没有建立起与身份相符合的市民意识。2009年10月1日起，在浙江的外来务工者可以办理浙江省居住证，但调查显示，"办了浙江省居住证"的为894人，仅占总数的33.6%；"没有办浙江省居住证"的占26.31%；认为"办不办无所谓"、"没有想到去办"和"不知道这回事情"的1067名，高达40.1%。

有了困难首先求助于同乡同事的有35.74%，找政府组织机构的有

---

① 《2010年度上城区新生代农民工生存现状及身份认同调查》，上城团讯，2010年第十八期。

12.81%，找老板的有 3.01%。

政府、职能部门、党团组织、社区的服务农民工的免费讲座和服务信息，许多农民工并不知道。

### 4. 维护权益意识薄弱

在访谈中，当问及新生代农民工对于社会政策的了解程度时，发现并不理想。对有关劳动权益保护方面的法律法规及相关知识，只有 6.31% 很清楚，55.84% 的人了解一点，30.78% 的人不太了解，7.07% 的人一点不了解。在杭州市青少年研究所关于《进城务工青年》的调查问卷中，对"目前，大多数进城务工人员都缺乏医疗、养老等方面的保障。您的看法是"的回答中，有 27.27% 的人选择了国家没有制定强有力的政策，还有 13.25% 的人认为有没有保障无所谓。这一数字也印证了新生代农民工对于政策的了解不足。

## 四、推动新生代农民工融入浙江的建议

外来务工人员在浙江建设中起到了非常重要的作用，他们是浙江社会发展不可或缺的力量。对于这些浙江建设者，浙江省委省政府一直高度重视，出台了一系列政策，各级组织开展了广泛的服务，社会舆论积极监督，全社会形成了良好的氛围，为在浙的新生代农民工融入浙江社会提供了可靠的基础，同时也呈现了明显的特点。

一是观念领先，共同发展。在浙江，农民工早已不被叫做农民工。市场经济推进了观念的提升，形成了社会、用人单位、农民工共同发展的指导思想。在思想上尊重农民工，承认他们的价值，称呼为外来务工人员或进城务工人员。企业把农民工与其他职工放在了一个水平线上，都视为自己的员工。真正体现了温总理说的"政府以及社会各界都应该像对待自己的孩子一样对待年轻农民工"。

二是服务至上，以人为本。在浙江，服务农民工的理念代替了管理农民工的理念，给农民工人文关怀成为日常的行为。浙江省出台了一系列政策，促使农民工"能找到合适工作、及时拿到工资、劳动得到保护、工伤大病有保险"。开展了"千万农村劳动力素质培训工程"，针对农民工特点，开展专项职业能力培训考核工作，使接受培训的农民工获得相应的职

业资格证书或专项职业能力证书。在外来务工人员比较集中的地方建起了一大批集农民工居住、教育培训、管理服务、文化娱乐于一体的"安心公寓"、"建设者之家"、务工人员居住中心、安心工程等。

三是机构完善，法律保护。在机构设置上筑起农民工的靠山，在法律支持的基础上保障农民工的利益与权利。浙江省先后出台了《关于解决农民工问题的实施意见》、《浙江省流动人口居住登记条例》（草案），从政策方面保证新生代农民工在浙江的权利和利益。规定持有浙江省居住证达到一定年限的流动人口，允许其转办居住地常住户口，与户籍制度改革相衔接，在法律支持的基础上保障农民工的利益与权利。

四是群策群力，文化提升。围绕扩大组织覆盖，构建特色街建团、楼宇建团、市场建团、社区现代服务业建团等多种建团方式，形成集群化的服务新一代农民工的组织框架。工青妇共同推进，以先进文化引领市民，提升外来务工人员的素质。

五是舆论监督，市民善待。浙江省的广播电视系统、新闻报刊、网络等媒介都有民生专题栏目，从不同方面营造新生代农民工良好的舆论环境、和谐的氛围。广大市民心态宽容，接纳不同文化。

当然本次调查也反映了许多问题，值得重视，需要有新的对策来积极解决。

### （一）建立公平均等的融入保障

加强制度建设，扩大政府公共服务和公共投入，消除制度障碍。

温家宝总理在 2010 年年初所作的政府工作报告要求："推进户籍制度改革，放宽中小城市和小城镇落户条件。有计划有步骤地解决好农民工在城镇的就业和生活问题，逐步实现农民工在劳动报酬、子女就学、公共卫生、住房租购以及社会保障方面与城镇居民享有同等待遇。"

城市化、工业化是历史发展的潮流，目前我国城市化的步骤滞后于工业化，原有的户籍、用工、福利等社会制度形成了一种结构性壁垒，导致新生代农民工在城市处于移而不入的状态，长期畸形发展会影响到社会的和谐稳定，作为地方政府有责任有义务为他们提供清晰公正的制度，消除政策性歧视和排斥，为农民工的融入提供条件，具体可以有以下的举措：

### 1. 完善劳动和社会保障制度

对于新生代农民工而言，要想实现在务工地城市长期稳定就业、生活的目标，必须至少享有三个层次的社会保障：其一为解决年老和疾病时后顾之忧的养老保险和医疗保险，其二为解决失业后暂时生活困难的失业保险，其三为防范沦入贫困境地的最后一张保障网——最低生活保障。

调查发现，在浙江省范围内，用人单位不为劳动者参加法定的社会保险、没有足额参加社会保险或者参加社会保险险种不足的现象时有发生。虽然与全国其他地方相比，浙江尤其是一些主要城市的用工过程中，三金五险等缴纳比例要高出不少，但仍有不少新生代没有相应的社会保险。根据抽样调查，农民工参加一种以上社会统筹保险的达55%。其中，参加养老保险的为41%，参加工伤保险的为34%，参加医疗保险的为26%。为此，今后应继续加强有关职能部门对企业用工的监管，为他们构建一个安全的社会保障体系。

在就医看病方面，各地想方设法降低务工人员的看病费用，向农民工发放"爱心卡"，为农民工提供医疗救助，使他们少花钱、看好病。在社会保障方面，一些经济条件较好的地方，扩大社会养老保险的覆盖面，把农民工纳入其中。

杭州市在这方面有许多卓有成效的创新举措，值得推广。

2009年，杭州市扩大惠民医疗服务对象，将经济困难的农民工纳入惠民医疗救助范围，对全市范围内的"无主病人"开通绿色通道，实行医疗救治。对在杭贫困的流动产妇提供限价分娩服务，对户籍人口和外来流动人口全部实行免费产前筛查和免费新生儿疾病筛查。

2009年杭州市"春风行动"向"新杭州人"延伸，启动并完善农民工特殊困难救助机制，全市共对24位农民工给予了2000－10000元不等的一次性救助，救助金额17.4万元；继续实施农民工子女意外伤害救助项目，对11名重症农民工子女给予了38.2万元的医疗援助；开通"农民工法律援助绿色通道"，提升法律援助的社会影响力，完善"一小时法律援助服务圈"建设，积极推行"一站式服务"，2009年全市法律窗口临街落地率超过90%，确保农民工生产生活"有救助"。

随着社会统筹保险面的不断扩大，要在扩大覆盖面上下功夫，特别要着力研究如何建立和完善针对农民工的"低保"政策和机制，使目前已覆盖城乡的最低生活保障制度，能够有效地向农民工延伸。

从 2010 年 1 月 1 日起施行《城镇企业职工基本养老保险关系转移接续暂行办法》，包括农民工在内的参加城镇企业职工基本养老保险的所有人员，其基本养老保险关系可在跨省就业时随同转移；在转移个人账户储存额的同时，还转移部分单位缴费；参保人员在各地的缴费年限合并计算，个人账户储存额累计计算，对农民工一视同仁，这将推动劳动保障制度的发展。

2. 重视农民工子女受教育权

浙江省外来流动人口数已达 1950.3 万人，伴随而来的，是农民工子女的入学难问题。

全省开发多种渠道，保证农民工子女有学上、上得起学。目前全省农民工子女的就地入学率达到 96% 以上。近年来，浙江省不断提升接纳进城务工人员子女入学的能力。到 2009 年，在浙就读的进城务工人员子女已经超过 114 万人，人数与 2004 年相比翻了将近一番，其中 80% 来自外省。[1]

当前，外来务工者子女义务教育在浙江已经得到有效解决。但后义务教育问题仍不能解决，甚至还反过来影响义务教育的效果。主要有：

其一，在浙江省的一些地方，农民工的子女在入学的时候被要求提供计划生育证明、无犯罪证明、劳动合同证明等多达 10 种的证明文件，不少外来务工者的子女因此无法顺利地入学，十证入学这种规定是否合理？外来务工者的子女离真正享受平等教育的权利还存在一定的距离。

其二，初中、小学阶段的教育是全国统一的义务教育，有中央财政的保障和支持。但是初中以后的高中阶段，则通常由地方财政支付。外省籍的学生就读浙江学校，浙江财政从外地得不到补偿。因此，全国可以建立相应的转移支付制度，由输出地向接纳地转移相应的政府财政补贴。

其三，由于高考制度的各省差异，外省来浙江务工者子女并不能参加

---

① 《浙江七成外来务工人员子女就读公办校》，浙江省教育厅网站，http：//www.zjedu.gov.cn，2010 - 10 - 29。

浙江省高考，而通常在初中将毕业或高中阶段就必须回原户籍学习并参加高考，由于两地之间的高考制度和学习科目课程不一致，必然影响农民工子女的高考成绩。这两个因素带来的问题的解决都有赖于中央层面的政策和措施。

### 3. 完善农民工住房制度

新生代农民工融入问题中最棘手的问题就是住房问题。居住条件差是农民工面临的突出问题，应将农民工居住问题纳入城镇住房保障建设规划，加大住房保障投入力度，为农民工提供农民工公寓或者适合农民工租住的住房，取消申请廉租房和经济适用房的户籍限制条件。

根据杭州、宁波、温州、嘉兴、湖州、金华、丽水等城市的调查，已建成的安心工程建筑面积达到 352 万平方米，安置务工人员 56.88 万人；目前正在建设的"安心工程"建筑面积 138.5 万平方米，可接纳务工人员 18.66 万人。

浙江的各级政府、企业也创建了许多职工公寓，提供给外地职工。政府应加大建立各种设施齐全的廉租房。允许具备条件的企业，自筹资金自建公寓和住房，提供有法律保障的居住权、使用权甚至完全产权的住宅，保障农民工安居乐业。

2010 年绍兴市出台了《绍兴市区公共租赁住房管理办法》（试行），政府部门将通过提供公共租赁住房的方式，有效解决"夹心层"人群的居住困难问题。这项民生政策还惠及在市区的无房农民工，工作满 3 年的外来务工者也可申请"公租房"。

### 4. 加快户籍制度改革

户籍管理制度是农民流动的最大制度成本和城市融入的最大障碍。户籍制度以及建立在户籍制度之上的就业制度、社会保障制度、医疗制度、教育制度等城市各类制度构成了新生代农民工融入城市社会的制度性障碍（或制度排斥），学术界对此已基本形成共识。户籍制度作为一种"身份标签"，其直接后果就是造成城市农民工身份与职业、角色的背离。城市农民工虽然通过职业非农化的过程完成了从农民到工人的角色转换，但从身份上看，他们依然是农民，享受不到城乡一致的政策待遇。因此，农民工身份地位的合法化是解决农民工城市融入的首要问题。作为身份标签的户籍制度不取消，农民工的权益保护和城市融入就很难真正实现。

浙江各地对农民工提供公共服务的许多做法，一个基本点就是打破以户籍为界限的公共服务体制性障碍，把有固定住所、有稳定职业和收入的农民工，尽可能地纳入政府提供公共服务的对象范畴，逐步有序开放户籍管理制度，为农民工成为城市新市民开辟政策通道。杭州市提出实现"八个有（有收入、有房住、有书读、有医疗、有社保、有救助、有安全、有组织）"的标准，把在杭州稳定就业、缴纳社会保险在半年以上的农民工纳入"新杭州人"范围，发放《新杭州人求职登记证》，让他们和城镇居民一起共建共享与世界名城相媲美的"生活品质之城"，让农民工在杭生产生活更有归属感。

**（二）搭建扎实和温馨的融入平台**

要在加快企业升级转型，建立和完善现代企业制度的过程中，培育新生代农民工扎根的沃土。

**1. 通过产业升级提升收入**

西方迁移理论认为，经济因素是影响人们迁移决策的重要因素。经济是农民工融入城市的关键，当前农民工问题中最突出的是农民工劳动投入与收益报酬的非均衡性。新生代农民工经济收入相对低，进入城市以后，吃、穿、住、行等基本开支按照城市标准来开支，生活成本呈直线上升。生活负担过重是阻碍新生代农民工城市融入的重要原因之一。由于无法享有平等的经济权，农民工包括新生代农民工收入仍然微薄，导致住房条件差，在子女上学、就医等诸多方面需要支付比当地市民更多的成本，影响到广大农民工的生活质量。

工资是给予一个进入社会的劳动者有尊严有体面生活的前提保障，目前企业并不是按照一个产业工人工资的标准支付给劳动者，虽然低工资减少了城市化的压力，但工业化、城市化是历史发展的必然，面对新生代渴望城市生活的诉求，应通过一系列的制度切实提高劳动者的工资待遇。

**2. 创新集体谈判和协商机制**

相对于父辈农民工而言，新生代农民工不再以赚钱养家为首要目标，而是力图在城市中扎根，成为城市居民。他们的工作也不再是"建筑行业中的体力活，而更多地是进工厂和服务行业"。同时，他们具有基础的科学知识，借助现代化传媒获得了开阔的视野。随着权利意识的上升，他们对工作类型、时间和待遇有了更多要求。如何与他们建立和谐的劳资关系就成为当代企业的一个重要问题。

目前个体劳动争议案件居高不下，集体劳资冲突时有发生，但这些争议主要还是劳动者的合法权益得不到保障所致。作为代表劳动者利益的工会组织，可以在现行的法律框架内，大力切实有效地推行集体谈判和集体协商机制，将劳资冲突在制度框架内进行解决，从源头上预防和化解劳资冲突。集体谈判是市场经济国家行之有效的一种调节劳资关系和处理劳资矛盾的手段，通过集体谈判制度，劳资双方之间可以开展充分博弈，实现劳资合作的功能。但目前我国并无真正的集体谈判立法，浙江作为一个国内市场经济相对发达的地区，可以率先利用地方立法权，在现行国家法律的框架内进行集体谈判地方立法，对集体谈判代表的产生、谈判过程中的信息披露、谈判的具体程序、谈判争议解决等具体操作性问题作出规定。比较成熟的例子，如杭州富春江化工有限公司规范了工资发放制度，每年保证员工人均年收入10%以上的增长率，并且在制定年工资收入增长计划时，及时与公司工会协调，并提交职代会通过后实行。

农民工是一个数量庞大却又处于社会弱势的群体，迫切需要代表其利益的工会组织的支持，在社会转型阶段，应充分发挥工会保障劳动者权益的职能作用，改变劳资关系的现状。应发挥企业工会组织作用，制定企业民主管理条例，大力推行集体谈判和集体协商制度，改变劳资关系失衡局面，加大工会宣传力度，加强基层工会建设，切实维护新生代农民工的地位和权益。

3. 提倡人性关怀

当前浙江许多企业已经意识到这个问题，并进行了一些很有创造性的尝试，这方面的做法很有实践意义和借鉴作用。

传化集团有一条不成文的规定，就是师傅收了新徒弟，一定要请徒弟吃个饭，师徒二人先交交心。传化集团除了严格执行劳动保障法律法规外，特别注重打造关心员工工作生活、重视员工发展成长的"生态环境"，倡导一种家庭式的亲情文化。新员工进传化，要拜一位老员工做"师傅"。"师傅"除了在工作、业务上提供指导外，还需要关注"徒弟"的心理健康。

作为电子商务标杆的阿里巴巴公司目前拥有员工近12000人。在阿里巴巴内部，"相互信任"是出现频率比较高的一个词。如何做到相互信任？公司建立了完善的沟通机制，如员工要和管理层说说话，方法有：直接沟通、圆桌会议、高管信箱、内部网络留言板、内部刊物和员工满意度调查等，这样一来，管理层可以时时掌握最新的"民意"，以便采用相应的措施。

4. 重视输出地的作用

建议由输出地在异地设立为农民工服务管理的办事处。

贵州省在温州设立了两个办事处，即：贵州省黔东南州人事劳动和社会保障局驻温州办事处、贵州省江口县工商联驻温州市永嘉县办事处。通过对这两个办事处的了解，每年两个办事处化解矛盾上千件。同时应该考虑给办事处以法律人才、办事经费、工作人员的正式国家编制等的保证，使其没有后顾之忧，全心全意地为农民工服务。

还可以由输出地派人异地挂职，协同当地政府对外出务工人员的管理。如贵州省曾有5名公安干警到温州挂职任派出所副所长，取得了良好的社会效果，但一段时间以后就没有再派了。

创新党团共建，在输出地与输入地共同进行党团共建，搭建服务平台。如杭州市下城区的党团组织与江苏省灌南的党团组织共同搭建的党团共建平台，为新生代农民工的思想、学习、就业、创业服务，提供了良好的互动平台。

（三）营造和谐温馨的融入环境

以开放、宽容的心态，接纳农民工、关心农民工、正面宣传农民工，不断增强他们的地域认同感和归属感，建立新生代农民工良好的社会融入氛围。

新生代农民工的城市融入是一个综合的社会转变过程，是全社会的问题。如融入状况不好，必将涉及和影响整个社会生活的各个角落。从社会的层面来看，需要全社会的人都来关心新生代农民工的城市生活，以利于他们的城市适应。

### 1. 发挥社区的融合功能

社区是社会生活最主要的场所，是社会融入最直接、最关键的环节，社区在新生代农民工城市融入中发挥着重要作用。

社区可以通过开展文化活动，来增强社区的凝聚力和新生代农民工的归属感。在新生代农民工集中租住的社区，建立组织架构，广泛开展丰富多样的文化活动，动员和吸引广大新生代农民工参与其中，增进社区居民之间的相互了解、沟通和信任，培育新生代农民工对社区的认同感和归属感。

通过积极广泛地开展社区教育，充分发挥新生代农民工的才能和技术，让他们主动承担社区需要的多种多样的活动，在活动中提高他们的现代意识和文明行为。

### 2. 发挥各种媒介的宣传功能

首先，大众传媒应当率先起到舆论导向作用，呼吁广播、电视、报纸等媒体树立公平理念，在评价市民与农民时，不宜采用带有歧视性的称谓，不贴标签。同时注重对农民勤奋、淳朴和勇敢的传统美德的宣传，增加农民对城市贡献的报道，引导市民客观评价农民，消除偏见，从心理上接纳新生代农民工。

其次，倡导社会关怀，让全社会都来关心新生代农民工的生产和生活。新生代农民工在城市的生产和生活，需要得到社会各界的关心、支持和帮助。

再次，控制和减少对新生代农民工在城市生产和生活中的负面报道，增强人们的公平意识。营造他们融入城市生活的社会氛围是社会发展大趋势，要进行社会平等观念的宣传教育，一方面引导新生代农民工与城市居民相互沟通、消除隔阂、和谐共处，另一方面引导市民调整心态，积极主动地与新生代农民工进行社会交往和人际互动，将他们视为享有同等社会权利的成员，帮助他们培养城市文明所需的现代思维和意识，构建起社会支持网络，从而增强新生代农民工对城市的认同和归属感。

3. 为权益保障提供组织后盾

根据新生代农民工的特点，应该积极探索能够代表新生代农民工利益的组织形式，为他们权益的保障提供强大的组织后盾，这对实现制度化政治参与也是一个良好的保障。

工会、妇联、共青团和各种 NGO 组织都应积极关注农民工，不让他们成为"遗忘的角落"。可在农民工比较集中的社区建立农民工的工会、妇联、共青团的相应的组织或者联合组织，并充分发挥其应有作用，既有利于农民工权益的表达和保护，又方便政府对农民工的管理。

**（四）培养适应现代化发展要求的融入能力**

积极创造条件，加强新生代农民工的学习和培训，提高自身素质，是切实加强融入的重要保障。

新生代农民工自身素质的高低直接关系着他们获取资源能力的高低，进而影响着他们的社会融入能力和状况。提高自身整体素质，培养获取外部资源的能力，进而提高其经济、社会地位，是新生代农民工顺利融入浙江城市的基本前提和重要保障。

1. 提高职业技能水平

农村人口向城市转移，农业劳动力向非农业转移，是一个国家工业化、现代化进程中的必然趋势和基本规律。新生代农民工在其城市融入的过程中，需要顺应社会发展的潮流，积极采取行动，迎接变革和挑战。新生代农民工在整体特征上体现为"三高一低"：受教育程度高，职业期望值高，物质和精神享受要求高，工作耐受力低。

因此，在融入城市的过程中，首先，在思想上必须转变传统观念，培养自身的创业意识、市场意识和风险意识。其次，在行动上必须主动学习，参与实践，增强才干。新生代农民工要想在竞争激烈的城市社会生存和发展下去，唯有提高自身素养和能力，才有可能。为此，需要不断学习，不仅要从书本中学，更重要的是在社会实践中学习。

信息化时代市场对劳动力的需求正由单纯的体力型向智力型、技能型转变，这样使得新生代农民工的就业竞争能力普遍较低，就业空间狭小，只能局限于城市人不愿干的苦、脏、累、险等工作，只能在城市的亚劳动力市场上徘徊。这同时也导致新生代农民工只能维持较低的收入，没有实力谋求个人的发展，延缓了融入城市的步伐。

在座谈会中，多数农民工具有较强的继续受教育意识。虽然他们的素质相比第一代农民工有了较大提高，但在受教育程度与劳动技能方面与城市人口的差距依然很大。而且，在目前的收入状况和劳动强度下，农民工很难进一步提高自身的劳动技能。如贵州铜仁市在温州约5万务工人员，只有27人毕业于职业高中，外出前有一定劳动技能；大部分农民工均无劳动技能。

要通过建立和完善多层次的新生代农民工教育培训体系，并通过多层次的教育体系来引导和组织新生代农民工接受就业和创业培训，提高其整体素质和职业技能水平，把他们塑造成符合现代化建设要求的高素质劳动者。同时开展职业道德教育，引导他们爱岗敬业、诚实守信，成为既熟练掌握职业技能，又具有良好职业道德的新型劳动者。同时通过政府主导，社会团体辅助等方式整合现有的教育培训资源，充分发挥各类教育培训机构和工青妇组织的作用，积极探索政府、企业与社会共同推进农民工教育和培训的新路径，多渠道、多层次、多形式开展农民工职业培训和素质教育，不断提高农民工整体素质。

2. 扩大社会交往面

扩大新生代农民工的社会交往面，为他们积极参加当地社区、工会、共青团、妇联等组织的各种活动提供条件和机会。利用社区、街道办及其他社会团体等资源优势组织丰富多彩的活动，加强新生代农民工与其他群体尤其是城市居民的互动，在交流和互动中增进了解，促进融合，从而使新生代农民工在思想观念、行为方式、文明素养等方面受到潜移默化的影响。同时，也能使城市居民纠正、消除对新生代农民工的偏见和歧视，以平等的心态看待和接纳他们，从而促进新生代农民工与其他群体的和谐共处。

3. 提高法制文明意识

新生代农民工自身应通过学习法律法规，不断提高自身的法治意识，做到学法、知法、用法、守法，同时，提高维权意识，督促企业加强劳动、安全纪律，不断提高自身的安全意识，劳动纪律意识。

要充分挖掘新生代农民工所蕴含的文明素养，对新生代农民工群体中健康、积极的方面多加报道，积极引导城市居民以平等、宽容的态度对待他们。大众媒体在引导城市居民正确认识新生代农民工的同时，还要积极引导新生代农民工转变思想观念，培养现代文明意识等，通过政府、社会团体和城市居民的共同努力，为新生代农民工的工作和生活提供一个良好的社会环境和发展空间。新生代农民工更应自强自立，从心理上接受城市文明与城市生活方式，培育城市所需要的思想感情和生活习惯，不断完善自身的思想意识和价值观。

## 参考文献

陈光金：《成就、困境与出路：迈向世纪的乡土中国》，载韩明谟等：《社会学家视野：中国社会与现代化》，北京：中国社会出版社，1998：345

国务院研究室课题组：《中国农民工调研报告》，北京：中国言实出版社，2006 年版。

[美] 科尔曼，邓方译：《社会理论的基础》，北京：社会科学文献出版社，1992 年版。

[美] 科塞：《社会冲突的功能》，孙立平译，北京：华夏出版社，1989 年版。

李汉林：《关系强度与虚拟社区》，载李培林：《农民工——中国进城农民工的经济社会分析》，北京：社会科学文献出版社，2003 年版。

李培林：《农民工——中国进城农民工的经济社会分析》，北京：社会科学文献出版社，2003 年版。

陆学艺主编：《当代中国社会流动》，北京：社会科学文献出版社，2004 年版。

渠敬东：《生活世界中的关系强度》，载柯兰君、李汉林：《都市里的村民——中国大城市的流动人口》，北京：中央编译出版社，2001 年版。

史柏年等：《城市边缘人——进城农民工家庭及其子女问题研究》北

京：社会科学文献出版社，2005 年版。

谢建社：《新产业工人阶层——社会转型中的"农民工"》，北京：社会科学文献出版社，2005 年版。

周大鸣：《农村劳动力转移的人类学研究——以三个村落为例》，载周星，王铭铭：《社会文化人类学讲演集》，天津：天津人民出版社，1997 年版。

程新征：《中国农民工若干问题研究》，北京：中央编译出版社，2007 年版。

杨聪敏：《农民工权利平等与社会融合》，杭州：浙江工商大学出版社，2010 年版。

全国总工会新生代农民工问题课题组：《关于新生代农民工问题的研究报告》，《工人日报》，2010 - 06 - 21（01）。

符平、唐有财：《"脱根"：新生代农民工流动困境》，《中国社会科学报》，2010 - 06 - 01（11）。

杨建华，张秀梅：《浙江省农民工劳资关系调查报告——兼与其他社会群体对比》，《浙江社会科学》，2009（12）。

包福存、张海军：《建筑业青年农民工的社会认同》，《沈阳大学学报》，2007（01）。

陈映芳：《农民工——制度安排与身份认同》，《社会学研究》，2005（3）。

李明欢：《20 世纪西方国际移民理论》，《厦门大学学报》（哲社版），2000（4）。

孙立平：《"关系"、社会关系与社会结构》，《社会学研究》，1996（4）。

（钱永祥　杭州青少年研究所所长、教授

阎素芬　杭州青少年研究所副教授）

# 二元社会结构下农村青年
# 回乡创业社会适应性问题初探

　　新农村建设的问题，是我国从城乡二元经济结构向现代社会经济结构转变过程中一个重大的战略问题。自从改革开放以来，大批农民走出乡村进城就业，形成具有中国特色的"民工潮"。随着时间的推移，民工群体也开始进行着代际更替，新生代农民工登上了历史的舞台。"新生代农民工"，主要是指"80后"、"90后"，这批人目前在农民工外出打工的1.5亿人里面占到60%，大约1个亿。他们出生以后就上学，上完学以后就进城打工，相对来讲，对农业、农村、土地、农民等不是那么熟悉了。根据国家统计局《2011年我国农民工调查监测报告》，2011年全国农民工数量继续增长，总量达到25278万人，比上年增加1055万人，增长4.4%。农民工基本以青壮年为主，其中40岁以下占61.7%。这些农村的青年劳动力离土离乡，进城务工就业，跨地区有序流动，他们为我们城市的建设添砖加瓦，作出了重大的贡献。

　　近年来，随着中西部和农村小城镇发展条件和环境的改善，以及沿海发达地区劳动密集型产业向中西部地区及小城镇转移步伐的加快，有一批在外出务工中学到管理经验、掌握生产技术、积累创业资金的农村青年，在当地政府的引导、鼓励和扶持下，纷纷返乡投身创业。他们为加快工业化和城镇化进程，改变农村面貌，作出了非常重要的特殊贡献。他们作为乡土经济中最活跃的分子，上项目、办企业、搞实体，成为带动全民创业、农民致富和思想解放的重要群体。农村青年回乡创业成为了推动农村地区城镇化、工业化的重要途径，并成为了一些不发达地区、县域经济社会发展中的一支主力军，成为以城带乡、以工促农的有效载体，他们以其创业的方式为社会主义新农村建设添砖加瓦。但是，由于城乡差异及二元结构社会等多种因素，回乡的农村青年在创业、生活、学习等方面与传统的农村生活方式相冲突，使他们的回归受到了各种限制、排斥，影响着他们对回乡的适应程度。

# 一、农村青年回乡创业适应性问题的现状分析

对于"社会适应"，《社会学词典》的解释是："社会适应是指个人适应社会环境而产生的行为。个人通过社会化，明白了自己的社会权利和义务，形成了与社会相适应的知识、技能、价值观和性格，就会在社会交往中与社会行为中采取符合社会要求的行动。反之，如果不能很好地适应社会环境，就会陷入困惑之中，人的一生是不断适应环境的过程。"现阶段，农村青年回乡的适应性障碍主要表现在以下几个层面：

## （一）价值观念冲突

农村青年回乡创业有利于改变城乡区域发展的不平衡，有利于贫困地区、不发达地区经济发展，为农村及小城镇的发展起着开路、突破的作用。从目前来说，回乡创业的一批农村青年，他们所受的教育程度普遍要高于当地农村平均的文化程度，且在城市生活了比较长的时间，他们在城市定居几年后，已经市民化了，与城市青年的价值理念基本相同。从改革开放初期到现在，与第一代出去打工的农民工相比，现在第二代甚至是第三代农民工的成长经历、知识结构、外出打工的动机及回乡创业发展的情况，都发生了较为重大的改变。改革开放初出来的第一代农民工，由于他们的文化知识水平较低，外出打工也只是从事较为粗犷的体力劳作，主要是进行一些资金的积累，返回家乡后，则利用打工所赚资金盖房子或从事自己熟悉的与农业生产相关的开发，观念相对传统守旧。而现在新一代农民工外出打工，由于相对知识结构较高，他们从事工作也较为广泛，工作相应较为轻松，有学习的机会，工作技术含量高，他们对现代城市的生产和生活方式较为适应，运用知识的能力也较强，能够把学习到的技术和管理经验带回家，利用这些知识进行二、三产业发展，对于现代城市发展的工业文明的认同也正在逐步增强。但是，当新一代的农民工回乡后，他们与父辈们所理解的生活模式、人生价值观相冲突，他们的回归并没被家人或乡亲看好，他们在城市的生活方式也已经很难适应家乡的那种氛围了。这主要表现在对创业的开拓发展、对生活要求和对生活环境不满等方面的

适应性障碍。

**（二）就业理念矛盾**

回乡创业的农村青年，基本都是从事非农产业经营的。虽然，他们在外出前都没有接受过相应的技术培训，但经过几年外出打工的锻炼后，现在基本都能掌握一到二门专业技能。如土木建筑、汽车维修、动植物养殖、食品烹饪、制衣、高低配电工、汽车驾驶、电器维修等，还有的人通过自己努力学习，积累了相当丰富的财会知识、市场营销、电子商务和企业管理经验等。这些在城市打工或学习过的农村青年文化知识水平虽然不高，但他们能够在打工中学习，获得了相应的知识和技术，积累了丰富的实践创业经验，运用知识的能力也较强，为自己回乡创业打下了坚实的基础。但是，他们回乡后进行创业的领域，也基本是在二、三产业方面，如一些加工业、餐饮服务业、运输业、小商店超市等，没有充分利用农村这个大好的资源、相应的人才和市场氛围。然而，在一些远离中心城市的传统农业区域或小城镇中，可利用的优势资源，人力资源、动力源泉寻找困难，发展二、三产业有着许多制约因素，回乡创业的农村青年在如何结合当地资源，开发特色产品，提升传统产业方面发生适应性障碍。

**（三）管理方式欠缺**

回乡创业的许多农村青年，在外出打工时，文化程度不高，也没有学过什么专业知识，初到城市时，只是从一些最基层的操作员工做起，工作简单但技术性不强。虽然，后来也慢慢地学到了一些相应的专业知识，但与一些科班出身的专业人才差距还是很大的。他们在技术上并不过硬，又没有直接参与企业营销和管理，对企业的整体管理不太精通。据有关资料显示，在一些农村和乡镇，由于回乡的农村青年自身的个人素质有限，直接制约了创业的成功率和可持续发展，农村青年回乡创业失败的情况相对比例不少。而导致他们创业失败的主要原因，就是缺乏科技意识，不懂市场，不会管理。由于我国社会的二元社会结构，农村及小城镇社会发展的环境较为落后，总体上还是缺乏人才和技术层面的支持，加上农村青年回乡创业资金有限，没有财力花钱去请相应的人才，所以，在激烈的市场竞争中，许多农村青年回乡创业的产业缺乏核心竞争力，又没有自己的创意，只能通过机械地模仿进行创业，许多产品污染环境，不懂市场只能恶性竞争，产业没有科技含量，只能走粗放型的发展道路，始终处于整体产业链的底层。这不但造成了资源和财富的严重浪费，而且在如何提升生产技术、管理水平上存在适应性障碍。

### （四）教育学习断层

虽然说，回乡创业的农村青年相比他们的父辈及当地的农村青年，所受的文化教育程度要高，所见过的世面也大。但是，在当今的城乡二元经济结构下，囿于农村青年父母自身的教育能力和整个社会大环境，他们所受的教育程度仍不及城市青年，思维方式也有所不同。这使他们在提升职业技能、管理水平时都面临现实障碍，这就会导致一些回乡创业的农村青年，在政策理解、市场开拓、业务发展、技术提升等各种马拉松式的社会竞争中输在了起跑线上。且由于社会教育资源分配不公，使他们缺少必要的可持续的职业教育培训，基本素质状况难以适应产业结构升级、城镇化发展进程的需要，创业发展难以为继；无法胜任复杂的技能型和知识型工作，难以在回乡创业中找到自己合适的定位。为此，缺乏可持续教育学习行为，成为他们创业发展的适应性障碍。

## 二、农村青年回乡创业适应性问题的归因分析

### （一）二元社会结构下的社会政策影响因素

为缓解全国就业压力，为了建设新农村的需要，在 2013 年"中央一号文件"关于解决"三农"问题的表述中，政府也鼓励倡导农民工回乡创业，让他们以新农村建设为导向，盘活、调动农村剩余劳动力的积极性。具体的一些政策就是"放水养鱼"，除了提高种粮补贴、购买农机具补贴、家电下乡补贴等措施外，还尝试向有条件的回乡农民工发放一些小额贷款作为创业的启动资金。但是，这些很多农民期待的好政策，到了一些农村，就会被大打折扣，执行起来不尽人意。

一是在一些政策制定和落实上不公平。相对于"外商"和大企业，有的乡村和小城镇对待回乡创业的农村青年不公平，"外商"、大企业进入时，都能享受到一系列的优惠政策或配套服务。而当农村青年回乡创业时，却不能享受到与"外商"和大企业一样的优惠政策和配套服务，这样

就形成了政策落实的不公平。农村青年回乡创业虽然是"小打小闹",但也吸收了一部分乡镇待业人员、失地农民,解决了一部分困难群众就业问题,这也是为政府排忧解难,为社会作贡献。"星星之火,可以燎原",大企业都是从小企业成长起来的。但一些地方政府却未充公认识到这一点,不给予支持。

二是各级政府对农村青年回乡创业认识不足,没有把服务农村青年回乡创业视同招商引资一样重要。一些农村和小城镇认为农村青年回乡创业发展慢,只能解决他们自己就业增收的问题,交税少,对本地区的经济发展和财政增加作用不大。他们甚至不相信农村青年回乡创业能够成功,能够带动乡亲一起致富,没有把为他们回乡创业服务摆到日程安排上,缺少具体的政策措施,让他们自生自灭。

三是扶持创业政策的制定滞后。由于在国家和各级政府层面,缺少对农村青年回乡创业的政策支持,对农村青年回乡创业事务的管理,只得利用城市中的一些就业政策,在操作上,一些税务、金融、财政等部门都普遍认为是政策根据不足,很难把握,不好办理。相关资料显示,农村青年回乡创业得到政府支持的面偏小,即便有支持,也只是属于一些本地的"土政策",没有中央和省级的政策依据。少数地方也只是把扶持城镇再就业的有关政策延用于回乡创业,这种二元社会结构下社会政策的偏差,严重地影响着农村青年回乡创业的适应性。

**(二)妨碍农村青年回乡创业适应性的社会因素**

一是农村整体发展水平偏低。目前虽然一些农村或小城镇已经进入新农村建设及城镇化加速发展时期,但总体上仍滞后于自身工业化和经济社会发展的需要。有资料显示,一些乡镇未能从根本上转变政府工作职能,努力营造适合群众创业发展的公共管理服务环境,摆正政府部门和创业者的关系,还是采取"管、卡、压"的做法。

二是农村青年创业"办事难"。农村青年创业面临的最大问题就是"办事难"。一些创业者在回乡前受到热情对待,但是当他们的企业一旦落地,再想找政府部门解决问题、办点事就十分困难了,"门难进,脸难看"。开办企业(包括个体工商户)手续复杂,程序繁多,辗转多个部门,时间长，收费高。一些部门甚至去企业吃、拿、要，都想从中捞一把，乱检查、乱摊派、乱收费、乱罚款的"四乱"现象时有发生。农村青年回乡创业的项目一般规模较小，依靠的都是自有资金，结构单一，产品科技含量低，多数投资只有几万元到几十万元，这些"捞一把"的违规行为无疑加重了他们的经济负担。

三是创业"融资难"。大多数农村青年回乡创业，开业时主要靠自己积累的资金，他们把打工中积累的有限资金集中用于租地建厂和设备投资，开业后缺少流动资金的情况比较突出。其产业发展得不到金融机构的支持，融资十分困难，资金补充基本依靠一些民间借贷，供给农户和中小企业的资金十分短缺。一些地方农村信用社的贷款利率利息很高，加上贷款申请过程还要发生交际费用，使得创业者负担加重，风险加大。目前农村创业融资缺乏信用贷款，只有抵押贷款。初创企业抵押物缺乏，对农村小企业资产抵押也存在着不公平，小企业的设备不能抵押，农村集体非农建设用地不能抵押，政策性贷款和财政扶持贷款极少。二元社会结构下的社会不公平现象，妨碍着农村青年回乡创业的适应性。

### （三）妨碍农村青年回乡创业适应性的家庭因素

农村青年之所以在回乡创业面前犹豫不前，无法很好地适应回乡创业生活，其中有一点就是来自家庭因素的影响。农村青年要回乡进行创业，来自家庭的支持很重要。但是，由于农村青年的家长文化程度低，思想相应不开放，对创业的风险看得过重，所以，家庭对子女回乡创业的行为基本上是不予支持，持否定的态度。他们认为，孩子们长大了，终于可以跳出"农门"了，且现在城市中的工作还是比较好找，工资也可以养活自己了，为什么还要回到这相对贫穷落后的地方来折腾？他们不能理解，更不要说支持孩子回乡创业。所以说，鼓励引导农村青年回乡创业，不仅要做好农村青年回乡创业的各项工作和配套服务，更重要的是要解决他们的父辈对于子女回乡创业的认知和态度问题。

许多农村家庭的教育方式也影响着子女回乡创业的社会适应，理想与现实的矛盾对他们的心理造成了巨大的压力。大部分农村家庭对他们的子女的未来抱有很高的期望，对子女的职业期望带有明显的代际职业向上的流动倾向，希望儿女通过在城市中奋斗、成才，摆脱自身较低的阶层地位；希望子女能有一个相对优越的社会地位和较高的工资收入，摆脱经济压力、改善生活条件，这样，能使在农村的父辈们感到脸上有光。这种家庭的影响，严重影响着农村青年回乡创业的社会适应性，使他们有了后顾之忧。

**（四）妨碍农村青年回乡创业适应性的自身因素**

农村青年回乡创业既是出于他们自身利益的市场行为，又具有一定的社会效益。农村青年回乡创业要克服更多的困难，支付更多的成本。

一是受知识结构制约，影响创业能力。农村青年普遍在思想观念、文化程度、知识结构、技术水平、驾驭市场能力等方面处于劣势，制约了主动创业的信心和驾驭市场能力的发挥，创业难度加大，心有余而力不足。

二是观念陈旧落后，束缚了创业灵感。受小农思想左右，许多农村青年思想保守，怕担风险，做事中庸不愿意出头，导致创业项目选择不准和管理不善，严重制约着农村青年的创业热情，影响创业进程。

三是经济基础薄弱，制约了创业愿望的实现。青年原始资金积累少，技术含量低，而信贷支持又量小面窄受惠者少，创业结构失衡、分布不合理，限制了青年创业愿望的实现。选择回乡创业，就意味着创业者不但要有技术、胆识，还要有相当数量的创业启动资金，否则的话，就会遭遇"一分钱难倒英雄汉"的困境。

四是固步自封，限制了他们创业的规模。部分青年创业者靠自己的才干和技术致富后，小富即安，缺乏远见，不愿扩大规模，停留在家庭作坊式的经营模式中，难以发展壮大。

五是没有接受过相应的职业技能培训。首先在理念上不一定能跟上日益加快的经济结构转型；其次专业知识缺乏，特别是一些管理知识；三是原有从事农业生产的技能丧失；四是外出时间较长之后，当地人际关系网络缺乏。

# 三、改善农村青年回乡适应性问题的对策建议

## （一）改革修订目前一些显失公平的政策和制度

1. 各地方政府要把农村青年回乡创业纳入当地经济社会发展规划，可

以通过行政、经济、法律等手段，制定相应的政策措施。在促进全面创业，振兴区域经济的过程中，领导群众在脱贫致富中发挥主要推动作用，引导他们成为区域经济发展的骨干力量。农村青年回乡创业涉及许多政府部门的工作，各有关部门要把支持农村青年回乡创业纳入自己的职责范围，制定相应的章程，建立分工明确，相互协调，共同推动的工作机制。

2. 把重点放在改善创业环境，落实政策上，推进相关服务体系、制度的建立。消除政策体制障碍，建立多元化的投融资机制。全面落实扶持农村青年回乡创业的有关税收优惠政策，给予他们社会投资主体国民待遇，在政策、审批程序等方面一视同仁，改革和修订一些城市与乡镇不同的投资政策和制度。优化投资管理体制和管理方式，降低投资成本，提高投资效率。地方政府可以采取一些适当的优惠政策，引导和鼓励小规模的投资和经营。将现有下岗失业人员创业的税收优惠政策延伸到返乡农村青年和其他初始创业者。对返乡农村青年和其他初始创业者创业应纳税收确有困难不能按期缴纳的，可以申请缓交税款。

3. 加大一些政策的扶持力度，保障农村青年创业就业。相关部门要结合工作实际，采取积极措施，尽可能创造有利于农村青年创业的政策和法规环境。在农村青年初创阶段，可以在金融、工商等方面给予扶持，通过优惠贷款利率，免除工商登记费用等举措，加大对农村创业青年的扶持力度。同时，建议政府建立相应的农村青年创业基金，对创业资金困难的农村青年给予帮扶，以帮助他们尽快地进入创业的角色。

**（二）解决造成农村青年适应性不良的社会问题**

1. 各级宣传部门在加大宣传创业光荣的同时，鼓励一些与农村青年回乡创业有关的机构（如政府机构、金融机构、科研机构、培训机构、行业组织和其他社会中介机构等），相互协调，分工合作，形成多方参与的创业服务网络。一些有条件的乡镇，还可以依托现有创业机构，成立回乡创业者的指导（服务）中心，为回乡创业者提供相应的政策咨询、市场信息、开业指导、管理咨询、融资指导、创业培训、企业诊断等服务，并通过巡回交流、科技讲座等活动，以提高农村青年回乡创业能力和经营管理水平。

2. 政府各个部门要尊重返乡创业的青年，优化创业环境。一是要做好农村青年回乡创业的管理和服务，简化他们的审批程序和办事手续，推行联合审批，清理和规范收费项目，实行一站式服务。二是要规范部门行为，严肃查处对企业乱检查、乱摊派、乱收费、乱罚款的"四乱"行为。在按规定收取公共服务性费用时，只能收取工本费，或按最低限额收费。三是政府监察部门要畅通投诉渠道，及时处理和纠正侵犯创业者的合法权益和干扰正常经营的违法违规行为。当地的公安机关、司法部门依法维护回乡创业者的人身财产安全。四是农村青年回乡创业的生产经营场地，要统一纳入城乡发展规划，力求实现基础设施共享，培育发展产业集群。扶贫部门应把回乡创业作为新阶段扶贫开发的突破口，建设一定比例的廉租厂房，支持农村青年回乡创业。

3. 加大政策性金融对农村青年回乡创业的扶持。应为回乡创业农村青年提供额度不大但期限长、利息低、覆盖面广的贷款，放宽农村地区抵押物的范围，如农村宅基地、自留山的使用权、房屋产权做抵押。开办多层次的贷款和同一区域、行业、优质民营企业联保互保贷款等，缓解农村青年回乡创业融资难、资金供给短缺、贷款利息高等问题。各金融机构都要加大对农村青年回乡创业的信贷支持，国有商业银行可以按照商业银行规范提供贷款。对有市场、有效益、有技术、有发展前途的创业企业，采用信用贷款与抵押贷款组合、整贷整还等方式，放宽贷款额度和还贷时间。对于回乡创业农村青年创办的产业，建立回乡创业的信贷扶持担保机制，各级财政应安排一定资金，充实贷款担保机构，给予贴息等优惠政策。对信用担保机构给予相应的风险补助。

**（三）消除影响农村青年适应性的不良家庭障碍**

家庭是社会的一个天然基层细胞，人类美好的生活应该就从这里开始，农村青年回乡创业的源泉也应该在这里，家庭的支持对创业是非常重要的。农村青年回乡创业光靠政策支持和自己的热情是行不通的，关键看你拥有多少资源和资金来源，有没有技术以及家庭的支持等诸多因素。事实上，创业远非想象中的那般容易，父辈们的担心是有理由的。有了家庭的支持，创业才能"进可攻，退可守"，在家庭的支持下，你会战胜创业的恐惧，承受创业带来的失败，能够在创业中把自己的智慧发挥到极至。

所以，各级劳动保障、团委、工会等部门，要对所辖区内返乡创业青年个人及家庭情况进行摸底调查，做好思想引导工作，帮助返乡创业青年及家庭分析形势，引导返乡创业青年及家庭树立正确的创业理念，正确看待自己的实力，选择熟悉的领域创业，搞好家庭关系，使农村青年对家庭有归属感和认同感。同时要向创业青年的家庭宣传回乡创业在建设新农村中的地位和作用，宣传创业精神。及时表彰创业青年中的优秀者，增强回乡创业青年的光荣感、责任感和自信心。这样既能使他们的父辈放心，给予他们精神上的支持，也可降低创业风险，营造鼓励青年创业的家庭氛围。

对农村青年回乡创业总体上要因势利导，尊重创业，积极支持。充分利用网络、电视等渠道传播各类致富信息，拓宽农村青年及家庭成员的视野，加强农村青年及家庭与外界的联系，引导青年在创业过程中改变生存状态，体现自我价值，鼓励农村青年敢于创业、积极创业。消除满足温饱、小富即安的保守观念，选取、树立创业成才典型，大力宣传近年来在各个领域成功创业的青年农民，营造浓厚的创业氛围，激发广大青年的创业热情。要让农村家庭看到创业成功的希望，认识到回乡创业大有作为。

**（四）加强教育提升农村青年的可持续发展素质**

要使农村青年提高素质，更好地进行创业活动，就要加大对农村青年创业培训教育的力度，全面提高农村青年的创业能力和综合素质。

1. 积极发挥政府职能作用，以劳动保障部门为主导，把农村青年回乡创业的培训纳入政府以创业带动就业的总体规划，实施统一管理。对创业青年实行分类培训，整合农业、扶贫、科技等培训资源，开展有效的技术技能培训。要按照"实用、实际、实效"的原则，以市场需求为导向，与青年农民创业需求相结合，着重对农村青年开展适应二、三产业的从业技能培训，大力推行国家职业资格证书制度，切实提高培训质量，增强青年的创业本领，为农村的专业化生产和产业化经营培养一批懂技术、善经营的农村青年带头人。

2. 各级培训机构要加强对农村青年的创业技能培训。以提高农村青年创业稳定性和企业高质量为目标，重点培养技能技术型和管理型的专业人才。大幅度增加政府对农村青年培训的投入，参加创业技能培训的农村青年可以有相应的补贴费用。要完善政府主导、官民并举的措施，建立长期业余培训与短期突击培训相结合的多层次培训体系。形成按需培训模式，农民自主选择培训机构，促进培训效率和质量的提高。扩大培训覆盖面，各个部门如农业、教育、科技、劳动保障、建设、财政、扶贫等要按照各自的工作职能，做好农村青年的创业培训工作。一些地方可以县市镇乡统筹安排，形成合力，有效鼓励大企业对农村青年进行职业技能提升培训，重点扶持一批创业骨干，打造创业品牌。

3. 以"大手拉小手"的方式，动员区域内大企业与创业的小企业联系挂钩，以培养高级管理人才为目标，实地兼职。实行"导师带徒弟"活动，充分发挥大企业中的骨干人才"传、帮、带"的作用，积极探索农村青年创业可持续发展的有效途径。让具有优良职业道德、高超职业技能的科技人员、管理者和技术工人，以签订合同的形式，帮助指导农村青年在创业中实现跨越式发展，提高创业水平、业务技能、企业管理能力等综合素质，以适应现代企业发展的需要。

## 参考文献

国家统计局： 《2011 年我国农民工调查监测报告》，http：//www. stats. gov. cn/tjfx/fxbg/t20120427_ 402801903. htm.

韩俊，崔传义：《我国农民工回乡创业面临的困难及对策》，《经济纵横》，2008（11）。

韩俊、汪志宏、刘丹华、王西玉、崔传义：《农民工回乡创业现状与走势：对安徽、江西、河南三省的调查》，《改革》，2008（11）。

刘文烈、王建：《论构建农民工返乡创业支持体系》，《滨州学院学报》，2010，（2）。

陈晖：《福州市农民工就业创业问题探析》，《福州党校学报》，2011，（4）。

（张波　浙江省团校研究员）

# 城市化进程中的农民工市民化

城市化是由工业化、现代化而引起的人口向城市集中的过程。自21世纪以来，伴随工业化的快速发展，我国已进入了城市化加速发展的阶段。在未来很长一段时间内，城市化进程的热度仍将继续。据专家预测，在未来20年我国还将有4亿左右的农村劳动力和人口脱离农业和农村向城市转移，其中包含了大量进城务工的农民工克服种种障碍融入城市的过程，这是一个持续的、不断发展的过程。

## 一、影响农民工市民化的主要障碍

### 1. 制度上的障碍

户籍制度，尤其是与之挂钩的社会保障制度、教育制度、医疗卫生制度、住房制度等存在缺陷，使得农民工在就业、居住、子女入学、社会保障等方面受到种种歧视，享受不到城市文明和经济发展的成果，这是影响农民工市民化的首要障碍。具体来看，社会保障滞后，农民工养老保险的保费过低，实际参保率也非常低，导致农民工退休后生活难以得到保障。还有，农民工的就业保险、工伤医疗保险不健全，不能享受到均等的城市公共服务，无法切实感受到来自政府和劳动部门的关怀和培养，严重影响了农民工的工作热情，增加了市民化的风险。此外，农民工的子女教育没有纳入义务教育体系，在公立学校借读仍需交纳一定数额的借读费或赞助费，这对低收入农民工来说，是一笔不小的负担。大多数农民工子女不得不选择在农民工子弟学校就读，但由于没有政府资金和政策的扶持，学校的运转在很大程度上依靠学生缴费。因此，教学环境差、教学设备不齐、师资力量薄弱，教育质量也差强人意。

### 2. 社会支持不力

目前，对农民工而言，还没有形成任何可以依托的现代意义的自治社团，因此，他们缺少为自己说话的代言人，缺乏组织的支持，造成农民工权益表达渠道不畅，利益受损后维权困难，遭受不公平待遇时投诉无门，在极端情况下甚至以生命为代价来讨"说法"。在社区生活的农民工也缺乏话语权，没有主人翁的归属感，往往被排除在社区管理之外，不利于农民工融入城市。

### 3. 观念上的障碍

过去的二元城乡结构，导致城镇居民和农村居民在生活方式、思维方式、行为模式上有很大的差异。城镇居民对农民工市民化认识不深不透，很少能从战略高度认清农民工市民化的必然趋势，往往担心农民工进城会带来城市交通拥挤、环境卫生变差、社会治安恶化、生活质量降低等问题。因而容易戴着有色眼镜看待农民工，没有从心理上把他们看作城市的一分子，普遍缺少一种认可、包容、接纳的心态，这容易挫伤农民工的自尊心，影响他们融入城市的积极性和自信心。

### 4. 农民工自身素质的障碍

农民工普遍受教育程度不高。据我国第五次全国人口普查显示，农村劳动力流动就业人口中，具有初中文化程度的比例最高，达到 52.2%，具有小学文化程度的为 24.2%，具有高中及以上文化程度的仅占 13.3%，不识字的人占 10.3%。农民工的文化程度偏低，这使得他们的就业范围受到局限，大多数人只能从事一些劳动密集型、技术含量低的工作，往往工作的时间长、强度大、风险高。这已难以适应城市社会经济增长模式由粗放型加速向集约型转变的趋势，在一定程度上阻碍了农民工市民化的进程。同时，农民工普遍存在与现代城市不相适应的落后思想和习惯，小农意识还存在，体现在经济上狭隘的功利主义，政治上的保守主义和心理上的封闭主义。此外，许多农民工法制观念淡薄，遵纪守法观念不强，存在不科学的陈规陋习，而且绝大多数农民工进城前和工作中几乎没有接受过任何培训，欠缺基本的职业素质和敬业精神。

## 二、关于农民工市民化的几点思考

### (一) 加快制度建设的步伐

目前，全国部分省市已相继取消了农业户口和非农业户口的性质划分，统一了城乡户籍登记制度。但是，出于城市容纳力和可持续发展等各种因素的考虑，户籍制度顺应工业化、城市化发展的改革还需要经历相当长的时间。因此，较为可行的措施是改革附加在户籍制度上的若干制度，使这些制度从实质上与户籍制度脱钩。

1. 完善农民工的社会保障体系，做到城乡并轨，降低农民工融入城市的风险，解除他们的后顾之忧。逐步建立全国统一的社保体系，实现工伤、养老、医疗三个基本险种的有效覆盖。由国家提供财力支持，保障所有企业都为农民工缴纳基本的社会保险，使遭受失业、工伤或者职业病的农民工能够及时得到救助和赔付。寻求新型农村合作医疗与城镇公共卫生、医疗结合，保障农民工生病能及时得到救助，不会出现因贫而看不起病的现象。与新农保相配合，积极出台农民工的养老政策，保证养老保险不受务工地限制，使农民工退休后能老有所养，真正从保障政策中获益。

2. 建设自由竞争、规范透明的城乡统一的劳动力市场，建立和完善农民工的就业信息平台，实现城市劳动力市场信息与乡镇、村劳动力市场信息联网，避免劳动力转移的盲目性。制定城乡劳动者的平等就业制度，切实维护农民工权益。保护劳动者合法权益，规范用工制度，强制要求企业必须与所雇用农民工签订劳动合同，缴纳基本的社会保险，保证农民工的工资支付、工作条件和工作安全。加强对企业劳动用工的监督管理，健全劳动执法体系，保障农民工的就业权益不受侵害，构建和谐的劳动关系。

3. 实行义务教育同城待遇，取消高额的借读费，减免学杂费，让农民工子女能专心读书，放心生活。同时，根据需要建立多所农民工子弟学校，统一城乡教师工资待遇，鼓励大学生到农民工子弟学校执教。逐步消除教育质量差距，采取有效措施保证农民工子女在就读城市能参加中考、高考。

4. 深入推进城镇住房制度改革，扩大对农民工群体的覆盖范围。完善保障性经济适用房或农民工廉租公寓制度，构建多元筹资机制，综合运用政府支持、市场融资、农民工集资等多种手段。引导和鼓励农民工用家乡宅基地抵换城市经济适用房，降低农民购房成本，节约国家建设用地。

（二）加大宣传教育的力度

1. 政府要积极引导城市传媒的舆论方向，通过广播、电视、报纸、网络等传播媒介，大力宣传城市化进程的重要性、必要性，引导市民从战略的高度看待农民工市民化的过程，认识到这是社会发展的必经之路，引导人们树立公民社会的观念，认识到所有公民有权共享社会资源，人为地将社会分割为按区域、按身份划分的观念是落后的封建思想观念。号召城市居民消除对农民工的排斥心态，用平等的理念和包容的心态看待农民工，加强与农民工的融合，帮助他们养成城市文明所需要的现代思维和意识。

2. 党、团、妇联、工会等组织也要广泛吸收农民工加入其组织，方便农民工通过组织维权。对遭受突发性事故或重大疾病导致生活难以为继的农民工给予生活救济等帮助。这些组织可以发挥动员、凝聚作用，开展一些文化、体育和娱乐活动，丰富农民工的精神生活，扩大他们的社会关系网，拓宽他们融入社会的渠道。此外，通过组织可以引导农民工走进城市的各种展览馆、图书馆，多阅读、多学习，克服孤独、封闭、自卑的不良心理倾向，用文化知识陶冶自己的情操，提高自身素质，从外在形象到心理状态获得城镇居民和城市社会的接纳。

3. 采取措施提高农民工的素质，这是劳动力进步和经济增长的源动力。为数众多的新生代农民工已不再满足于在制造业、建筑业和服务业等传统的就业领域工作，他们期待进入具有更高挑战、发展空间的工作领域，因此表现出比父辈更强烈的职业培训需求。政府与企业要加强对农民工进行专业技能和通用技能的培训，提升劳动力综合职业素质和技能水平，促进企业和农民工的双赢，为农民工更好地融入城市奠定基础。

**（三）重视发挥社区支持的作用**

社区支持，是一种介于正式与非正式社会支持的手段之一，是农民工融入城市，适应城市生活的较为可行和有效的方式。目前，由于多数农民工属于非正规就业，其收入承担不起购置商品房的成本，大部分农民工都住在城郊的农民出租房、单位的集体宿舍或临时搭建的工棚里，虽然与市中心距离较远，但通过在农民工集聚区发展完善的社区支持，使农民工通过经济活动、日常生活的融入，最终发展到心理层面的融入。

1. 实行参与式管理

选取农民工代表，参与社区管理，有助于加强农民工的主人翁意识，通过参与活动来加强与城市居民的交流互动，也为农民工群体提供了一个话语平台。如宁波的力邦社区模式：成立于 2003 年，是全国首个外来务工人员自治组织，是宁波奉化市西坞街道与力邦公司联合建立的农民工集中居住的社区。政府与企业共同投入建立了农民工宿舍，成立了社区。经营管理由力邦公司具体负责，西坞街道负责指导、引导、推动和支持相关工作，在重大事项如住宿费、餐费价格的变动上具有否决权。社区管理以农民工自治为主，实现了农民工自我管理、自我服务和自我教育，共同参与社区管理。此外，还成立了力邦社区党支部、团委、妇联、工会和青年中心等组织，经常开展活动，有效地加强了农民工与城市文化和本地人民的融合。

### 2. 建立社区辅导中心

在新形势下，要充分利用城市社区这一组织平台，整合培训资源和渠道，为农民工无偿或低偿地提供各种实用知识和技能的培训，如就业技能培训、岗位技能提升培训和创业培训，贯通技能劳动者从初级工一步步到高级技师的成长通道。有效组织社区法务人员为农民工提供普法宣传教育，增强他们的法制观念，使农民工能知法守法，学会运用法律武器、通过合法渠道维护自身权益。开通热线电话，对农民工在劳动力市场上遇到的种种侵权事件、伤害事件，提供咨询与援助。此外，加强农民工的职业道德和社会公德教育，引导他们成为爱岗敬业、诚实守信、具有良好职业道德和文明礼貌的新型产业工人阶层。

### （四）加强农民工自身的主观能动性

唯物论强调，内因是事物变化发展的根据。在农民工市民化过程中，农民工也要发挥自身的主观能动性，努力提高自己，不断加强学习。

### 1. 学习和接受城市文化

农民工从相对闭塞的乡村生活步入丰富多彩、更加文明的城市生活，要主动加强对城市文化的学习，不断调整自己的价值观念、行为准则、生活方式和公共道德规范，从而树立起诚信意识、规则意识、开放意识、创新意识和法制意识，更好地适应城市生活。

### 2. 提高自身的人力资本

人力资本的提升对农民工自身素质的提高至关重要。实践证明，素质高的农民工较容易找到收入高、稳定性强的工作，也更容易与市民沟通交流，融入到城市生活中去。如果农民工重视继续教育，主动要求上进，接受培训，则有助于拓展他们在城市的生存空间，更快地完成向新型市民的转变。

### 3. 完善自身的社会网络

农民工通过不断的学习、参加培训班，不断拓展自己的社会网络，有助于他们改变过去建立的以血缘、地缘关系为纽带的初级关系网络的局限，建立起以业缘关系为纽带的新型社会网络，不断开阔眼界，获得更多的信息与资源，从而较快地融入到城市的生活中。

总之，在现代化进程中，城市化进程已是一个不可逆转的趋势。越来越多的农民工要融入城市，成为新型产业工人。在这一转变过程中，他们会遭遇到来自城市的各种各样的障碍，因此，客观形势的发展需要政府、社会组织、农民工自身等方面的不懈努力，从而较快、较好地实现农民工的市民化。

（张延华　浙江省团校讲师）

# 关于内蒙古青年农牧民发展状况的龄群分析

随着内蒙古城镇化进程的发展，青年农牧民的生存发展问题广受关注。由于这一群体的年龄跨度大，不同年龄段青年的社会化进程不同，在经济状况、生活体验、社会阅历、心智情感、价值取向等方面都存在明显差异，只有深入研究和准确把握不同年龄青年农牧民群体各方面的差异性与特殊性，才能在城镇化建设的政策制定与计划执行中，充分考量细节差异，尊重个性需求，体现人文关怀，提高制定和执行青年政策的针对性、有效性和科学性。

## 一、龄群分析概述

年龄是界定青年的关键标志和研究青年的基本指标。龄群分析是对特定研究对象按年龄分组，并从经济状况、社会认知、行为取向、价值观念等角度进行统计对比分析，反映研究对象内部结构特征的研究方法。按年龄分组是龄群分析的前提，组限的界定要与研究对象的成长阶段及社会化进程相一致。青年不同成长阶段的标志性事件主要是职业确立、经济独立和家庭建立这三个方面，其社会化进程要从身心状态、文化特征、社会认知、价值取向等具体标准和角度来观察。

目前，世界各国、国际组织和我国对青年人口都尚无明确统一的界定。联合国教科文组织的界定为14—34岁（1982年），世界卫生组织的界定为14—44岁（1992年），联合国人口基金的界定为14—24岁（1998年），国家统计局的界定为15—34岁（人口普查），共青团的界定为14—28岁（《团章》）。根据我国的《劳动法》，职业确立的合法初始年龄为16岁。通过婚姻建立家庭是青年走向完全经济独立的重要依据，全国人口普查资料显示，2005年我国平均初婚年龄达到24.61岁。参考以上标准及相关研究成果，并结合我区青年的现实状况与青年工作的具体情况，本研究确定了18—24岁（低）、25—29岁（中）和30—34岁（高）三个年龄组。本文所言"农牧民"是指当前户籍在乡（苏木）及以下行政区划中的人群，且其生活、工作等主要活动也在其户籍所属区域。研究中的主要数据来源于 2009 年内蒙古团委"新农村、新牧区建设与青年工作"课题调查问卷的统计数据。

"新农村、新牧区建设与青年工作"课题从 2009 年 5 月下旬至 7 月下旬，先后对内蒙古锡林郭勒盟的东乌珠穆沁旗和乌拉盖管理区、通辽市的扎鲁特旗和开鲁县、呼伦贝尔市的陈巴尔虎旗、呼和浩特市的托克托县、乌兰察布市的四子王旗、巴彦淖尔市的五原县、鄂尔多斯市的鄂托克旗、阿拉善盟的额济纳旗和阿拉善左旗等 11 个旗县、50 多个苏木（乡镇）以及 100 多个嘎查（村），以走访考察、座谈访谈、收集与查阅资料等方式进行了两个多月的实地调研，共发放调查问卷 1800 份，回收有效问卷 1276 份，回收率为 70.89%。另外，课题组还委托内蒙古大学团委、内蒙古农业大学团委、呼和浩特民族学院（原蒙专）团委和内蒙古师范大学青年政治学院蒙汉双语系，组织暑假回家的牧区学生协助发放了 400 份牧区专题调查问卷，回收了 314 份，占下发问卷总数的 78.50%。

经过对调查问卷的统计，符合本研究的被调查者共 1140 人，其中 18—24 岁 303 人，占全部人数的 26.58%；25—29 岁 488 人，占全部人数的 42.81%；30—34 岁 349 人，占全部人数的 30.61%。样本分布符合研究需要。

## 二、内蒙古青年农牧民经济与文化状况分析

### 1. 文化程度与从业状况龄群分析

内蒙古青年农牧民总体文化程度较低，各年龄组青年文化程度以"初中毕业"居多，比例在 40% 以上；中年龄组的"大学专科及以上毕业"比例明显高于其他两个组，反映出在大学扩招和大学毕业生城市就业压力持续增大的社会背景下，近些年返乡大学毕业生数量有一定增加。从家庭情况来看，低年龄组青年已婚比例为 17.33%，中年龄组青年已婚比例为 58.85%，高年龄组青年已婚比例为 93.33%。各年龄组青年家庭人口大部分为 3—5 人。低年龄组青年中 43.67% 为 4 人家庭，中年龄组青年的家庭人口结构比较分散，高年龄组青年以三口之家比例最高，接近一半。此数

据反映了青年随年龄增长而逐步成家立业、独立生活、婚育生子的变化过程。青年家庭劳动力数量以 2 人为主，按年龄增序观察，三组中 2 人劳动力比例由 46.46%、47.93% 增至 70.64%。有 50.85% 的被调查青年家庭存在外出打工情况，中、低年龄组家庭外出打工情况要明显多于高年龄组，超过七成的外出打工家庭的打工人数为 1 人。数据也反映了青年在家庭中的经济地位随年龄增长而上升。

从从业身份来看，各年龄组青年从业身份差异较大。低、中年龄组"务农"的比例在 1/3 左右，高年龄组"务农"的比例超过一半；从事个体工商贸易、餐饮服务业的中年龄组比例达到 26.89%，低年龄组的比例为 18.03%，高年龄组的比例为 13.77%。总体来看，高年龄组的从业分布较集中，反映出他们主要依靠自己熟悉的农牧业生产来谋生、发展，其他技能掌握较少，职业选择单一，自主创业困难，脱离农牧业生产转移再就业的渠道狭窄。低、中年龄组的从业分布较分散，反映出内蒙古青年农牧民逐步从农牧业向其他行业转移的从业趋势。但由于从事职业层次较低，城市生活费用高，社会保障水平不完善，青年农牧民外出务工的失业风险较高，在经济上的收获不是很显著。调研数据显示，外出务工的农牧民户均年总收入 3.51 万元，与无外出务工农牧民户均年总收入 3.45 万元的水平相差不大。其中户均年外出务工收入 1.26 万元，只占年总收入的35.90%，外出务工的增收效果并不明显。

内蒙古青年农牧民从经济状况来看，青年个人收入占家庭全部收入的比例随年龄增加而增长。低年龄组中个人收入占家庭全部收入比例低于25% 的占 51.75%，低于 50% 的占 87.55%；中年龄组中个人收入占家庭全部收入比例低于 25% 的占 30.21%，低于 50% 的占 66.28%；而高年龄组中个人收入占家庭全部收入比例低于 25% 的占 23.19%，低于 50% 的占49.25%。这表明青年随年龄增长，其家庭成员结构与家庭经济结构发生明显变化，青年逐渐成为家庭的主要创收者。

各年龄组青年对自身物质生活条件的满意率相差不大，满意度最高的是通讯条件，满意率超过 60%；满意度最低的是服装消费，满意率低于45%，总体满意度偏低。尤其值得注意的是低年龄组青年的各项满意率均为最低，这与低年龄组青年的收入水平、职业地位相对较低有关。各年龄组青年最需要的帮助和服务是"资金"和"技术"方面的，中年龄组青年在这方面尤为迫切；对"信息"、"政策"的需求相对偏低，对"劳力"的需求最低。各年龄组青年最需要学习的内容是"实用技能"和"农牧业科技知识"，高年龄组青年对"法律知识"的需求也相对较高。

2. 内蒙古青年农牧民生活态度龄群分析

各年龄组青年在人生追求上看法基本一致。各组居首位的都是"健康快乐"，比例在77%以上，其次是"人格品质"和"家庭美满"。从总体分布上看，低年龄组的相对分散，中、高年龄组的相对集中，显示出青年因年龄阶段不同而在人生体验与目标追求上的差异。各年龄组青年普遍认同"绝大多数人还是助人为乐的"和"只有劳动创造人生才有意义"的人生观念。对婚前性行为的看法趋同，约半数青年认为"婚前性行为是不道德行为"。

各年龄组青年的休闲活动有一定差别。中、低年龄组青年的休闲活动多以满足自身需要为主，主要有"看电视，上网"、"家务劳动"和"看书充电"；而高年龄组青年的休闲活动多以满足家庭需要为主，主要有"家务劳动"、"看电视，上网"和"陪伴老人、照看子女"。目前面向农牧区青年的文化活动组织较少，形式较单一，覆盖面偏低。尽管超过一半的青年认为目前"文化生活改善明显"，对自身文化生活状况"基本满意"，但认为自身文化生活仍存在较多不足，多数认为"文化娱乐设施很少"，"文化生活单调"。各年龄组青年参加的活动大多属于"党、团组织"活动，且有超过1/3的青年未参加过任何组织、团体的活动。

受年龄和社会阅历的影响，各年龄组青年对人生和职业的规划清晰度不同，因此在"最想干什么"的选择上体现出明显差异，选择结果表现出随年龄增长而逐步集中的特征。总体来看，大多数青年农牧民还是围绕农牧业和农牧区来规划自己的发展道路，选择与农牧业相关的职业的比例随年龄增长而增长。同时应注意到，当前内蒙古农牧区社会经济形势的变化对青年的从业选择也带来了巨大影响。低年龄组青年的人生、职业规划尚未定型，选择较为分散，"从事挣钱更多的特色农牧业"排名居首；中年龄组青年的人生、职业规划逐渐明确，"彻底离开农牧区，到城镇就业"的选择居首，"从事挣钱更多的特色农牧业"居次；高年龄组青年的人生、职业规划已经定型，"从事挣钱更多的特色农牧业"的选项最多。

青年农牧民进城打工最大的收获是"开阔眼界，更新观念"和"学习技术"，最大的苦恼是"找不到合适的活干"和"不能按时足额发工资"，反映出目前外出务工青年的权益保障机制尚不完善。各年龄组青年对新技术均持欢迎态度，在是否选择上呈现两种鲜明倾向：一半青年态度积极，表示会"第一个站出来响应"，另一半青年较为谨慎，表示要"先看看别人的效果再说"。

青年农牧民学习的方式途径主要是"参加各种技能培训班"。各年龄组青年参加过的技能培训类型不一：高年龄组青年参加的技能培训主要是农牧业种植养殖技术和农畜产品加工技术，中年龄组青年参加的主要是农牧业种植养殖技术和服务技能类，低年龄组青年参加的主要是服务技能类和电脑类（编程、技术应用等）。另外有近20%的青年一种培训也没有参加过。在当前内蒙古经济结构调整和城镇化步伐加快的形势下，提升青年农牧民生产与再就业技能的要求十分迫切，加强青年技能培训则是实现这一目标的有效手段。从目前的培训现状来看，还需要进一步分析培训对象的实际需求和从业方向，在合理设计培训内容、恰当选择培训方式、有效衔接就业通道等方面做更细致的工作。

3. 内蒙古青年农牧民社会认知龄群分析

各年龄组青年对当地发展的评价相差不大，认同度最高的是"经济发展，环境改善"，认同度达一半以上；"社会问题不少"居次，认同度在1/3左右；"青壮年劳动力流失，发展后劲不足"居第三，略低于1/3。数据显示，青年对近年当地经济发展持肯定态度，但同时认为发展中还出现了较多有待研究解决的社会问题。

各年龄组青年对几项政治民主权利的满意度感觉不一。满意度最高的是"婚姻自主权体现程度"，总体满意率为80.00%；"消费者权益保护程度"满意度最低，总体满意率为59.55%，表明在最直接涉及青年农牧民利益的消费领域，目前的状况还难以让人满意。另外，中年龄组青年由于文化程度相对较高，对社会发展的认知度与参与度也相对较多，对关系自身的各项权利的了解较多，维权意识和维权能力较强，因此满意度较其他两组高。

各年龄组青年对"身边人靠什么致富"的看法趋同，认为"能力强，会经营管理"、"有文化、有技术"、"能吃苦，勤快"、"胆子大，敢闯"等是身边人致富的关键因素。而各年龄组青年对"影响致富的因素"的看法有一定差异。各组都认为"缺少资金"、"本地经济不发达，收入渠道不多"是影响自己致富的最主要原因，但中年龄组对资金的渴望要更强烈一些，而高年龄组因就业机会的相对劣势，因而对"本地经济不发达，收入渠道不多"的抱怨更大。此外，对"缺少有用的社会关系"、"缺少信心，努力不够"的回答，中、低年龄组均明显高于高年龄组，折射出青年成长与社会化过程与其社会经济生活的互动关系；而对"自身素质和科技文化水平不高"的判断，低、高年龄组均明显高于中年龄组，这与前面反映各年龄组文化程度的数据一致。

各年龄组青年对社会问题的关注点较一致。"物价上涨"、"惠农政策落实不到位"、"竞争机会不平等"排在前三位，这与我国目前的社会、经济环境对应。各年龄组青年都认为"发展生产，缩小城乡收入差距"、"加强扶贫工作"和"招商引资，发展乡（村）办企业"是建设新农村、新牧区的关键问题。各年龄组青年最关心的改革措施有一定差异，高年龄组最关心"土地承包政策的稳定"和"医疗制度改革"，选择集中度较高；中、低年龄组对此二者虽然也较为关注，但选择比例相对偏低；而"村民自治制度改革"在低年龄组青年中排第二位，反映出低年龄组青年有较高的参政、议政期望。

各年龄组青年认为影响农牧区青年成长的原因主要集中在"生活环境负面因素多"、"家庭教育方式不当"和"青少年活动的文化场所和设施少"三个方面。其中，"生活环境负面因素多"对中、低年龄组青年的影响较大，"青少年活动的文化场所和设施少"对高年龄组青年的影响较大。各年龄组青年对城乡区别的看法差异不大。各组都将城市"生活花销很大"排在首位，排第二、三位的看法略有不同：低年龄组向往城市的"热闹繁华"，而中、高年龄组则对城市的"竞争激烈"感触更深。

各年龄组青年在影响农村牧区稳定的问题上看法一致。"社会治安"和"赌博、吸毒"在各组均列第一和第二位。各年龄组青年对农牧区社会人际关系的评价较好,"友好和谐"、"团结互助"等积极评价在各组中都排在前列。但需要指出的是,积极评价的综合比例并不算高,只有50%左右,其原因还需要进一步研究。各年龄组青年对村(嘎查)领导班子的满意度在80%左右;对村(嘎查)团组织工作的评价一般,虽然一部分青年认为团组织工作"活动多,作用大"、"为青年办了不少实事、好事",但更多青年认为存在"组织文体活动多、经济活动少"、"口号多、办事少"、"无活动,无作用"等不足,还有相当一部分青年对团组织工作"不清楚"。这表明基层团组织的作用还未得到有效发挥。

## 三、结　语

青年农牧民是城镇化建设进程中的重要力量,关心他们的需求、提高他们的素质、发挥他们的作用,对推进农村牧区城镇化进程具有重大而深远的意义。青年农牧民是一个年龄跨度大的群体,不同年龄段的青年在经济条件、职业状况、社会认知、发展需求等方面存在客观的差异,分析和了解其中的差异与特点,是更好地组织、引导、服务青年农牧民的基本前提。本课题的调查分析表明,内蒙古青年农牧民在文化程度、从业身份、经济状况、成长需求、休闲娱乐等方面表现出一定的差异性,在社会观察、热点关注、人生态度等方面表现出一定的一致性。

**参考文献**

吴烨宇:《青年年龄界定研究》,《中国青年研究》,2002(3)。

李凤明:《内蒙古农村牧区富余劳动力转移问题探讨》,中国三农信息网,http://www.sannong.gov.cn/.2007-03-19。

内蒙古自治区统计局:《内蒙古农村牧区劳动力流动现状分析》中华人民共和国统计局网站,http://www.stats.cn/.2009-02-05。

(石英　内蒙古师范大学青年政治学院副教授)

# 后　记

　　为响应北京建设世界城市发展战略需求，提升各地城市文化建设的质量和青年发展的水平，探索城市化建设、城市发展战略与青年发展的内在关系，创新适应现代化城市所需要的青年人才培养方式，北京青少年研究所于 2012 年 12 月 22 日—24 日在北京召开"中国城市化进程中的青年发展"学术研讨会。

　　研讨会主要议题包括中国城市化进程中的青年发展、文化产业在城市化进程中的作用及对青年的影响、城市化进程与城市外来务工青年的城市融入、北京建设世界城市战略与青年人才的培养、城市文化建设与青年文化建设的互动、城市突发事件与应对机制中青年参与的可能性、城市精神与青年的现代素质养成等。

　　本书汇集了参加本次会议及目前活跃在我国青少年研究领域的专家、学者有关城市化进程中的青年发展的最新研究成果，具有强烈的时代感和现实意义。论文集由北京青少年研究所余逸群、纪秋发主编。论文集具有以下两个显著特点：一是突出了青年发展的主题。本论文集围绕城市化进程中的青年发展这一主题，涵盖了当今青年发展的众多领域，既包括了青年发展状况的报告，又包括了有关青年问题的调查数据的分析，并有理论的探讨。这些研究成果为城市化进程中青年的全面发展提供了有益的理论与实践的指导。二是系统地探讨了新时期青年发展的进程。随着我国城市化建设的全面推进，各项事业都在开拓创新，青年群体面临着诸多的发展问题。本论文集将青年发展置于时代发展的大背景下，不断追踪青年行进的足迹，把握青年发展的进程，如中国特色世界城市建设中的首都青少年工作、城市化进程中职场青年社会心态、全球化时代的青少年文化创新、城市化进程中新生代农民工融入等热点问题。这些研究成果体现了作者们关注、关心、关爱青年的社会责任感。

　　论文集角度新颖，内容丰富，对青年发展以及青年工作的开拓具有一定的学术价值和现实指导作用。

　　感谢人民出版社贺畅编辑为本书的出版所付出的努力与辛劳。

北京青少年研究所

余逸群　纪秋发

2013 年 6 月

责任编辑：贺　畅
责任校对：王　惠

**图书在版编目（CIP）数据**

中国城市化进程中的青年发展/北京青少年研究所 主编.
　－北京：人民出版社，2013.12
ISBN 978－7－01－012673－9

Ⅰ.①中…　Ⅱ.①北…　Ⅲ.①青年工作-研究-中国　Ⅳ.①D432.6

中国版本图书馆 CIP 数据核字（2013）第 235476 号

**中国城市化进程中的青年发展**
ZHONGGUO CHENGSHIHUA JINCHENG ZHONG DE QINGNIAN FAZHAN

北京青少年研究所　主编

人民出版社 出版发行
（100706　北京市东城区隆福寺街 99 号）

环球印刷（北京）有限公司印刷　新华书店经销

2013 年 12 月第 1 版　2013 年 12 月北京第 1 次印刷
开本：710 毫米×1000 毫米 1/16　印张：19
字数：282 千字

ISBN 978－7－01－012673－9　定价：49.50 元

邮购地址 100706　北京市东城区隆福寺街 99 号
人民东方图书销售中心　电话（010）65250042　65289539